高等职业教育汽车类专业活页式新形态创新教材

汽车制造质量管理与控制

主　编　赵娟妮　王青春
副主编　王阳合　司中祺

机械工业出版社

本书包含 6 个模块，模块 1 介绍了质量管理基础知识、常见的质量分析工具及质量管理体系，模块 2 介绍了零部件质量管理，模块 3 介绍了汽车车身制造过程质量管理与控制，模块 4 介绍了汽车整车装配及检验质量管理与控制，模块 5 介绍了汽车制造过程能力评估、质量追溯、5S 管理等，模块 6 介绍了质量改进等内容。

本书可用作高等职业教育汽车制造与试验技术、汽车检测与维修技术、新能源汽车技术等专业的教材，也可用作汽车相关专业管理人员和技术人员的培训教材。

图书在版编目（CIP）数据

汽车制造质量管理与控制 / 赵娟妮，王青春主编. — 北京：机械工业出版社，2022.9（2025.1 重印）
高等职业教育汽车类专业活页式新形态创新教材
ISBN 978-7-111-71471-2

Ⅰ.①汽⋯ Ⅱ.①赵⋯ ②王⋯ Ⅲ.①汽车企业 – 工业企业管理 – 质量管理 – 高等职业教育 – 教材 Ⅳ.①F407.471.63

中国版本图书馆CIP数据核字（2022）第154970号

机械工业出版社（北京市百万庄大街22号　邮政编码100037）
策划编辑：谢　元　　　　　　　责任编辑：谢　元
责任校对：郑　婕　王明欣　　　封面设计：张　静
责任印制：郜　敏
中煤（北京）印务有限公司印刷

2025年1月第1版第5次印刷
184mm×260mm・15 印张・282 千字
标准书号：ISBN 978-7-111-71471-2
定价：59.00元

电话服务　　　　　　　　　　网络服务
客服电话：010-88361066　　　机　工　官　网：www.cmpbook.com
　　　　　010-88379833　　　机　工　官　博：weibo.com/cmp1952
　　　　　010-68326294　　　金　书　网：www.golden-book.com
封底无防伪标均为盗版　　　　机工教育服务网：www.cmpedu.com

丛书序

2022年5月1日，国家新修订的《中华人民共和国职业教育法》正式实施，标志着职业教育进入了全新的时代。为了加快高等职业教育改革与发展，积极推进中国特色高水平高职学校和专业建设计划，成都航空职业技术学院汽车工程学院依托四川省高水平高职学校和高水平专业群（A档）"汽车制造与试验技术专业群"，开发了这套教材。我希望它们能够提供汽车行业系统的实用性知识和技能，将企业所需的部分专业知识和技能延伸到学校，为汽车行业培养更多高素质技术技能人才。

这套教材可供汽车制造与试验技术、汽车检测与维修技术、新能源汽车技术、汽车电子技术和汽车运用技术等专业教学使用，也可供汽车相关专业管理人员和技术人员使用，主要以新形态教材和新型活页式实训教材的形式展现，将三维动画、视频等丰富多彩的信息化资源融入图书中，形象地展现出汽车类专业课程的相关知识点，使学习过程变得更加智慧和高效。

（1）新形态活页式教材　包括《汽车制造质量管理与控制》《汽车专业英语》《汽车车身制造技术》《Process Simulate制造工艺仿真应用》《汽车电子控制技术》《汽车整车装调技术》《汽车底盘电控系统检修》《二手车鉴定与评估》《新能源汽车电机驱动与控制技术》《汽车电控系统原理与应用》《汽车线控底盘技术》《新能源汽车动力电池及能源管理系统》《自动驾驶技术应用》《EPLAN电气设计技术》《汽车自动变速器检修》。

（2）新型活页式实训教材　包括《汽车电器装调与电路分析实训指导书》《汽车自动化生产线系统集成设计实训指导书》《汽车空调实训指导书》《发动机管理系统车间实训手册》《汽车底盘电控系统检修实训手册》《汽车钣金基础知识》《JLR PDI实训教材》《智能产线单机、单元仿真与调试》。

本丛书的特点如下：

（1）由具有丰富教学经验的教师和汽车相关企业的一线人员和管理人员共同编写，贴合企业岗位的实际需求。

（2）强调理论知识与企业实际需求相结合，书中所提及的案例大部分来自企业，贴近汽车行业真实场景，实用性强。

（3）部分教材采用"任务导向"的形式进行编写，明确学习目标及任务，注重学习过程，能有效提升学生的学习能力，为培养高素质技术技能人才奠定基础。

（4）为知识点配备微课视频、教学视频、动画和企业案例视频等信息化资源，读者可以通过扫描二维码观看，实现线上线下同步学习，丰富学习形式，提升学习效率。

全国汽车职业教育教学指导委员会秘书长
中国汽车工程学会汽车应用与服务分会秘书长

前言

近年来，我国汽车制造技术日新月异，市场上汽车品牌也越来越多，怎样生产出高品质的汽车，抢占更多的市场份额，已经成为困扰各大汽车制造厂商的重要难题。高品质的汽车不仅要满足国家的法律法规、强制性标准的要求，满足用户的个性化需求，还要为企业节省成本、降低消耗，因此，对汽车制造企业来说，如何科学地管理汽车的研发、制造、销售等过程，已成为企业生存发展的重要内容。

本书根据汽车产业领域对技能人才的需求进行编写，以"校企合作，工学结合"的理念为出发点，先从理论上对汽车制造质量管理进行了说明，又针对汽车制造过程的质量管理与控制进行了详细阐述，图文并茂地给出了相关范例，结构简明实用，内容全面生动，具有实用性强、针对性强等特点。

本书依托国家职业教育"汽车制造与试验技术专业"教学资源库的子项目"汽车制造质量分析与控制"，新开发微课视频、互动自测等资源，配套电子课件、拓展素材、试题库与习题集等实时学习训练资源，全面调动学生的学习积极性和主动性，有力地促进和提升技术技能型人才的专业能力。

本书包含6个模块，模块1介绍了质量管理基础知识、常见的质量分析工具及质量管理体系，模块2介绍了零部件质量管理，模块3介绍了汽车车身制造过程质量管理与控制，模块4介绍了汽车整车装配及检验质量管理与控制，模块5介绍了汽车制造过程能力评估、质量追溯、5S管理等，模块6介绍了质量改进等内容。

本书由成都航空职业技术学院赵娟妮、王青春担任主编，王阳合、司中祺担任副主编，蒋沁妤、汤旎、黄瑶、王义艺参与编写。赵娟妮编写模块3中的单元3.3、单元3.4，模块4、模块5、模块6，王青春编写模块3中的单元3.1和单元3.2，王阳合编写模块1，司中祺编写模块2，蒋沁妤参与编写模块5中的单元5.4，汤旎参与编写模块1，黄瑶参与编写模块5中的单元5.3，王义艺参与编写模块6。

本书在编写过程中得到了成都航空职业技术学院领导和老师的帮助，也得到了整车制造企业技术人员的悉心指导，在此表示衷心感谢。

由于编者水平有限，本书难免存在不足之处，敬请读者批评指正。

编　者

活页式教材使用注意事项

 根据需要,从教材中选择需要夹入活页夹的页面。

 小心地沿页面根部的虚线将页面撕下。为了保证沿虚线撕开,可以先沿虚线折叠一下。注意:一次不要同时撕太多页。

选购孔距为80mm的双孔活页文件夹,文件夹要求选择竖版,不小于B5幅面即可。将撕下的活页式教材装订到活页夹中。

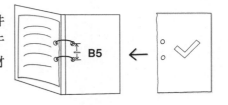

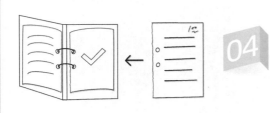 也可将课堂笔记和随堂测验等学习资料,经过标准的孔距为80mm的双孔打孔器打孔后,和教材装订在同一个文件夹中,以方便学习。

温馨提示:在第一次取出教材正文页面之前,可以先尝试撕下本页,作为练习

目录

丛书序
前言

模块 1　质量管理基础

单元 1.1　质量管理基础知识 / 001

1.1.1　质量发展的阶段 / 002
1.1.2　质量和质量特性 / 006
1.1.3　质量的产生、形成和实现 / 008
1.1.4　质量管理的基本内容 / 010
1.1.5　全面质量管理的特点及原则 / 012
1.1.6　全面质量管理的推行方法 / 017
1.1.7　常见的质量分析工具 / 021

单元 1.2　质量管理体系 / 035

1.2.1　质量管理体系基础知识 / 035
1.2.2　质量管理体系的运行模式 / 038
1.2.3　质量管理体系的构筑 / 042
1.2.4　质量管理体系的审核 / 047
1.2.5　ISO 9000 系列标准与 TS 16949 标准 / 049
1.2.6　质量管理五大核心工具 / 055

模块小结 / 066
习题 / 067

模块 2　零部件质量管理

单元 2.1　零部件质量管理知识 / 069

2.1.1　零部件质量管理概述 / 070
2.1.2　供应商的选择与管理 / 072
2.1.3　开发阶段零部件的质量管理 / 075
2.1.4　量产阶段零部件的质量管理 / 082

单元 2.2　不合格品的管理 / 086

2.2.1　不合格品概述 / 087
2.2.2　不合格品的处置方式 / 088
2.2.3　不合格品的处理流程 / 089
2.2.4　如何预防不合格品的产生 / 091

模块小结 / 094

习题 / 095

模块 3 汽车车身制造过程质量管理与控制

单元 3.1　制造过程质量管理的内容 / 097

单元 3.2　冲压过程质量管理与控制 / 102

　3.2.1　冲压件的常见缺陷 / 103

　3.2.2　冲压件的质量检验方法 / 107

　3.2.3　冲压生产质量控制 / 110

单元 3.3　焊接过程质量管理与控制 / 111

　3.3.1　焊件常见的焊接缺陷 / 112

　3.3.2　焊件的质量检验方法 / 116

　3.3.3　焊接生产的质量控制 / 119

单元 3.4　涂装过程质量管理与控制 / 122

　3.4.1　涂装常见的质量缺陷 / 122

　3.4.2　涂装生产的质量控制 / 125

模块小结 / 128

习题 / 129

模块 4 汽车整车装配及检验质量管理与控制

单元 4.1　整车装配质量管理与控制 / 131

　4.1.1　总装生产质量管理 / 132

　4.1.2　总装生产质量控制及应用 / 135

单元 4.2　整车质量检验管理 / 138

　4.2.1　整车质量检验 / 139

　4.2.2　整车 AUDIT 质量评审 / 143

　4.2.3　不合格车辆的处理 / 147

模块小结 / 148

习题 / 149

模块 5 汽车制造过程质量评估与管理

单元 5.1　过程能力的评估　151

　5.1.1　过程与过程能力 / 152

　5.1.2　过程能力指数 / 154

　5.1.3　如何改善工序能力 / 158

单元 5.2　质量追溯 / 160
　　5.2.1　质量追溯概述 / 161
　　5.2.2　汽车制造质量追溯的特点 / 163
　　5.2.3　如何做好汽车制造过程的质量追溯 / 164
单元 5.3　生产班组管理 / 166
　　5.3.1　生产班组概述 / 167
　　5.3.2　生产班组的质量管理 / 168
单元 5.4　5S 管理 / 170
　　5.4.1　5S 概述 / 171
　　5.4.2　开展 5S 活动的方法 / 177
　　5.4.3　生产现场 5S 管理的图例集 / 179
模块小结 / 184
习题 / 185

模块 6　质量改进

单元 6.1　质量改进 / 187
　　6.1.1　质量改进概述 / 188
　　6.1.2　质量改进的步骤及内容 / 190
　　6.1.3　质量改进的组织与推进 / 194
单元 6.2　如何开展质量管理小组活动 / 197
　　6.2.1　质量管理小组活动概述 / 198
　　6.2.2　质量管理小组的组建 / 200
　　6.2.3　质量管理小组活动的步骤 / 202
　　6.2.4　质量管理小组活动的成果 / 208
　　6.2.5　质量管理小组活动的应用 / 211
单元 6.3　如何开展 8D / 218
　　6.3.1　8D 概述 / 218
　　6.3.2　8D 的开展步骤 / 219
模块小结 / 224
习题 / 225

参考文献 / 227

模块 1　质量管理基础

随着人们生活水平的不断提高，人们对产品质量的要求也越来越高，产品质量已经成为人们消费产品最重要的指标之一。那么，什么是质量？什么是质量管理？企业或组织的产品如何才能获得高品质？本模块主要学习质量及质量管理的基础知识，介绍质量、质量特性、质量管理体系和质量管理的常见工具。

本模块共有 2 个单元，单元 1.1 为质量管理基础知识，单元 1.2 为质量管理体系。通过完成以上 2 个单元的学习，学生能够对产品质量及质量管理有较全面的认识和理解，为企业或组织进行质量管理提供基础知识。

单元 1.1　质量管理基础知识

⊙ 任务引入

小李初入某汽车制造企业，成为质量部的一名质量管理人员，要对工厂某车间生产的汽车零部件产品进行质量管理，小李觉得十分忐忑。请大家思考：为了做好产品的质量控制工作，小李在上岗前应该具备哪些质量管理方面的基础知识？

⊙ 任务分析

做好汽车生产制造过程的质量管理，不仅需要组织对生产过程的各个环节进行严格的管控，也需要组织的员工对产品质量的形成和组织的质量管理方法有基本的认知。作为专业的质量管理人员，还应该了解质量管理对产品品质的重要性及如何合理地管理和控制产品的品质。

⊙ 学习目标

1. 能描述质量发展各阶段的主要特点。
2. 能描述质量的含义。
3. 能描述并区分质量特性。

4. 能够掌握全面质量管理的特点及原则。

5. 能够掌握全面质量管理的推行方法。

6. 能够掌握常见的质量分析工具的使用方法。

知识学习

1.1.1 质量发展的阶段

产品质量的好坏关系到每个人的切身利益，在现代社会中质量已经成为越来越重要的战略问题，优良的品质能给人们带来效益和发展，使社会繁荣、国富民强；低劣的品质给人们带来无尽的烦恼，甚至造成灾难、企业亏损和倒闭，不利于和谐社会的稳定发展，因此，提高产品的质量具有重要意义。

1. 质量和顾客满意度

（1）产品

产品：过程的结果，主要包括硬件、软件、服务。

硬件：通常是有形产品，常被称之为货物。

软件：由信息组成，通常是无形产品并以方法、论文或程序的形式存在。

服务：通常是无形的，可以是在为顾客提供的有形产品（如正在维修的汽车）上所完成的活动；可以是在为顾客提供的无形产品（如税款申报书所需的收益表）上所完成的活动；可以是无形产品的交付（如知识传授方面的信息传递）；也可以是为顾客创造的氛围（如在宾馆和饭店）。

（2）顾客

顾客是指接受产品的组织或个人，既包括组织外部顾客，也包括组织内部顾客。

外部顾客是指组织外部接受服务或者使用产品的个人或团体。外部顾客又有现实顾客和潜在顾客之分，现实顾客是指具有消费能力，对产品或服务有购买需求，了解产品和服务的信息以及购买渠道的能力，即能为组织带来收入的个人或团体。潜在顾客是指消费能力不足或者没有购买产品和服务的需求，以及缺乏信息和购买渠道的个人或团体。潜在顾客可以随着环境条件需求的变化转化为现实顾客，因此也是组织为扩大市场份额可以争取的部分。

内部顾客是指在组织内部接受服务或者使用产品的个人或团体。从过程的观点来看，组织内部由纵横交错的过程链和过程网络组成，过程的上下环节之间便形成了供方和顾客的关系。为保证满足顾客的需求，需要在组织中达成以下共识：①组织中的每一个员工都直接或间接地服务于最终顾客，每个人都要为组织作出贡献；

②组织的所有员工部门和单位还要为内部顾客，包括其他的员工部门和单位等提供服务，总之，组织中的每一个部门、每一个环节乃至每一个人都要树立"下一过程是顾客"的观念，只有这样，过程之间的衔接才能够协调组织，才能形成真正的整体组织的机能，才能保持一种最佳状态。

（3）顾客满意度

顾客满意度是指顾客对其要求已被满足的程度和感受，它是顾客将其对组织的产品或服务实际感受的价值与期望的价值进行对比的结果。如果顾客实际感受的价值与期望价值一致，则顾客会感到满意；如果实际感受的价值不及期望价值，则顾客会不满意；如果实际感受的价值超过期望价值，则顾客会非常满意。从企业和组织的角度来看，顾客满意度是企业或组织成功地理解某一顾客或某部分顾客的爱好，并着手为满足顾客要求作出相应努力的结果。

顾客满意是质量管理的主要目标，企业可以通过持续地满足顾客的要求获得长期的发展，但是顾客的要求在不断提高，要持续地满足顾客的要求，必须不断提高产品的质量，要实现这一目标，就需要分析整个质量管理体系，不断改进系统、完善流程来持续达到这一目标。

2. 质量发展的阶段

质量管理是随着生产的发展和科技的进步而逐渐形成和发展起来的，其中，工业化是非常重要的标志。

在工业革命之前，随着人类社会的发展，逐渐出现了村庄、部落，人们的劳动产生了分工，出现了集市。在集市上，人们相互交换产品（主要是天然产品或天然材料的制成品），产品制造者直接面对顾客，产品的质量由人的感官来确定。随着社会的不断进步，出现了初始商业，这使得买卖双方不需要直接接触，产品通过商人来进行交换和交易，于是在这个阶段就产生了质量担保。随着商业的继续发展，为使彼此相隔遥远的厂商和经销商之间能够有效地沟通，于是产生了质量规范，即产品规格。这样，无论距离多么遥远，产品结构多么复杂，有关质量的信息都能够在买卖双方之间直接沟通。随着社会及科技的不断进步，相继产生了简易的质量检验方法和测量手段，这时逐渐进入了手工业时期的原始质量管理阶段，这个时期质量主要靠手工操作者依据自己的手艺和经验来把关，操作者既是操作者，又是检验者，制造和检验的职能都集中在了操作者身上，因而又被称为"操作者的质量管理"。

随着工业革命的爆发，工厂的大批量生产逐渐取代了手工作坊的小批量生产。20世纪，人类跨入了以"加工机械化、经营规模化、资本垄断化"为特征的工业化时代。工业的快速发展也带来了许多新的技术问题，如部件的互换性、标准化、工装和测量的精度等，这些问题的提出和解决，催生了质量管理科学。在这个阶段，质量管理的发展大致经历了3个阶段。

（1）质量检验阶段

20世纪初，工业化水平相对较低，人们对质量管理的理解还只限于质量检验。质量检验所使用的手段是各种的检测设备和仪表，方式是严格把关，进行百分之百的检验。

随着生产规模的扩大，操作者质量管理已无法满足生产要求，科学管理的奠基人泰勒提出了在生产中应该将计划与执行、生产与检验分开的主张。于是，在一些工厂中建立了"工长制"，将质量检验的职能从操作者身上分离出来，由工长行使对产品质量的检验。这一变化强化了质量检验的职能，称为"工长质量管理"。

随着科学技术和生产力的发展，企业的生产规模不断扩大，管理分工的概念就被提了出来。在管理分工概念的影响下，一些工厂便设立了专职的检验部门并配备专职的检验人员来对产品质量进行检验。质量检验的职能从工长转移给了质量检验员，称为"检验员质量管理"。

虽然质量检验阶段人们已经有了品质观念，设立了专门的质量检验部门和专职的质量检验员，使用专门的检验工具，业务比较专精，对保证产品质量起到了把关的作用。然而，这一阶段的质量管理也存在许多不足，主要表现在以下4个方面：

1）对产品质量的检验只有检验部门负责，没有其他管理部门和全体员工的参与，尤其是直接操作者不参与质量检验与管理，就容易与检验人员产生矛盾，不利于提高产品质量。

2）主要采取全数检验，检验工作量大，检验周期长，检验费用高。

3）由于是事后检验，没有在制造过程中起到预防和控制作用，即使检验出废品，也已是"既成事实"，质量问题造成的损失已难以挽回。

4）全数检验有时在技术上变得不可行，如破坏性检验，判断质量与保留产品之间产生了矛盾。因此，这种质量管理方式已经无法适应经济发展的要求，需要改进。

总之，质量检验阶段的主要特点就是从成品中挑出废品、次品，保证出厂产品质量合格，实质上是一种"事后的把关"。

（2）统计质量控制阶段

质量检验阶段存在的不足，促使人们不断地探索新的检验方法。到20世纪30—40年代，一些著名的统计学家和质量管理专家尝试运用数理统计学的原理来解决，使质量检验既经济又准确。

1926年，美国贝尔电话研究室工程师休哈特提出了"事先控制，预防废品"的观念，并且应用概率论和数理统计理论发明了具有可操作性的"质量控制图"，用于解决事后把关的不足。随后，美国人道奇和罗米格提出了抽样检验法，并设计了可以运用的抽样检验表，解决了全数检验和破坏性检验所带来的麻烦。但是，由于当时经济危机的影响，这些方法没有得到足够的重视和应用。

第二次世界大战爆发后，由于战争对高可靠性军需品的大量需求，质量检验的弱点严重影响军需品的供应。为此，美国政府和国防部组织了一批统计专家和技术人员，研究军需品的质量和可靠性问题，促使了数理统计在质量管理中的应用，先后制定了3个战时质量控制标准，标志着质量管理进入了统计质量控制阶段。

统计质量控制是将数理统计方法与质量管理相结合，运用统计原理进行数据分析和预防。此阶段质量管理的重点主要在于确保产品质量符合规范和标准。在这个阶段，人们对质量管理的理解已经由事后把关转变为事前的积极预防，并且应用了统计的思考方法和统计的检验方法进行预防控制，这为产品质量的提升作出巨大贡献。

但是，它过分强调质量控制的统计方法，使人们误认为"质量管理就是数理统计方法""质量管理是数学专家的事情"，使多数人感到高不可攀，望而生畏。它对质量的控制和管理只局限于制造和检验部门，忽视了其他部门的工作对质量的影响。由于上述问题，统计质量控制也无法适应现代工业发展的需要。

(3) 全面质量管理阶段

到了20世纪60年代，生产力迅速发展，科学技术日新月异，人们对产品的安全性、可靠性、经济性等要求越来越高，质量问题就更为突出了，仅通过质量检验和统计方法的运用已难以保证和提高产品质量。因此，美国通用电气公司质量总经理费根堡姆博士首先提出了全面质量管理（Total Quality Management，TQM）的概念。1961年，费根堡姆正式出版了《全面质量管理》一书，标志着质量管理正式进入全面质量管理时代。其主要见解是：

1）质量管理仅靠数理统计方法是不够的，还需要一整套的组织管理工作。

2）质量管理必须综合考虑质量、价格、交货期和服务，而不能只考虑狭义的产品质量。

3）产品质量有一个产生、形成和实现的过程，因此质量管理必须对质量形成的全过程进行综合管理，而不应只对制造过程进行管理。

4）质量涉及企业的各个部门和全体人员，因此，企业的全体人员都应具有质量意识，承担质量责任。

全面质量管理阶段的特点是全员、全过程参与质量管理。全员参与，意味着每个员工都处于不同的质量环中,每个人的工作质量都会影响产品或服务质量,每个人都要对产品质量负责,因此,要通过质量教育和培训、制定质量责任制、开展群众性质量管理活动,来提高全员意识。全过程的质量管理则说明质量产生、形成和实现的整个过程由多个环节组成,每个环节的质量都会影响最终质量,因此,要控制影响质量的所有环节和因素,并且树立"预防为主、不断改进"的思想。

总之,随着生产力和科学技术的发展,质量管理的理论也逐渐完善,更趋科学性、实用性。全面质量管理活动的兴起标志着质量管理进入了一个新的阶段,它使质量管理更加完善,成为一种新的科学化管理技术。随着全面质量管理的发展,20世纪80年代国际标准化组织发布了第一个质量管理的国际标准——ISO 9000系列标准。20世纪90年代,国际上又掀起了六西格玛管理的高潮。前者将质量管理形成标准,后者追求卓越的质量管理。

1.1.2 质量和质量特性

1. 质量的定义

质量是质量管理的对象,正确全面地理解质量的概念,对于开展质量管理工作是十分重要的。在生产发展的不同历史时期,人们对质量的理解随着科学技术的发展和社会经济的变化而有所变化。质量的概念也从最初仅用于产品,到现在逐渐扩展到服务、过程、体系和组织,以及以上几项的组合。

组织的产品和服务质量取决于满足顾客的能力以及对有关的相关方预期或非预期的影响。产品和服务的质量不仅包括其预期的功能和性能,而且还涉及顾客对其价值和利益的感知。

质量是一组固有特性满足要求的程度。其中,"固有的"指某事物本来就有的,尤其是那种永久的特性。例如:轴的直径、机器的生产率等技术特性。"要求"指明示的、通常隐含的或必须履行的需求或期望,其中,"明示的"可以理解为是规定的要求;"通常隐含的"指组织、顾客和其他相关方的惯例或一般做法,所考虑的需求或期望是不言而喻的;"必须履行的"指法律法规要求的或有强制性标准的要求。

2. 质量特性

质量特性是指产品、过程或体系与要求有关的固有特性。

质量概念的关键是"满足要求"。这些"要求"必须转化为有指标的特性,作为评价检验和考核的依据。由于顾客的要求是多种多样的,因此反映质量的特性也应该是多种多样的。另外,不同类型的产品,其质量特性的具体表现形式也不尽相同。

（1）按照产品形式不同进行分类

1）硬件产品的质量特性。

①性能。性能通常指产品在功能上满足顾客要求的能力，包括使用性能和外观性能。

②寿命。寿命是指产品能够正常使用的年限，包括使用寿命和储存寿命两种。使用寿命是指产品在规定的使用条件下完成规定功能的工作总时间。一般地，不同的产品对使用寿命有不同的要求。储存寿命是指在规定储存条件下，产品从开始储存到规定的失效的时间。

③可信性。可信性是用于表述可用性及其影响因素（可靠性、维修性和保障性）的集合术语。产品按规定的条件、时间，完成规定的功能的能力称为可靠性。维修性是指产品在规定的条件、时间、程序和方法等方面进行的维修、保持或恢复到规定状态的能力。保障性是指按规定的要求和时间，提供维修所必需的资源的能力。显然，具备上述"三性"时，产品必然是可用而且好用的。

④安全性。安全性是指产品在制造、流通和使用过程中保证人身安全与环境免遭危害的程度。目前，世界各国对产品安全性都给予了最大的关注。

⑤经济性。经济性是指产品寿命周期的总费用，包括生产、销售过程的费用和使用过程的费用。经济性是保证组织在竞争中得以生存的关键特性之一。

2）软件产品的质量特性。

①功能性。功能性是指软件所实现的功能，即满足用户要求的程度，包括用户陈述的或隐含的需求程度，是软件产品的首选质量特性。

②可靠性。可靠性是软件产品最重要的质量特性，反映软件在稳定状态下，维持正常工作的能力。

③易用性。易用性反映软件与用户之间的友善性，即用户在使用软件时的方便程度。

④效率。效率是指在规定的条件下，软件实现某种功能耗费物理资源的有效程度。

⑤维护性。维护性是指软件在环境改变或发生错误时，进行修改的难易程度。易于维护的软件也是一个易理解、易测试和易修改的产品。

⑥可移植性。软件能够方便地移植到不同运行环境的程度。

3）流程性材料的质量特性。

①物理性能。如密度、黏度、粒度、导电性等。

②化学性能。如耐蚀性、抗氧化性、稳定性等。

③力学性能。如强度、硬度、韧性等。

④外观。如几何形状、色泽等。

（2）按照产品对顾客满意的影响程度不同进行分类

1）关键质量特性。指若超过规定的特性值要求，会直接影响产品安全性或产品整机功能丧失，必然会引起顾客投诉的质量特性。

2）重要质量特性。指若超过规定的特性值要求，将造成产品部分功能丧失，可能会引起顾客投诉的质量特性。

3）次要质量特性。又称一般质量特性，是指若超过规定的特性值要求，暂不影响产品功能，但可能会使产品功能逐渐丧失，虽不会引起顾客投诉，但有可能导致挑剔顾客抱怨的质量特性。

1.1.3 质量的产生、形成和实现

1. 朱兰质量螺旋曲线

产品质量有一个产生、形成和实现的过程。美国质量管理专家朱兰于20世纪60年代用一条螺旋曲线来表示质量的形成过程，称为朱兰质量螺旋曲线。朱兰质量螺旋曲线阐述了5个重要的理念：①产品质量的形成由市场研究、产品开发、设计、制定产品规格、制订工艺、采购、测试仪器仪表及设备装置、生产制造、工序控制、产品检验、测试、销售及服务共13个环节组成；②产品质量形成的13个环节环环相扣，周而复始，但不是简单的重复，而是不断上升、不断提高的过程；③产品质量形成是全过程的，对质量要进行全过程的管理；④产品质量形成的全过程受供方、销售商和顾客的影响，即涉及组织之外的因素，所以，质量管理是一个社会系统工程；⑤所有的活动都由人来完成，质量管理应该以人为主体，如图1-1所示。

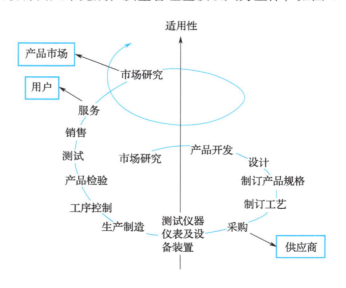

图1-1 朱兰质量螺旋曲线

2. 朱兰质量管理三部曲

第二次世界大战以后，日本从美国引进了统计质量管理的思想和方法，一举改变了日本产品质量低劣的状况。20世纪70年代末期，日本产品开始大量进入美国市场，不断蚕食着美国企业的市场份额。对于美国企业来说，传统的质量控制方法面对这种状况已经显得力不从心，迫切希望有新的管理思想来指点迷津。朱兰博士便是担当这一使命的先驱者之一，他主张要想解决质量危机，就需要破除传统观念，从根本上改造传统的质量管理，按照新的行动路线来行事，这一路线便是朱兰所提出的三部曲，即质量管理是由质量策划、质量控制和质量改进这三个互相联系的阶段所构成的一个逻辑过程，并且每个阶段都有其关注的目标和实现目标的相应手段，见表1-1。

表1-1 朱兰质量管理三部曲的基本思想

质量策划	质量控制	质量改进
设立项目	选择控制对象	争取立项
确定顾客	配置测量设备	设立项目组
明确顾客要求	确定测量方法	确认问题的产生原因
根据顾客要求开发产品	建立作业标准	采取补救措施
设计生产流程	判断操作的正确性	验证补救措施的有效性
制订控制计划	分析与现行标准的差距	在新水平上控制，保持
调控过程	对差距采取行动	已取得的成果

质量策划是指明确企业的产品和服务所要达到的质量目标，并为实现这些目标所进行的各种活动的规划和部署的过程。通过质量策划活动，企业应当明确谁是自己的顾客，顾客的需求是什么，产品必须具备哪些特性才能满足顾客的需求；在此基础上，还必须设定符合顾客和供应商双方要求的质量目标，开发实现质量目标所必需的过程和工艺，确保过程在给定的作业条件下具有达到目标的能力，为最终生产出符合顾客要求的产品和服务奠定坚实的基础。

控制是指制定控制标准、衡量实绩、找出偏差并采取措施纠正偏差的过程。控制应用于质量领域便成为质量控制。质量控制也就是为实现质量目标而采取措施满足质量要求的过程。应用统计方法来解决质量问题是质量控制的主要特征之一。

质量改进是指突破原有计划，从而实现前所未有的质量水平的过程。实现质量改进有三个方面的途径，即通过排除导致过程偏离标准的偶发性质量故障，使过程恢复到初始的控制状态；通过排除长期性的质量故障使当前的质量提高到一个新的水平；在引入新产品、新工艺时从计划开始就力求消除导致新的慢性故障和偶发性故障的各种可能性。

在质量管理的三部曲中，质量策划明确了质量管理所要达到的目标以及实现这些目标的途径，是质量管理的前提和基础；质量控制确保实物按照计划的方式进行，是实现质量目标的保障；质量改进则意味着质量水平的飞跃，标志着质量活动是以一种螺旋式上升的方法在不断攀升和提高。

1.1.4 质量管理的基本内容

1. 质量管理

质量管理是在质量方面指挥和控制组织的协调的活动。通常包括制定质量方针和质量目标以及进行质量策划、质量控制、质量保证和质量改进。

2. 质量方针

质量方针是指由组织的最高管理者正式颁布的该组织总的质量宗旨和质量方向。所谓组织，是指职责、权限和相互关系得到安排的一组人员及设施，定义中的组织是广义的概念，是指公营、私营或联营的具有自身功能、独立经营管理的公司、社团、商行、企事业单位或公共机构，或其中一部分。

质量方针是组织总方针的一个重要组成部分，由最高管理者批准颁布，但质量方针的制定与实施是与组织中的每一个成员密切相关的。制定质量方针必须以有关质量管理原则为基础，结合本组织的质量方向，特别是针对如何全面满足顾客和其他相关方的需求和期望以及努力开展持续改进作出承诺，并且质量方针还应为制定质量目标提供框架，以确保围绕质量方针提出的要求确定组织的质量目标，只有全体成员努力实施质量目标，才能保证质量方针的实施。

3. 质量策划

质量策划是质量管理的一部分，致力于制定质量目标并规定必要的运行过程和相关资源以实现质量目标。质量策划的目的是保证最终的结果能满足顾客的需求。

质量策划包括质量管理体系策划、产品实现策划以及过程运行的策划。质量计划通常是质量策划的结果之一。

4. 质量控制

质量控制的定义为"质量管理的一部分，致力于满足质量要求的活动"。从定义中可知，质量控制的目的是确保产品、过程或体系的质量能满足组织自身、顾客及社会三方面所提出的质量要求。它通过采取一系列作业技术和活动对质量形成的各个过程实施控制，排除会使质量受到损害而不能满足质量要求的各项因素，以减少经济损失，取得经济效益。

质量控制是为了达到规定的质量要求，预防不合格产品发生的重要手段和措施，组织应对影响产品、过程和体系质量的有关人员、技术和管理三方面的因素予以识别，在实施质量控制时，首先应进行过程因素分析，找出起主导作用的因素加以控制，这样才能取得预期效果。

质量控制应贯穿于产品形成和体系运行的全过程。每一个过程都有输入、转换和输出三个环节，通过对每一过程的三个环节实施有效的控制，对产品质量有影响的各个过程才能处于受控状态，持续提供符合规定要求的产品才能得到保障。质量控制程序包括以下两个方面，一方面是对影响产品质量的各环节、各因素制订计划和程序，建立质量控制计划和标准；另一方面则是在实施过程中进行连续评价和验证，发现问题并进行分析，对异常情况进行处理并采取纠正措施，防止再次发生。

为了使质量控制发挥作用，必须注重以下 3 个环节：

1）对影响达到质量要求的各种作业技术和活动都要制订计划和程序。
2）保证计划和程序的实施，并在实施过程中进行连续的评价和验证。
3）对不符合计划和程序活动的情况进行分析，对异常活动进行处置并采取纠正措施。

5. 质量保证

质量保证定义为"质量管理的一部分，致力于对达到质量要求提供信任的活动"。从定义可知，质量保证的核心是向人们提供足够的信任，使顾客和其他相关方确信组织的产品、过程或体系达到规定的质量要求。根据目的的不同，质量保证可分为内部质量保证和外部质量保证两类。内部质量保证的主要目的是向组织的最高管理者提供信任，使组织的最高管理者确信组织的产品、过程或体系能满足质量要求。为此，组织中应有一部分管理人员专门从事监督、验证和质量审核活动，以便及时发现质量控制中的薄弱环节，提出改进措施，促使质量控制能更有效地实施，从而使组织的最高管理者"放心"。但是，随着人们对质量问题认识的进一步深入，组织的最高管理者也有向组织的全体员工提供信任的必要，这是建立全体员工对于组织质量管理的信心的重要活动。因此，内部质量保证是组织最高管理者实施质量活动的一种重要的管理手段。外部质量保证是指在合同或其他外部条件下，向顾客或第三方提供信任，使顾客或第三方确信本组织已建立了完善的质量管理体系，对合同产品有一整套完善的质量控制方案、办法，有信心相信组织提供的产品能达到合同所规定的质量要求。一般说来，外部质量保证必须要有证实文件。

6. 质量改进

质量改进的定义为"质量管理的一部分，致力于增强满足质量要求的能力"。质量是组织在竞争中取胜的重要手段，为了增强组织的竞争力，有必要进行持续的质量改进。为此，组织应确保质量管理体系能推动和促进持续的质量改进，使其质量管理工作的有效性和效率能使顾客满意，并为组织带来持久的效益。所谓有效性，是指完成策划的活动和达到策划结果的程度的度量；效率是指达到的结果与所使用的资源之间的关系。有效性和效率之间的关系对组织质量管理活动而言是密不可分的，离开效率，将付出高昂的代价换得有效性的结果；离开有效性，高效率的后果将是可怕的。另外，质量要求是多方面的，除有效性和效率外，还有可追溯性等。因此，组织的质量管理活动必须追求持续的质量改进。组织开展质量改进应注意以下3点：

1）质量改进是通过改进过程来实现的。组织产品质量的提高，必须通过改进形成质量的过程来实现。

2）质量改进致力于经常寻找改进机会，而不是等待问题暴露后再捕捉机会。对于质量改进的识别主要基于组织对降低质量损失的考虑和与竞争对手比较中存在的差距。

3）对质量损失的考虑需依据3个方面的分析结果：顾客满意度、过程效率和社会损失。这三方面的质量损失问题不仅为质量改进制造了机会，也为质量改进效果的评价提供了分析比较的依据。

1.1.5 全面质量管理的特点及原则

1. 全面质量管理的定义

全面质量管理是一个组织以质量为中心，以全员参与为基础，目的在于通过让顾客满意和本组织所有成员及社会受益而达到长期成功的管理途径。其实质就是企业全体员工、所有部门同心协力，综合运用现代管理技术、专业技术和数理统计方法，经济合理地开发、研制、生产和销售顾客满意的产品的管理活动过程的总称。它包括以下4个方面：

1）全面质量管理内容的全面性，主要表现在不仅要管好产品质量，还要管好产品质量赖以形成的工程质量、工作质量等。

2）全面质量管理范围的全面性，主要表现在包括产品研究、开发、设计、制造、辅助生产、供应、销售服务等全过程的质量管理。它指明了质量管理的宗旨是经济地开发、研制、生产和销售顾客满意的产品。

3）全面质量管理参加管理人员的全面性，主要表现在这项管理是要由企业全体人员参与的全员质量管理。它阐明了质量管理的基础是由企业全体员工牢固的质量意识、责任感、积极性构成的。

4）全面质量管理方法的全面性，主要表现在根据不同情况和影响因素，采取多种多样的管理技术和方法，包括科学的组织工作、数理统计方法的应用、先进的科学技术手段和技术措施等。它强调全面质量管理的手段是综合运用管理技术、专业技术和科学方法，而不是单纯只靠检测技术或统计技术。

2. 全面质量管理的特点

全面质量管理就是要在"全"字上做文章，要树立"三全一多样"的管理理念：

（1）全面的质量管理

既然质量管理的目标是满足顾客要求，顾客不但要求物美，而且要求价廉、按期交货和服务及时周到等。"质量"的概念突破了原先只局限于产品质量的框框，提出了全方位质量的概念，所以全面质量管理的"质量"是一个广义的质量概念。它不仅包括一般的质量特性，而且包括工作质量和服务质量；不仅包括产品质量，而且还包括企业的服务质量。所以全面质量管理就是对产品质量、工程质量、工作质量和服务质量的管理。要保证产品质量、工程质量、服务质量，则必须保证工作质量，以达到预防和减少不合格品、不合格工程及提高服务水平的目的，即做到价格便宜、供货及时、服务优良等，以满足顾客各方面的合理要求。

（2）全过程的质量管理

全过程主要是指产品的设计过程、制造过程、辅助过程和使用过程。全过程的质量管理就是指对上述各个过程的有关质量进行管理。

1）设计过程中的质量管理。包括从市场调查开始，经过研制、设计、试制，一直到正式投入生产时为止这一段时间内有关质量的所有管理工作。这一过程对于产品质量具有方针性、决定性和先天性的重要意义。

2）制造过程中的质量管理。包括从原材料进厂，一直到成品出厂以前整个生产过程中的质量把关和质量控制，工人要用最经济的方法达到设计所规定的质量要求。其中，主要工作内容有：建立合理的检查审核制度，严格工艺纪律，保证各工序有足够的工序能力，加强对不合格品的管理，对工序实施质量控制，做好质量信息的反馈，建立现场的质量保证体系等。

3）辅助过程的质量管理。包括保质、保量和按期提供生产所需要的原材料、设备、工具工装（如模具、夹具等）和技术文件，保证足够的动力供应，保证良好的运输和储存条件，保证良好的环境和有关的各项组织工作。

4）使用过程的质量管理。一方面要做好使用过程中的技术服务工作，另一方面要了解使用过程中的问题，收集顾客的意见，做好信息反馈工作，以便及时改进设计和改进制造方法。

质量管理全过程中的各个环节环环相扣，一个循环结束，又开始一个新的循环，这样就形成了一个螺旋上升的过程。

（3）全员参与的质量管理

产品质量是工作质量的反映，企业中的每一个部门、每一个生产车间以及每一位员工的工作质量都必然直接或间接地影响到产品的质量，而且现代企业的生产过程十分复杂，前后工序、车间之间相互影响和制约，仅靠少数人设关保质量是不能真正解决问题的。所以，全面质量管理的另一个重要特点是，要求企业的全体人员都必须为提高产品质量尽职尽责。只有这样，生产优质产品才有可靠的保证。因此，全员性、群众性是科学质量管理的客观要求。

实行全员性的质量管理，即在生产过程中要求动员和组织广大员工积极参与改善产品质量的活动，组织各种形式的质量管理小组，及时从技术上和组织措施上解决现场中所出现的各种质量问题，特别是关键的质量问题。

（4）多种方法的质量管理

质量管理采用的方法是全面而多种多样的，它由多种管理技术与科学方法组成。科学技术的发展对质量管理提出了更高的要求，进而推动质量管理向科学化、现代化发展。在质量管理过程中应自觉地利用先进的科学技术和管理方法，应用排列图、因果图、直方图、控制图、数理统计、正交试验等技术来分析各部门的工作质量，找出产品质量存在的问题及其关键的影响因素，从而有效地控制生产过程的质量，达到提高产品质量的目的。

3. 全面质量管理的原则

（1）以顾客为关注焦点

质量管理的主要关注点是满足顾客要求并且努力超越顾客期望。组织只有赢得和保持顾客和其他相关方的信任才能获得持续的成功，与顾客互动的每个方面都提供了为顾客创造更多价值的机会，理解顾客和其他相关方当前和未来的需求有助于组织的持续成功。组织若以顾客为关注焦点可以增加顾客价值，增强顾客满意，增进顾客忠诚，提高组织声誉，增加收入和市场份额。

顾客最关注的是卓越的产品质量、优质的服务、货真价实和按时交货。组织应把顾客放在经营的中心位置，让顾客需求引导组织的决策。组织需要了解顾客及其业务，了解他们使用产品的目的、时间、方式、周期，组织需要以顾客的角度进行思考，即"用顾客的眼睛看世界"。同时，组织要深度挖掘顾客投诉，如图1-2所示，从中识别出关键改进机会，提高产品质量。

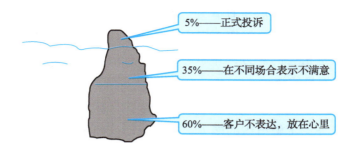

图 1-2 顾客投诉的"冰山"模型

（2）领导作用

组织的决策层必须对质量管理给予足够的重视。各级领导建立统一的宗旨和方向，并且创造全员积极参与的环境，以实现组织的质量目标。统一的宗旨和方向的建立以及全员的积极参与，能够使组织将战略、方针、过程和资源保持一致，以实现其目标，如图 1-3 所示。重视领导作用可以提高实现组织质量目标的有效性和效率，改善组织各层级和职能间的沟通，开发和提高组织及其人员的能力，以获得期望的结果。

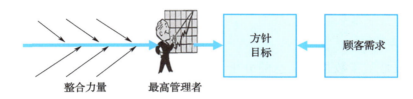

图 1-3 领导作用模型

（3）全员参与

在整个组织内各级人员的胜任、被授权和积极参与是提高组织创造和提供价值能力的必要条件。为了有效和高效地管理组织，尊重并使各级人员参与是重要的。认可、授权和能力提升会促进人员积极参与实现组织的质量目标。

员工是组织的基本组员，员工的全力参与能够使他们发挥自己的能力为组织的利益作出贡献。因此，全员参与是全面质量管理思想的核心。全员参与可以增进组织内人员对质量目标的理解并提高实现目标的积极性、主动性和创造力，提高人员的满意度，促进个人发展，也可以增强整个组织内的相互信任和协作，促进整个组织对共同价值观和文化的关注。

（4）过程方法

只有将活动作为相互关联的连贯系统运行的过程来理解和管理时，才能更加有效和高效地得到一致的、可预知的结果。质量管理体系由相互关联的过程组成。理解体系是如何产生结果的，能够使组织优化其体系和绩效。通过过程方法可以提高关注关键过程和改进机会的能力，并通过过程的有效管理、资源的高效利用及跨职能壁垒的减少，获得最佳绩效。

过程方法一般用于规定体系的目标和实现这些目标所需的过程；确定管理过程的职责、权限和义务；了解组织的能力，并在行动前确定资源约束条件；确定过程相互依赖的关系，并分析每个过程的变更对整个体系的影响；将过程及其相互关系作为体系进行管理，以有效和高效地实现组织的质量目标；确保获得运行和改进过程以及监视、分析和评价整个体系绩效所需的信息；管理能影响过程输出和质量管理体系整个结果的风险。

（5）改进

成功的组织持续关注改进。改进对于组织保持当前的绩效水平，对其内、外部条件的变化作出反应并创造新的机会都是极其重要的。通过改进可以改进过程绩效、组织能力和顾客满意；增强对调查和确定根本原因及后续的预防和纠正措施的关注；提高对内外部的风险和机遇的预测和反应的能力；增强创新的驱动力。因此，改进是全面质量管理的核心思想。

（6）循证决策

循证决策是基于数据、信息的分析与评价的决定，更有可能产生期望的结果。决策是一个复杂的过程，并且总是包含一些不确定性，它经常涉及多种类型和来源的输入及其解释，而这些解释可能是主观的，重要的是理解因果关系和可能的非预期后果，对事实、证据及数据的分析可导致决策更加客观和可信。有效的决策是建立在对数据和信息进行合乎逻辑和直观的分析的基础上的，因此，全面质量管理必须以事实为依据，背离了事实基础那就没有任何意义。在决策和质量管理中应充分重视统计技术和统计分析技术的作用。

在循证决策过程中可开展的活动主要包括：确定、测量和监视证实组织绩效的关键指标；确保数据、信息足够准确、可靠和安全；确保人员有能力分析和评价所需的数据；使用适宜的方法分析和评价数据和信息；依据证据、权衡经验和直觉进行决策并采取措施。

（7）关系管理

对供方及合作伙伴的关系网的管理是尤为重要的。组织做好关系管理可以通过对每一个与相关方有关的机会和制约因素的响应，提高组织及其相关方的绩效；与相关方对目标和价值观有共同的理解；通过共享资源和能力以及管理与质量有关的风险，提高为相关方创造价值的能力；同时可以获得具有管理良好、可稳定提供产品和服务流的供应链。

1.1.6 全面质量管理的推行方法

全面质量管理是从质量管理的共性出发，对质量管理工作的实质内容进行科学的分析、综合、抽象和概括，从中探索质量管理的客观规律性，以指导人们在开展质量管理工作时按客观规律办事。它是现代企业管理的中心环节，是进行质量管理的有效方法。如何在组织内部推行全面质量管理已成为组织工作的重要内容。

1. 培养员工的质量意识

通过质量培训教育，使组织的员工牢固树立"质量第一"和"顾客第一"的思想，制造良好的组织文化氛围，采取切实行动，改变组织的文化和管理形态。

质量意识是一个组织从领导决策层到每个员工对质量和质量工作的认识和理解的程度，它决定着员工的质量态度和行为取向。落后的质量观念必然产生消极的质量态度和不适宜的质量行为，从深层次上制约产品质量的提高和质量工作的开展；员工具有良好的质量观念，才能保证产品质量不断提高。组织的每个员工都应树立良好的质量意识，只有先改变观念，行为才会改变；行为改变，习惯才会改变；习惯改变，结果才会改变。员工缺乏质量意识的表现如图 1-4 所示。

图 1-4 员工缺乏质量意识的表现

2. 建立质量责任制

建立质量责任制，设立专门质量管理机构。全面质量管理的推行要求组织员工自上而下地严格执行。从一把手开始，逐步向下实施。在管理过程中，明确规定组织中的每个部门、每个员工的具体任务、职责和权限，以便做到质量工作事事有人管、人人有专责、办事有标准、工作有检查。实践证明，只有建立严格的质量责任制，才能调动广大职工的质量管理积极性。为了保证质量责任制的真正贯彻落实，组织还必须制定质量奖惩制度，体现奖优罚劣，把职工的积极性和注意力吸引到质量上来。

3. 制订质量方针和质量目标

质量方针是指由组织的最高管理者正式发布的该组织的总质量宗旨和质量方向。质量方针是组织经营总方针的组成部分，是组织管理者对质量的指导思想和承诺。最高管理者应确定质量方针并形成文件。质量方针的基本要求应包括供方的组织目标和顾客的期望和需求，也是供方质量行为的准则。

质量目标是组织在质量方面所追求的目的，是对质量方针的展开，也是组织质量方针的具体体现。质量目标既要先进，又要可行，便于实施和检查。

4. 计量管理

计量是实现单位统一、保证量值准确可靠的活动。具体地说，就是采用计量器具对物料以及生产过程中的各种特性和参数进行测量。因此，计量工作是质量管理的基础工作之一，没有计量工作的准确性，就谈不上贯彻产品质量标准、保证产品质量，也谈不上质量管理的科学性和严肃性。

计量工作的主要要求是：计量器具和测试设备必须配备齐全；根据具体情况选择正确的计量测试方法；正确合理地使用计量器具，保证量值的准确和统一；严格执行计量器具的检定规程，计量器具应及时修理和报废；做好计量器具的保管、验收、储存、发放等组织管理工作。为了做好上述工作，组织应当设置专门的计量管理机构和建立计量管理制度。

5. 标准化管理

标准化工作是现代化生产中各项工作（包括技术工作和管理工作）的基础，同时也是质量管理的基础。标准，一方面是衡量产品质量和工作质量的尺度，另一方面又是企业进行生产、技术和质量管理工作的依据。按标准的对象划分，标准可以分为技术标准、管理标准和工作标准。

（1）技术标准

技术标准是指对标准化领域中需要协调统一的技术事项所制定的标准，它是从事生产、建设及商品流通的一种共同遵守的技术依据。也就是说，技术标准是根据生产技术活动的经验和总结，作为技术上共同遵守的规则而制定的各项标准，如为科研、设计、工艺、检验等技术工作，为产品或工程的技术质量以及各种技术设备和工装、工具等制定的标准。技术标准是一个大类，可以进一步分为：基础性技术标准，产品标准，工艺标准，检测试验标准，设备标准，原材料、半成品、外购件标准，安全、卫生、环境保护标准等。

（2）管理标准

管理标准是指对标准化领域中需要协调统一的管理事项所制定的标准，是正确处理生产、交换、分配和消费中的相互关系，使管理机构更好地行使计划、组织、指挥、协调、控制等管理职能，有效地组织和发展生产而制定、贯彻的标准，它把标准化原理应用于基础管理，是组织和管理生产经营活动的依据和手段。管理标准主要是对管理目标、管理项目、管理程序、管理方法和管理组织方面所作的规定。按照管理的不同层次和标准的适用范围，管理标准又可分为管理基础标准、技术管理标准、经济管理标准、行政管理标准和生产经营管理标准五大标准。

（3）工作标准

工作标准是对标准化领域中需要协调统一的工作事项所制定的标准。它是对工作范围、构成、程序、要求、效果和检验方法等所作的规定，通常包括工作的范围和目的、工作的组织和构成、工作的程序和措施、工作的监督和质量要求、工作的效果与评价、相关工作的协作关系等。工作标准的对象主要是人。

标准化的目的在于追求一定范围内事物的最佳秩序和概念的最佳表述，以期获得最佳的社会效益和经济效益。标准化的主要内容是使标准化对象达到标准化状态的全部活动及其过程，它包括制定、发布和实施标准。

6. 质量信息管理

质量信息是有关质量方面的有意义的数据，是指反映产品质量和组织生产经营活动各个环节工作质量的情报、资料、数据、原始记录等。在组织内部，质量信息包括研制、设计、制造、检验产品生产全过程的所有质量信息；在组织外部，质量信息包括市场及用户有关产品使用过程的各种经济技术资料。

质量信息是组织开展质量管理活动的一种重要资源，为了确保质量管理的有效运行，应将质量信息作为一种基础资源进行管理。因此，组织应当做好如下工作：

1）识别信息需求。
2）识别并获得内部和外部的信息来源。
3）将信息转化为对组织有用的知识。

4）利用数据、信息及知识来确定并实现组织的战略和目标。

5）确保适宜的安全性和保密性。

6）评估因使用信息所获得的收益，以便对信息和知识的管理进行改进。

7. 质量教育与培训

质量管理始于教育、终于教育。质量教育是提高产品质量、提高民族素质的结合点，是增强企业竞争实力的重要手段。当今世界市场竞争十分激烈，竞争的焦点是质量，而质量的竞争实质上是技术水平和管理水平的竞争、人才的竞争和员工素质的竞争，而人才和员工素质的改善有赖于培训教育。通过培训教育使员工牢固树立"质量第一"的观念，提高做好质量管理的自觉性，掌握并运用好质量管理的科学思想、原理、技术和方法，以提高员工的工作质量和企业管理水平。

质量教育包括3项基本内容：质量意识教育、质量管理知识教育、专业技术和技能教育。

（1）质量意识教育

增强质量意识是质量管理的前提，而领导的质量意识更是直接关系到企业质量管理的成败。质量意识教育的重点是要求各级员工理解本岗位工作在质量管理体系中的作用和意义，认识到其工作结果对过程、产品甚至信誉都会产生影响；明确采取何种方法才能为实现与本岗位直接相关的质量目标作出贡献。

（2）质量管理知识教育

质量管理知识教育是质量教育的主要内容。本着因人制宜、分层施教的原则，根据企业的人员结构，质量管理知识教育通常分为对企业领导层的教育、对工程技术人员和管理人员的教育以及对班组工人的教育三个层次，针对各层次人员的职责和需要进行不同内容的教育。领导层的培训内容应以质量法律法规、经营理念、决策方法等为主；对工程技术人员和管理人员的培训应注重质量管理理论和方法；对班组工人的教育应以本岗位质量控制和质量保证所需的知识为主。

（3）专业技术和技能教育

专业技术和技能教育是为了保证和提高产品质量，对员工进行必备的专业技术和操作技能的教育，它是质量教育的重要组成部分。对于技术人员，主要应进行专业技术的更新和补充，学习新方法，掌握新技术；对于一线工人，应加强基础技术训练，熟悉产品特性和工艺，不断提高操作水平；对于领导层人员，除应熟悉专业技术外，还应掌握管理技能。

1.1.7 常见的质量分析工具

随着现代化大生产和科学技术的发展以及生产规模的扩大和生产效率的提高，对产品质量提出了越来越高的要求。影响产品质量的因素也越来越复杂，既有物质因素，又有人的因素；既有生产技术因素，又有管理因素；既有企业内部的因素，又有企业外部的因素。要把如此众多的影响因素系统地控制起来，必须灵活运用各种现代化管理方法和措施加以综合治理。利用质量分析工具可以针对复杂的数据统计及质量要求，进行统筹管理。目前，常见的质量分析工具有分层法、调查表、排列图、因果图、散布图、直方图、控制图等。

1. 排列图

（1）定义

排列图又称为帕累托图（Pareto Chart），也称主次因素分析图，由两个纵坐标、一个横坐标、几个直方块和一条折线构成。排列图是为寻找主要问题或影响质量的主要原因所使用的图。通过排列图，可看出"哪个项目有问题""其影响的程度如何"。

（2）作用

1）按重要性顺序，显示每个因素或质量改进项目对整体质量问题的作用及影响程度。

2）通过对主次因素的判断，识别进行质量改进的机会。

（3）ABC分析方法

排列图建立在帕累托原理的基础上，帕累托原理是19世纪意大利经济学家在分析社会财富的分布状况时发现的。

根据帕累托原理，排列图将影响因素分为3类：

1）A类：累计百分比在0~80%，为主要影响因素。

2）B类：累计百分比在80%~90%，为次要影响因素。

3）C类：累计百分比在90%~100%，为一般影响因素。

（4）绘图步骤

1）先要确定所要调查的问题和收集数据，包括选题、调查期限、必要性数据及其分类、数据收集方法等。

2）设计制作排列图用数据表，将数据填入其中，并计算合栏数值。数据表中应列有各项因素数据、累计因素数据、各项因素所占百分比及累计百分比；需要注意的是，表中各因素数据尽量按从大到小的顺序排列。

3）制作排列图坐标轴。排列图坐标由两根纵轴和一根横轴组成。横坐标按数据从大到小的顺序，依次列出各种因素；左边纵轴，标频数的刻度，最大刻度为总频数；右边纵轴，标百分比刻度，最大刻度为100%；要注意的是，左边总频数的刻度与右边总频率的刻度（100%）高度相等。

4）在坐标上画出矩形。在横轴上按频数大小画出矩形柱，矩形的高度代表各因素频数大小，矩形的宽度参照坐标的大小合理设计。

5）画出累计百分折线。在每个矩形方柱右侧上方，描出累计百分值点，并从零开始，用实线按顺序依次连接，画累计百分折线图。

6）标注，完善表格。在图上标出各累计百分点的数值，完善表头及坐标轴的标注。

例如：对培训班60名学员喜欢的饮料做了调查，并收集了相关数据，绘制成数据记录表，见表1-2。

表1-2 学员喜欢的饮料数据记录表

序号	项目	频数/个	累计频数/个	累计百分数（%）
1	果汁	42	42	70
2	牛奶	8	50	83.3
3	可乐	6	56	93.3
4	茶	3	59	98.3
5	其他	1	60	100
合计		60		

从图1-5可知，果汁和牛奶约占累计百分数的0~80%，属于A类因素，因此，果汁和牛奶是学员最喜欢的饮料。

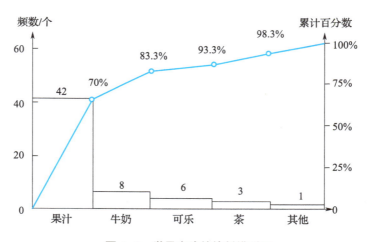

图1-5 学员喜欢的饮料排列图

2. 分层法

（1）定义

分层法又称分类法，是分析产品质量原因的一种常用的统计方法，可以把收集来的原始质量数据，按照一定的目的和要求加以分类整理，以便分析质量问题及其影响因素的一种方法。

质量管理中的数据分层就是将数据根据使用目的，按其性质、来源、影响因素等进行分类的方法，是把不同材料、不同加工方法、不同加工时间，不同操作人员、不同设备等各种数据加以分类的方法，也就是把性质相同、在同一生产条件下收集到的质量特性数据归为一类。

（2）质量数据分层标志

质量管理过程中常见的分层标志有：

①操作者，按年龄、工级、性别等进行分层。
②机器设备，按设备类型、新旧程度、不同产线等进行分层。
③原材料，按产地、批号、规范、厂家、成分等进行分层。
④操作方法，按工艺要求、操作参数、操作方法等进行分层。
⑤检验手段，按检查设备、检验方法等进行分层。
⑥废品的缺陷项目，按缺陷类型、缺陷数量、缺陷形成的时间、工段进行分层。
⑦时间，按不同的班次、日期进行分层。

分层法经常和质量管理中的其他方法一起使用，如将数据分层之后再加工整理成分层排类图、分层直方图、分层散布图等。

3. 因果图

（1）定义

因果图也叫特性因素图、鱼刺图、石川图，是整理和分析影响质量（结果）的各因素之间的一种工具。因果图形象地表示了探讨问题的思维过程，通过有条理地逐层分析，可以清楚地看出"原因—结果""手段—目标"的关系，使问题的脉络完全显示出来。

（2）作用

1）分析因果关系。
2）通过识别症状，分析原因，寻找措施以促进问题的解决。

（3）基本格式

因果图由特性、原因、枝干三部分构成，如图1-6所示。首先找出影响质量问题的大原因，然后寻找到大原因背后的中原因，再从中原因找到小原因和更小的原因，最终查明影响问题的主要原因。

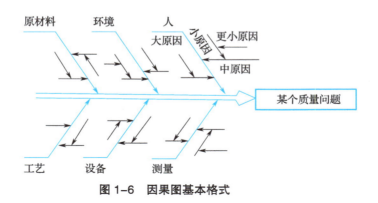

图 1-6　因果图基本格式

(4) 绘图步骤

绘制因果分析图最一般的方法是"大枝展开法"，这种方法是从大枝到中枝、从中枝到小枝，按此次序提出各种要因，这样往往可以将各种因素限制在预先确定的框架内，容易形成小而整齐的因果图。具体绘制步骤如下：

1) 明确调查问题的特性。
2) 由左向右画一个宽箭头，指向质量问题。
3) 分析造成质量问题的可能原因。
4) 在主要原因基础上分析第二、三层原因。
5) 检查各个要因是否有错误。
6) 标明各个要因的重要程度。

4. 调查表

调查表是利用统计表来进行数据整理和粗略原因分析的一种方法，也叫检查表或统计分析表。调查表把产品可能出现的情况及其分类预先列成统计调查表，检查产品时只需在相应分配中进行统计，并可从中进行粗略的整理和简单的原因分析，为下一步的统计分析与判断质量状况创造良好的条件。

为了能够获得良好的效果、可比性和准确性，调查表的设计应简单明了、突出重点，应填写方便、符号好记。填完了的调查表要定时、准确地更换并保存，数据要便于加工整理，分析整理后要及时反馈。

调查表要遵循实事求是的原则，遵循一切用事实和数据说话的原理。调查表收集的资料、积累的数据、确认的事实，是要经过其他工具的整理分析后或为决策者的策划提供原始依据的，因此，如果前期数据有假或者不真实，那么后面的分析和在此基础上的质量策划、决策都是无效的，没有意义的。

常见的调查表的种类有缺陷位置调查表、不良项目调查表和不良原因调查表等。

（1）缺陷位置调查表

若要对产品各个部位的缺陷情况进行调查，可将产品的草图或展开图画在调查表上，当某种缺陷发生时，可采用不同的符号或颜色在发生缺陷的部位上标出。若在草图上划分缺陷分布情况区域，可进行分层研究。

（2）不良项目调查表

不良项目调查表用于调查产品质量发生了哪些不良情况及其各种不良情况的占比大小。

（3）不良原因调查表

要弄清楚各种不良品发生的原因，就需要按设备、操作者、时间等标志进行分层调查，填写不良原因调查表。

5. 散布图

（1）定义

散布图，又叫相关图，是通过分析研究两种因素的数据关系来控制影响产品质量的相关因素的一种有效方法。

在质量问题的原因分析中，常会遇到某些质量因素之间的关系往往不能进行解析描述，不能由一个（或几个）变量的数值精确地求出另一个变量的值，这种关系称为非确定性关系（或相关关系）。散布图是可以将两个非确定性关系变量的数据对应列出，标记在坐标图上来观察它们之间的关系的图表。

散布图的分析可以帮助我们肯定或者否定两个变量之间可能关系的假设。

（2）作用

散布图的作用在于：

1）用数据来证实两组变量之间有关系的假设。

2）提供直观方法来检验潜在关系的强度。

3）作为因果图的后续工具，可展示变量之间的不同关系模式。

4）为质量改进提供依据。

（3）两个变量的相关类型

当两个因素之间的关系未知或两个因素之间关系比较模糊时，可以通过散布图来确认二者之间的关系。

一般情况下，两个变量之间的相关类型主要有6种，如图1-7所示。

1）强正相关。自变量的增加导致因变量的明显增加。

2）弱正相关。自变量的增加导致因变量的略微增加。

3）强负相关。自变量的增加导致因变量的明显减少。

4）弱负相关。自变量的增加导致因变量的略微减少。

5）不相关。因变量的变化与自变量的变化毫无关系。

6）非线性相关。自变量与因变量之间无线性关系但符合某种曲线变化规律。

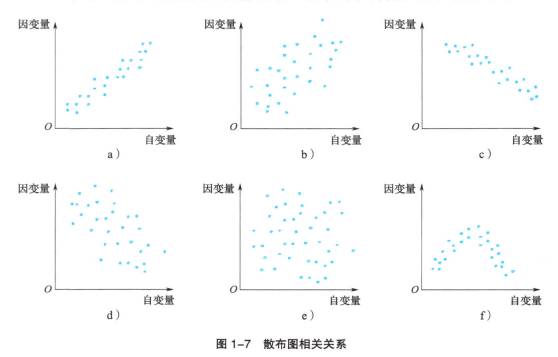

图1-7 散布图相关关系

a）强正相关 b）弱正相关 c）强负相关 d）弱负相关 e）不相关 f）非线性相关

（4）作图步骤

1）收集 X 与 Y 两个变量的对应数据。

2）分别找出 X 值、Y 值的最大值和最小值。

3）标明直角坐标及刻度；在横坐标 X 轴、纵坐标 Y 轴上分别画出 X 值、Y 值的刻度，以 X 值、Y 值的最小值当起点；X 轴与 Y 轴之交点处不可标数字"0"。

4）根据数据描点；当两组数据值相等，数据点重合时，可用围绕数据点画同心圆的方法表示，若两组数据完全相同用"⊙"表示，若三组数据完全相同，用"⊙^{3}"表示。

5）分析点云分布情况，判定相关关系类型。

（5）注意事项

1）散布图反映的只是一种趋势，对于定性的结果还需要具体的分析。

2）做散布图时，要注意对数据进行正确的分层，否则可能作出错误的判断。

3）对明显偏离群体的点子，要查明原因，对被确定为异常的点子要剔除。

4）由散布图分析所得的结论，仅适用于试验的取值范围内，不能随意加大适用范围。在取值范围不同时，再做相应的试验与分析。

6. 直方图

（1）定义

直方图，又称质量分布图，是从总体中随机抽取样本，将从样本中获得的数据进行整理，从而找出数据变化的规律，以便测量工序质量好坏的一种工具，如图1-8所示。

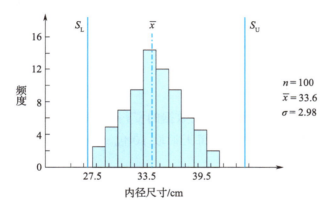

图1-8 某零件内径尺寸直方图

直方图适用于对大量计量值数据进行整理加工，找出其统计规律，分析数据分布的形态以便对其总体的分布特征进行分析。直方图的基本图形为直角坐标系下若干依照顺序排列的矩形，各矩形底边相等，称为数据区间，矩形的高为数据落入各相应区间的频数。

（2）作用

在生产实践中，收集到的各种数据具有分散性，即数据之间参差不齐，如同一批加工零件的几何尺寸不可能完全相等，同一批材料的机械性能各有差异等。数据的分散性是由产品质量本身的差异所致，是由生产过程中条件变化和各种误差造成的，即使条件相同、原料均匀、操作谨慎，生产出来的产品质量数据也不会完全一致。另一方面，如果收集数据的方法得当，收集的数据又足够多，经过仔细观察或适当整理可以看出这些数据并不是杂乱无章的，而是呈现出一定的规律性。要找出数据的这种规律性最好的办法就是通过对数据的整理做出直方图，通过直方图可以了解到产品质量的分布状况平均水平和分散程度。这有助于判断生产过程是否稳定正常，分析产生产品质量问题的原因，预测产品的不合格率，提出质量改进措施。即通过直方图，可以：

1）可以根据图形形状，及时把握数据的分布形态，从而判断工序状况。

2）可以根据图形分布情况，了解数据的离散情况，并分析数据分散和偏离的程度，调查产生偏离的原因。

3）通过图形与规格的比较，可了解过程工序能力是否稳定，是否需要改进。

4）可以研究改善的效果是否达到预期要求。

（3）作图步骤

1）收集数据，并确定最大值 X_{max} 和最小值 X_{min}，计算极差 $R=X_{max}-X_{min}$。

2）确定分组的组数 K 和组距 $h=R/K$。

3）确定各组界限（注意第一组的上下界）。

4）制作频数分布表。

5）画直方图。

6）在直方图的空白区域，记上有关数据的资料。

例如：某公司生产了一批产品，每天抽取 10 包，对质量进行测量，取得下列数据，见表 1-3。

表 1-3　产品质量表

（单位：g）

	①	②	③	④	⑤	⑥	⑦	⑧	⑨	⑩
1	13.8	14.2	13.9	13.7	13.6	13.8	13.8	13.6	14.8	14.0
2	14.2	14.1	13.5	14.3	14.1	14.0	13.0	14.2	13.9	13.7
3	13.4	14.3	14.2	14.1	14.0	13.7	13.8	14.8	13.8	13.7
4	14.2	13.7	13.8	14.1	13.5	14.1	14.0	13.6	14.3	14.3
5	13.9	14.5	14.0	13.3	15.0	13.9	13.5	13.9	13.9	14.0
6	14.1	12.9	13.9	14.1	13.7	14.0	14.1	13.7	13.8	14.7
7	13.6	14.0	14.0	14.4	14.0	13.2	14.5	13.9	13.7	14.3
8	14.6	13.7	14.7	13.6	13.9	14.8	13.6	14.0	14.2	13.5
9	14.4	14.0	13.7	14.1	13.5	13.9	14.0	14.7	14.2	14.8
10	13.1	14.4	14.4	14.9	14.4	14.5	13.8	13.3	13.5	14.0

第一步：收集数据，求极差 R。

$$X_{\max}=15.0\text{g}，X_{\min}=12.9\text{g}，R=X_{\max}-X_{\min}=2.1\text{g}$$

第二步：确定分组的组数和组距。

①决定临时区间数（组数）。

把包含最大值和最小值的范围，分成若干个等间隔的区间。区间数大体上是数据数值的平方根，本例中样本 $n=100$，其平方根为 10，即分 10 组。

②决定测量单位（测量值的最小刻度）。

测量单位是指测量数据时的测量精度，本例的测量单位是 0.1g。

③确定区间宽度（组距）。

区间宽度是指区间上边界值和下边界值之间的差。

区间宽度的求法是最大值和最小值的差除以临时区间数所得的值，而且应使之与测量单位成整数倍的关系。本例中 2.1g÷10=0.21g，取测量单位的整数倍，所以区间宽度 $h=0.2\text{g}$。

第三步：确定各组界限。

如果区间的边界值和数据值相同，就不知道边界上的数据应该记入上、下哪个区间了。所以，区间的边界值要用边界值加减最小测量单位的 1/2 来表示，即最下边的区间下限边界值 = 最小值 − 测量单位 /2。本例中最下边的区间下限边界值 =12.9g−0.1/2g=12.85g。

第四步：作频数分布表，见表 1-4。

表 1-4 频数分布表

序号	区间的边界值 /g	中心值 /g	频数分布	频数
1	12.85~13.05	12.95	//	2
2	13.05~13.25	13.15	//	2
3	13.25~13.45	13.35	///	3
4	13.45~13.65	13.55	//// /// /	11
5	13.65~13.85	13.75	//// //// //// ///	18
6	13.85~14.05	13.95	//// //// //// //// //// ////	24
7	14.05~14.25	14.15	//// //// //// /	16
8	14.25~14.45	14.35	//// ////	10
9	14.45~14.65	14.55	////	5
10	14.65~14.85	14.75	//// //	7
11	14.85~15.05	14.95	//	2
合计				$n=100$

第五步：画直方图，如图1-9所示。

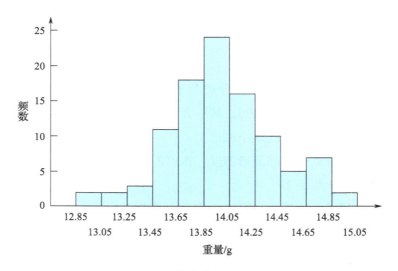

图1-9 某产品重量直方图

（4）直方图常见的形状

1）正常型。正常型是指过程处于稳定的图形，它的形状是中间高、两边低，左右近似对称。近似是指直方图多少有点参差不齐，主要看整体形状，如图1-10a所示。正常生产中许多质量指标都呈现这种形状，是过程处于稳定的图形。

2）孤岛型。孤岛型是直方图旁边有孤立的小岛出现，当这种情况出现时，过程中有异常原因。如：原料发生变化、不熟练的新工人替人加班、测量有误等，都会造成孤岛型分布，应急时查明原因、采取措施，如图1-10b所示。

3）双峰型。当直方图中出现了两个峰，靠近直方图中间的频数较少。这是由于观测值来自两个总体，两个分布的数据混合在一起造成的。如：两种有一定差别的原料所生产的产品混合在一起，或者就是两种产品混在一起，此时应当加以分层，如图1-10c所示。

4）折齿型。当直方图出现凹凸不平的形状，这是由于作图时数据分组太多，测量仪器误差过大或观测数据不准确造成的，此时应重新收集数据、整理数据，如图1-10d所示。

5）陡壁型。当直方图像高山的陡壁向一边倾斜时，通常表现在产品质量较差时，为了使产品符合标准，需要进行全数检查，以剔除不合格品。当用剔除了不合格品的产品数据作频数直方图时容易产生这种陡壁型，这是一种非自然形态，如图1-10e所示。

6）偏态型。直方图的顶峰有时偏向左侧、有时偏向右侧，如图1-10f所示。由于某种原因使下限受到限制时，容易发生偏左型。如：用标准值控制下限、摆差等形位公差、不纯成分接近于 0、疵点数接近于 0 或由于工作习惯都会造成偏左型。由于某种原因使上限受到限制时，容易发生偏右型。如：用标准尺控制上限、精度接近 100%、合格率也接近 100% 或由于工作习惯都会造成偏右型。另外，用剔除了不合格品后的数据做出的直方图也容易呈偏态形。

7）平顶型。直方图没有突出的顶峰，呈平顶型，如图 1-10g 所示。形成这种情况的原因一般有三种：

①与双峰型类似，由于多个总体、多总分布混在一起。

②由于生产过程中某种缓慢的倾向在起作用，如工具的磨损、操作者的疲劳程度等。

③质量指标在某个区间中均匀变化。

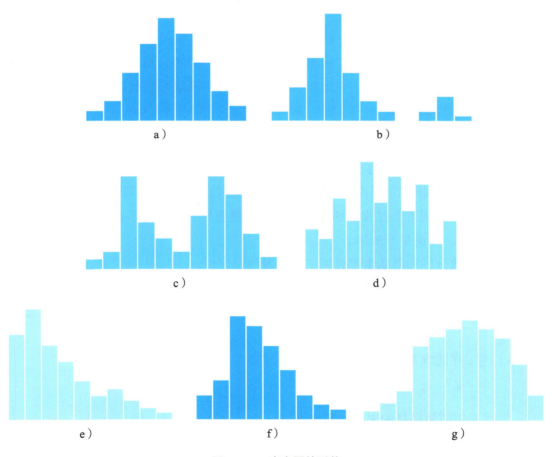

图 1-10　直方图的形状

a）正常型　b）孤岛型　c）双峰型　d）折齿型　e）陡壁型　f）偏态型　g）平顶型

7. 控制图

（1）定义

控制图，又称管理图、休哈特图，是用来对生产过程的关键质量特性值进行测定、记录、评估并监测过程是否处于控制状态的一种图形，如图1-11所示。

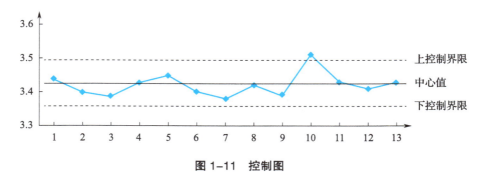

图1-11 控制图

控制图由一个横坐标、一个纵坐标、上控制界限、下控制界限、中心线及一条产品分布折线组成。通过观察控制图上产品质量特性值的分布状况，可以分析和判断生产过程是否发生了异常，一旦发现异常就要及时采取必要的措施加以消除，使生产过程恢复稳定状态。

（2）作用

控制图主要是以预防为主，把影响产品质量的各个因素消灭在萌芽状态，以达到保证质量、降低成本、提高生产效率、提高经济效益的目的。具体作用如下：

1）能及时发现生产过程中的异常现象和缓慢变异，能预防不合格品发生，从而降低生产费用，提高生产效率。

2）能有效分析和判断生产过程工序质量的稳定性。

3）可查明设备和工艺手段的实际精度，以便作出正确的技术决定。

4）可以为制定工序目标和规格界限，特别是对配合零部件的最优化确立可靠的基础。

5）使工序的成本和质量成为可预测的因素。

（3）分类

根据控制图使用目的来分，控制图可分为：

1）解析用控制图。先有数据，后有管制界限，用于过程分析、工序能力研究。

2）管制用控制图。先有管制界限，后有数据，用于过程控制，若有超出界限的，立即采取措施。

根据质量数据的类型分，控制图可分为：

1）计量值控制图。产品需实际量测而取得的连续性实际值，并对其做数理分析，从而说明该产品在此量测特性的品质状况的方法。

2）计数值控制图。是以计件产品的不良件数或点数的表示方法，数据在理论上有不连续的特性。

其中，均值－极差控制图是最常用最基本的控制图，可以同时控制质量特性值的集中趋势，即平均值的变化，以及其离中趋势，即极差的变化。均值－极差控制图由均值控制图和极差控制图组成。均值图用来判断生产过程的均值是否处于或保持在所要求的统计控制状态；极差图用来判断生产过程的波动是否处于或保持在所要求的统计控制状态。

（4）绘图步骤

1）选择要控制的质量特性，如长度、不合格品等，并选择合适的控制图种类。
2）收集记录样本数据，做好分组。
3）计算样本的统计量（如平均值、极差、标准偏差）。
4）计算控制图中心线和上、下控制界限线。
5）画控制图，并标出相关统计量。
6）依据控制图的准则，研究控制图内的点，并标明异常状态。

（5）控制图的判异准则

质量特性 X 的样本数据服从正态分布，控制图的上、下控制线分别位于中心线的上、下 3σ 距离处。为了便于观察点的分布情况，可以将控制图分为 6 个区，每个区的宽度为 1σ，6 个区的标号为 A、B、C、C、B、A，两个 A 区、B 区、C 区分别在中心线两侧，关于中心线对称，如图 1-12 所示。

控制图的判异准则为：

准则 1：只要有一点落在 A 区以外即异常，原因可能为操作方法错误、更换操作员工、原料不合格、机器故障、检验方法变化、计算错误等，如图 1-12a 所示。

准则 2：连续 9 点落在中心线同一侧即异常，主要原因可能为过程平均值减小等，如图 1-12b 所示。

准则 3：连续 6 点递增或递减即异常，原因可能是工具逐渐磨损、维修逐渐变坏等，从而使得参数随着时间而变化等，如图 1-12c 所示。

准则 4：连续 14 点相邻点上下交替即异常。原因可能是数据分层不够，如：两名操作人员轮流进行操作、轮流使用两台设备等，如图 1-12d 所示。

准则 5：连续 3 点有两点落在中心线同一侧的 B 区以外即异常，原因为过程平均值发生了变化等，如图 1-12e 所示。

准则 6：连续 5 点中有 4 点落在中心线同一侧的 C 区以外即异常，原因可能为过程平均值发生了变化等，如图 1-12f 所示。

准则 7：连续 15 点在 C 区中心线上下即异常，原因为数据分层不够或数据造假，也可能是过程质量得到提高等，如图 1-12g 所示。

准则 8：连续 8 点在中心线两侧，但无一在 C 区中即异常，原因可能为数据分层不够等，如图 1-12h 所示。

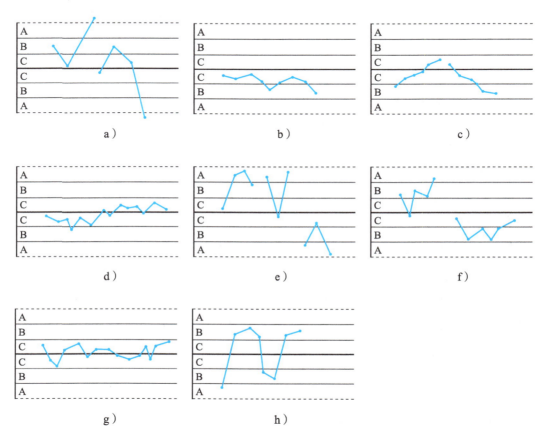

图 1-12 控制图的判异准则

思政育人

本节通过真实的质量事件和富有哲理的质量小故事，向学生传递质量无小事、产品的品质没有折扣的职业观念，激发学生对专业的兴趣，初步培养学生对岗位的热情；同时，通过各种质量管理方法的学习，树立学生良好的质量意识；通过质量分析工具的学习与应用，帮助学生增强运用科学方法解决问题的能力。

单元 1.2 质量管理体系

任务引入

小李所在的某汽车制造企业，为了提高企业的竞争力和产品的国际知名度，想要在企业内建立健全完善的质量管理体系，从而更加高效地进行质量管理，那么，他们应该了解哪些质量管理体系方面的知识？如何进行 ISO 9001 质量管理体系的认证？在质量管控的过程中应该使用哪些工具对产品质量进行有效预防与监控？

任务分析

企业想要提高自己产品的市场竞争力和国际知名度，就要建立完善的质量管理体系，这样，对内可以强化管理，提高人员素质和企业文化；对外可以提升企业形象和市场份额，不断提升产品质量。因此，对企业来说，建立和完善企业的质量管理体系显得尤为重要。企业不仅要了解质量管理体系的运行模式和基本要素，也要了解质量管理体系的核心工具，以便更加有效地进行质量管控。

学习目标

1. 能够描述质量管理体系的作用及意义。
2. 能够描述质量管理体系的运行模式。
3. 能够描述质量管理体系的四大过程。
4. 能够掌握 ISO 9000 系列标准的相关知识。
5. 能够掌握 TS 16949 标准的相关知识。
6. 能够描述质量管理体系的核心工具及适用范围。

知识学习

1.2.1 质量管理体系基础知识

随着全球经济一体化进程的加快，大部分产品已经进入了买方市场，顾客对产品质量的要求不断提高，致使市场竞争异常激烈。世界各国的各类组织为了降低成本、提高产品质量、赢得市场，都在按全面质量管理的方法，规范或改造组织原有的管理模式，建立既能够实现质量目标、达到顾客满意，又使产品在整个生产过程中得到有效控制的质量管理体系，已是管理上的普遍需要。

1. 质量管理体系概述

质量管理体系是在质量方面指挥和控制组织的管理体系。组织为了建立质量方针和质量目标，并实现这些质量目标，经过质量策划将管理职责、资源管理、产品实现、测量、分析和改进等相互关联或相互作用的一组过程有机地组成一个整体，构成质量管理体系。组织的质量管理工作通过质量管理体系的运作来实现，而质量管理体系的有效运行又是质量管理的主要任务。

一个组织建立质量管理体系，一方面要满足组织内部进行质量管理的要求，另一方面也要满足顾客和市场的需求。而对于所建立的质量管理体系是否完善、该如何评价，需要得到供需双方或第三方的认可，还要以共同认可的评价方法和标准为依据。

为此，1979 年国际标准化组织（ISO）成立了质量保证技术委员会，专门从事质量管理和质量保证标准的制定工作。经过各国专家的努力，于 1987 年首次颁布 ISO 9000《质量管理和质量保证系列国际标准》。

随着 ISO 9000 系列标准在国际上的广泛应用以及质量保证、质量管理理论和实践的发展，结合实施过程中出现的问题，国际标准化组织又先后于 1994 年、2000 年、2008 年以及 2015 年对 ISO 9000 系列标准进行了修订。修订后的 ISO 9000 系列标准适合各类组织使用，也更加通用化、更加灵活，也更趋完善。本节将以 2015 版 ISO 9000 标准为依据，简要介绍质量管理体系的有关知识。

2. 质量管理体系基本术语

ISO 9000：2015《质量管理体系 基础和术语》标准中定义了 13 大类 138 条术语，本节简要介绍几个基本术语。

（1）组织

组织是为实现其目标，通过职责、权限和相互关系而拥有其自身职能的一个人或一组人。组织包括代理商、公司、集团、商行、企事业单位、政府机构、合营公司、社团、慈善机构或研究机构，或上述组织的部分或组合，无论是否具有法人资格、公有的或私有的。

（2）相关方

相关方是能够影响决策或活动，受决策或活动影响，或感觉自身受到决策或活动影响的个人或组织。比如：顾客、所有者、组织内的人员、供方、银行、监管者、工会、合作伙伴以及可包括竞争对手或反压力集团的社会群体。

（3）过程

过程是"利用输入产生预期结果的相互关联或相互作用的一组活动"。过程的输入和输出可以是有形或无形的。输入一般包括设备、材料、无件、能量、信息和财务资源等，而输出则是预期的结果。过程是组织内部进行有效管理的最小单元，各个过程之间存在着相互衔接的顺序关系，即一个过程的输入通常是其他过程的输出，而一个过程的输出又通常是其他过程的输入。

（4）体系

体系是相互关联或相互作用的一组要素。管理体系是组织建立方针和目标以及实现这些目标的过程的相互关联或相互作用的一组要素。管理体系可以针对单一的领域或几个领域，如质量管理、财务管理或环境管理。管理体系要素确定了组织的结构、岗位和职责、策划、运行、方针、惯例、规则、理念、目标以及实现这些目标的过程。

3. 质量管理体系的特点

质量管理体系具有以下特点：

（1）质量管理体系是由过程组成的

质量管理体系由若干相互关联、相互作用的过程组成。每个过程既是相对独立的，又是和其他过程相连的。即由若干的过程组成一个"过程网络"。通常，"过程网络"是相当复杂的，不是一个简单的各个过程先后顺序的排列。"过程网络"内部的各个过程之间存在着接口关系和职能的分配与衔接。过程既存在于职能之中，又可跨越职能。质量管理体系就是依据各过程的作用、职能和接口顺序的不同组合成一个有机的整体。

（2）质量管理体系是客观存在的

一个组织只要能正常进行生产并提供产品，客观上就存在一个质量管理体系，但这个质量管理体系不一定都能保持和有效运行。虽然，一个组织内可能有不同的产品，这些产品也可以有不同的要求。但是，每个组织只应有一个质量管理体系，这个质量管理体系应覆盖该组织所有的质量体系、产品和过程。

（3）质量管理体系以文件为基础

组织应按 ISO 9000 族标准要求建立质量管理体系，并将其文件化。对内为了让员工理解与执行，对外向顾客和相关方展示与沟通。质量管理体系文件应在总体上满足 ISO 9000 族标准的要求，在具体内容上应反映本组织的产品、技术、设备、人员等特点，要有利于本组织所有员工的理解和贯彻。用有效的质量管理体系文件来规范、具体化和沟通各项质量活动，使每个员工都明确自己的任务和质量职责，促使每个员工把保证和提高质量看成是自己的责任。编制和使用质量管理体系文件是具有高附加值和动态的活动。

（4）质量管理体系是不断改进的

随着客观条件的改变和组织发展的需要，质量管理体系也可更改相应的体系、过程和产品，以适应变化了的市场的需要。质量管理体系既可以预防质量问题的发生，又能彻底解决已经出现的问题，还可以及时发现和解决新出现的质量问题，质量管理体系需要良好的反馈系统和良好的反应机制。

1.2.2 质量管理体系的运行模式

1. 过程方法和 PDCA 循环

（1）过程方法

为使组织的质量管理体系能够有效运行，必须识别和管理许多相互关联和相互作用的过程。系统地识别和管理所使用的过程，特别是这些过程之间的相互作用，称为过程方法。2015 版 ISO 9000 标准中倡导在建立、实施质量管理体系以及提高其有效性时采用过程方法。过程方法包括按照组织的质量方针和战略方向，对各过程及其相互作用，系统地进行规定和管理，从而实现预期结果。可通过采用 PDCA 循环以及基于风险的思维对过程和体系进行整体管理，从而有效地利用机遇并防止发生非预期结果。

1）组织通过应用过程方法，可以促进质量管理体系的过程实现动态循环改进，从而不断提高效益。

2）通过识别组织内的关键过程，以及关键过程的后续开发和持续改进，过程方法还可促进以顾客为关注焦点的产品理念，提高顾客的满意程度。

3）有利于了解组织的所有过程和这些过程相互间的关系，过程方法还可以更加有效地分配和利用组织现有的资源。

4）应用过程方法，组织可以将复杂的管理工作不断简化。管理者的主要任务是提出过程的输入要求，对过程的输出结果进行检查，并提供必要的资源。而具体过程中各项活动的展开，应充分发挥参与这一过程的每个人的作用，进而简化管理过程。

（2）PDCA 循环

PDCA 循环是美国质量管理专家休哈特博士首先提出的，由戴明采纳、宣传并获得普及，所以又称为戴明环。它是一个动态循环，可在组织的各个过程中展开，它既与产品实施过程相关，又与质量管理体系过程的计划、实施、控制和持续改进密切相关。PDCA 循环能够应用于所有过程以及作为整体的质量管理体系。

PDCA 循环可以简要描述如下：

1）策划（P）。建立体系及其过程的目标、配备所需的资源，以实现与顾客要求和组织方针相一致的结果。

2）实施（D）。实施所做的策划。

3）检查（C）。根据方针、目标和要求对过程以及产品和服务进行监视和测量（适用时），并报告结果。

4）处置（A）。必要时，采取措施提高绩效。

2. 质量管理体系的运行模式

以过程为基础的质量管理体系模式，如图 1-13 所示。以过程网络的形式来描述其相互关系并以顾客要求为输入，以提供给顾客的产品为输出，通过信息反馈来测定顾客满意度，评价组织质量管理体系的业绩。

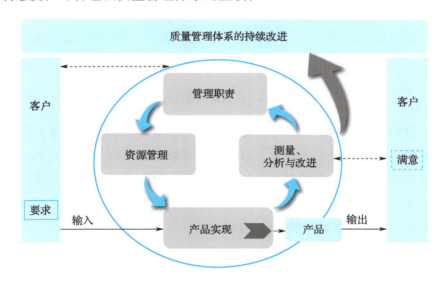

图 1-13　以过程为基础的质量管理体系模式

3. 质量管理体系的四大过程

应用过程方法，质量管理体系可以分为四大过程，分别为管理职责、资源管理、产品实现、测量分析与改进。

（1）管理职责

在质量管理体系运行过程中，组织内部的管理职责大致可划分为 3 层：决策层、管理层和执行层，如图 1-14 所示。决策层一般为最高管理者，决策层应制定合理的质量目标和方针；质量方针是组织对质量的承诺，在质量方面的关注焦点，如：诚信为本、顾客至上；保国内领先、争国际先进、创员工共进、造美好生活；质量目标是组织质量发展上追求的目的地，分中长期、年度、短期等，如：产品一等品率稳定在96%，顾客满意度为95%、顾客投诉及时解决率为100%。管理层是过程的拥有者，通过对过程进行风险分析等策划出实现产品的具体活动。在执行层人员完成执行任务并完成记录后，管理层应根据记录结果，对过程执行情况进行分析，提出改进措施，并向决策层管理者报告，决策层管理者根据报告等信息，作出决策或战略思考，及时调整方针和目标。

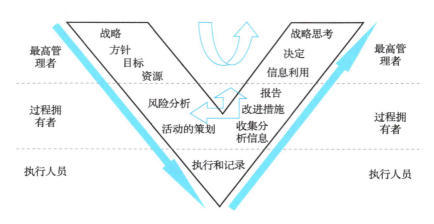

图1-14　组织内部管理职责

同时，组织的决策层也要做好质量管理体系的管理评审工作。最高管理者应按策划的时间间隔评审质量管理体系，以确保其持续的适宜性、充分性和有效性，并与组织的战略方向一致。定期或适时地主持开展管理评审是最高管理者的职责，管理评审应按预定的计划开展，两次评审的间隔一般不应超过12个月，特殊情况应增加评审的频次，评审的方式一般采取会议形式。

在策划和实施管理评审时应考虑下列内容：

1）以往管理评审所采取措施的实施情况。

2）与质量管理体系相关的内外部因素的变化。

3）有关质量管理体系绩效和有效性的信息，主要包括顾客满意和相关方的反馈、质量目标的实现程度、过程绩效以及产品和服务的符合性、不合格以及纠正措施、监视和测量结果、审核结果、外部供方的绩效。

4）资源的充分性。

5）应对风险和机遇所采取措施的有效性。

6）改进的机会。

而管理评审的输出应包括与下列事项相关的决定和措施：

1）改进的机会。

2）质量管理体系所需的变更。

3）资源需求。

组织应保留作为管理评审结果证据的形成文件信息。

（2）资源管理

组织的资源管理可以从人力资源、基础设施、工作环境三方面制定详细的管理方法。

1）人力资源是对可能影响产品质量的岗位人员进行技能和经验的教育及培训，并将质量不符合要求给顾客带来的后果告知，并采取激励及考核制度；提供适当的培训和发展机会，确保员工理解要做些什么、该怎么做、执行到什么程度等信息。

2）基础设施包括建筑物、工作场所和相关的设施、过程设备（硬件和软件）及支持性服务（如运输、通信或信息系统）。基础设施管理应确保：

①对影响产品质量的基础设施予以确认。

②对基础设施的购置、安装、调试、验收、使用、维护、储存、报废、更新全过程的控制。

③应建立、健全基础设施资料的管理，包括基础设施档案、设备台账、维护记录等。

3）工作环境是指工作时所处的条件，包括物理的、环境的和其他因素，如噪声、温度、湿度、照明或天气等。组织应确定和管理为达到产品符合要求所需的工作环境，其控制要点在于：

①组织应确定影响产品质量的工作环境，包括：物理性的，如声、光、电、磁、辐射、振动等；环境性的，如温度、湿度、照度、洁净度等；社会性的，指组织的社会性对员工工作质量的影响；心理性的，指员工个人心理素质对产品质量的影响。

②组织应在作业指导书、操作规程及工艺文件中对工作环境提出要求并予以控制。

（3）产品实现

产品实现过程主要包括产品策划、产品的设计开发、产品的生产准备和生产、销售及服务等过程。

1）在产品策划过程中要满足产品的质量目标和要求，要针对产品特性确定相关的过程、文件和资源要求。

2）在产品的设计开发过程中要满足顾客的要求，兼顾产品质量、寿命、可靠性、耐久性、可维护性、时间安排和成本目标等要求。

3）产品的生产准备，包括采购、检验等过程要进行严格控制，对选定的供应商要进行产品生产的监测活动，以确保产品的质量。

4）在生产、销售及服务过程中，要制定合理的生产计划、工艺方法，形成完善作业指导书，做出详细科学的生产安排，最后将服务信息及时反馈相关部门。

（4）测量、分析和改进

测量、分析和改进过程主要是为了确保产品要求的符合性，确保质量管理体系的符合，持续改进质量管理体系的有效性。

测量重在让顾客满意，达到质量管理体系审核要求，并对制造过程、成品过程日常进行监测。不合格产品及返工返修也是监控的重要指标。

顾客是组织得以生存发展的生命线，监测内容要确保已交付零件的质量绩效对顾客造成的干扰，包括现场退货、交付时间的绩效（含超额运费）及制造过程的绩效。对质量管理体系的监控要确保其是否符合标准要求、是否得到有效实施，组织每年要做内部审核，要涵盖所有的制造过程、活动和班次，特殊情况可增加审核频次。对于不合格产品的监控要确保加强日常管理、分析原因、采取纠正措施改善。在日常活动中，也要通过数据分析、防错装置、预防措施来保证过程的稳定，达到持续改进的目的。

总之，为了更好地改进产品质量，要对现有信息及资料进行科学严谨地分析，确定产品质量问题的重要程度，确定首要解决的产品问题，从而确定改进方向，识别根本问题，采取正确措施。

1.2.3 质量管理体系的构筑

质量管理体系的构筑一般包括构筑过程和运行两个环节，现将其相关知识进行介绍。

1. 质量管理体系的构筑过程

一般来说，一个组织要构筑一个质量管理体系须经过以下 6 个步骤：

（1）教育培训，统一认识

组织质量管理体系建立和完善的过程，是始于教育培训、终于教育培训，也是提高认识、统一认识的过程，但不同阶段教育培训的重点、方式和内容应有所不同。建立和实施质量管理体系是组织最高管理者的一项战略决策，因此在体系策划和总体设计阶段，培训的重点应是组织的决策层和管理层。

（2）调查分析管理现状

组织现状调查是确定体系涉及的产品及过程、体系覆盖的范围、体系文件的结构等的前提和基础。现状调查和分析的内容包括：

1）产品及过程的特点，特别是主导产品特点和工艺流程等。

2）目前的组织机构设置及职能分工是否适应质量管理体系的要求。

3）组织内部涉及的区域、场所，以确定体系覆盖的范围。

4）资源状况，包括各类人员、生产设备和检测设备的状况等。

5）管理的基础工作，包括标准、计量、质量方面的工作，以及现行的质量文件、记录和信息等。

调查分析组织的管理现状是建立质量管理体系的基础工作。通过调查研究可以确定组织原有的管理体系哪些已经满足标准要求，哪些还存在着差距，哪些还是管理上的空白，为进行质量管理体系策划提供依据。

（3）确定质量方针和质量目标

质量管理体系是在质量方面建立方针和目标并实现这些目标的体系，质量方针和目标的确定直接关系到组织建立一个什么样的质量管理体系，因此最高管理者应积极参与质量方针和目标的制定。

1）制定质量方针。质量方针是组织总方针的重要组成部分，是由组织的最高管理者正式发布的该组织的总质量宗旨和方向，是全体员工必须遵守的准则和行动纲领，体现了组织对质量的承诺。组织在制定质量方针时应考虑：①是否与组织的宗旨相适应，包括对满足要求和持续改进质量管理体系有效性的承诺；②提供制定和评审质量目标的框架，这是质量方针的核心要求，明确了质量方针与质量管理原则的内在联系，以顾客为关注焦点和改进这两条主线的要求。

2）质量目标的制定与展开。质量目标是质量方针的具体化，规定为实现质量方针在各主要方面应达到的要求和水平。质量目标应与组织的性质、业务特点、具体情况相适应，应随外部环境和自身条件变化而发生变化。其内容一般包括质量管理体系方面的要求和与产品特性有关的要求，质量管理体系方面的要求包括确定组织质量管理体系建立、实施、保持和改进的各项要求，其中最关键的是使顾客满意的目标；与产品特性有关的要求包括新产品、新技术、新工艺设计和开发、产品质量符合性，实现过程与产品特性稳定性等方面的目标。

（4）组织落实，制定计划

建立统一规划、分级负责的组织机构是建立和完善质量管理体系的关键，一般根据企业规模、产品及组织结构的不同可以有不同的形式。对于大中型企业，一般应建立3个层次的领导及工作班子：

1）应成立由厂级决策层成员（或指定的管理者代表）为首的总体策划、协调和指导班子。

2）要建立由各职能部门领导参加的工作班子，负责总体规划的实施。

3）要成立体系设计和体系文件编写的工作班子，由各职能部门领导或业务骨干参加，负责明确质量管理体系及各过程的责任部门，负责过程的展开、落实以及接口部分的协调和文件的编写等。

（5）调整组织机构，合理配备资源

组织内部机构重复、职能交叉的现象不利于建立质量管理体系，应进行必要的调整。一个职能部门可以负责或参与多项质量活动，但不要让一项质量活动由多个职能部门来负责。机构调整工作难度大，不仅涉及质量管理，还涉及组织总体战略的实施，应统筹考虑，逐步实施。

建立和实施有效的质量管理体系，还必须进行人员、设备等资源的配备和完善，要有一定的资金投入。此项工作应与质量管理体系总体设计同步考虑。

（6）质量管理体系的文件化

质量管理体系的文件通常可分为 3 个层次：质量手册、程序文件和作业文件。其编制原则如下：

1）文件的形成不是目的，而是一项增值活动。质量管理体系文件既是对现有管理活动的肯定，又是为进一步的改进和创新奠定基础。同其他标准一样，作为一个管理标准，它既有规范的功能，又有制约的机制。从某种意义上讲，产品质量的改进总是伴随着质量管理体系的创新，而这些又都会伴随着质量管理体系文件的实施和文件的更改。

2）应当遵守"符合性"和"有效性"两个基本原则。文件应符合 ISO 9000 系列标准的通用要求，符合组织的实际情况，注重实效，不搞表面文章。一个有效的质量管理体系的前提是拥有一套适用的质量管理体系文件，使之成为开展各种质量活动的依据。

3）组织可以运用灵活的方式将其质量管理体系形成文件。文件与组织的全部活动或所选择的部分活动有关，可采用任何形式或类型的媒体。没有文件不行，但并不是文件越多越好或越细越好。组织所制定的文件的多少和详略程度应以能够证实其对质量管理体系及过程进行了有效的策划、运作、控制和持续改进为宜，文件的多少和详略程度还应取决于组织自身的条件，包括产品或过程的复杂程度、规模大小和人员能力。

质量管理体系文件应遵循过程方法模式，文件的表达形式可以多样化，建议采用流程图方法，将过程之间的相互顺序、作用以及信息流、物质流加以直观描述，便于员工理解和执行。

4）为了使质量管理体系文件协调统一，在文件编写前应对现有文件进行收集整理，并与相应的质量管理体系要求进行比较，并在此基础上编制"质量管理体系文件明细表"，确定新编、修订、合并及废止的文件目录，落实所编文件的责任人、编制要求和完成日期。体系文件的编制要制定统一的规范，做到结构层次、编写格式的规范、统一、完整。

5）除质量手册应由组织统一编写外，其他层次的文件可按分工由各归口部门编制，实行谁主管、谁编制，谁实施、谁修改。编制前应提出草案再统一由组织审定，贯彻"把质量方针与目标写实，职责和权限写准，过程展开及质量活动写全"的原则。

6）一般先编写质量手册的前半部分，完成组织机构的确定和人员、部门职责权限的分配，然后整理编写程序文件和作业文件，最后汇总程序文件的相关内容，完成质量手册后半部分的编写。

质量管理体系文件编写完成后，组织应对文件进行评审，评审中发现的问题应及时修改，经主管领导批准后发布并运行。

2. 质量管理体系的运行

质量管理体系的运行是指组织的全体员工依据质量管理体系文件的要求，为实现质量方针和质量目标，在各项工作中按照质量管理体系文件要求操作，以保持质量管理体系持续有效的过程。为确保体系有效运行，应当注意以下5个方面：

（1）质量管理体系运行前的培训

运行阶段的培训重点在执行层。组织应采取多种形式，分层次地对员工进行质量管理教育和质量管理体系文件的学习和培训。通过培训应使每个员工，特别是与体系运作有关的人员了解和自己有关的程序文件，知道自己应做什么、什么时间做、如何做，了解自己在整个质量管理体系运行中的作用和地位，了解整个质量管理体系是如何运作的。

（2）组织协调

质量管理体系的运行涉及组织许多部门和各个层次的不同活动。领导者要确定各项活动的目标与要求，明确职责、权限和各自的分工，使各项活动能够有序展开，对出现的矛盾和问题要及时沟通与协调，必要时采取措施，才能保证质量管理体系的有效运行。

（3）做好过程控制，严格按规范操作

组织的员工应严格执行工艺规程和作业指导书，操作前要做好各项准备工作，

熟悉工艺要求和作业方法，检查原材料和加工设备是否符合要求；加工过程中对各项参数和条件实施监控，确保各项参数控制在规定范围之内；加工后进行自检，保证加工的产品满足规范要求。

（4）监视与测量过程，不断完善体系

在质量管理体系运行过程中，组织应采用过程监视与测量的方法，对质量管理体系运行情况实施日常监控，确保质量管理体系运行中暴露出的问题，如与标准要求不符合或与本组织实际不符合时，要及时、全面地收集上来，进行系统地分析，找出根本原因，提出并实施纠正措施，包括对质量管理体系文件的修改，使质量管理体系逐步完善、健全。

（5）质量管理体系审核

组织进行质量管理体系内部审核与接受质量管理体系的外部审核，是保持质量管理体系有效运行的重要手段。

质量管理体系审核的目的是对照规定要求，检查质量管理体系实施过程中是否按照规范要求操作，确定质量目标的实现情况，评价质量管理体系的改进机会。质量管理体系内部审核是由组织的不同管理层、执行层中与该过程无关的人员进行的。审核的对象是组织与质量管理体系运行有关的所有过程。在审核中发现问题要及时反馈给当事人或部门，采取措施保持质量管理体系的有效性。

3. 员工在质量管理体系中应当发挥的作用

质量管理体系的建立与运行与组织中的每一个员工都密切相关，员工应在管理体系的建立、运行和保持过程中发挥以下4个方面的作用：

（1）积极参与管理

员工在贯彻执行质量管理体系文件时，可结合岗位工作对质量管理体系的完善提出合理化建议。针对管理和操作中存在的问题，开展质量管理小组及各种质量改进活动，实现质量管理体系的不断改进。

（2）做好过程控制

员工应严格执行工艺规程和作业指导书，掌握影响过程质量的操作、设备仪器、原料和毛坯、工艺方法和生产环境等方面的因素，通过管好影响因素来保证和提高质量，实现预防为主。在工作实践中，应加强对不合格产品的控制。

（3）做好质量记录

生产现场的各种质量记录是质量信息的重要来源，也是质量管理体系的重要组成部分。员工应按照准确、及时、清晰的要求做好质量记录,并加以妥善保护,以防破损或遗失。

(4)树立让顾客满意的理念

建立质量管理体系的目的之一,是通过管理使组织具有提供顾客满意产品的能力,这种能力的实现和保持要靠组织全体员工在思想上树立以顾客为关注焦点的理念,一切工作为顾客着想,一切从顾客需求出发,才能不断满足顾客的要求与期望。

1.2.4 质量管理体系的审核

审核是为获得客观证据并对其进行客观的评价,以确定满足审核准则的程度所进行的系统的、独立的并形成文件的过程。审核可以是内部审核或外部审核,也可以是结合审核或联合审核。内部审核,有时称为第一方审核,由组织自己或以组织的名义进行,用于管理评审和其他内部目的,可作为组织自我合格声明的基础。一般由与正在被审核的活动无责任关系的人员进行,以证实独立性。外部审核包括第二方和第三方审核,第二方审核由组织的相关方,如顾客或由其他人员以相关方的名义进行;第三方审核由外部独立的审核组织进行,如提供合格认证/注册的组织或政府机构。

质量管理体系审核是为验证质量活动和有关结果是否符合组织计划的安排,确认组织质量管理体系是否被正确、有效地实施以及质量管理体系内的各项要求是否有助于达成组织的质量方针和质量目标,并适时发掘问题,采取纠正与预防措施,为组织被审核部门及人员提供质量管理体系改进的机会,以确保组织质量管理体系得到持续不断的改进和完善。

1. 质量管理体系的审核目的

质量管理体系审核的目的在于:

1)判定组织质量管理体系是否符合规定的要求。
2)判定组织所执行的质量管理体系是否有达到质量目标的规定效益。
3)提供组织质量管理体系改进的信息与机会。
4)判定组织质量管理体系是否符合国家或国际标准、政府或区域法律法规的要求。
5)获得第三方认证机构注册登记及其证书。

2. 质量管理体系的审核

质量管理体系的审核分为文件审核和现场审核两个部分。

（1）文件审核

文件审核主要评审组织质量管理体系的质量手册、程序文件、作业指导书、表单/记录和其他要求的支持性文件是否涵盖 ISO/TS 16949 质量管理体系（技术规范）标准。

在现场审核活动前，应评审受审核方的文件，以确定文件所述的体系与审核准则的符合性。在有些情况下，如果不影响审核实施的有效性，文件评审可以推迟，直到现场活动开始时。在其他情况下，为取得对可获得信息的适当了解，可以进行现场初访。

如果发现文件不适宜、不充分，审核组长应通知审核委托方和负责管理审核方案的人员以及受审核方，应决定审核是否继续进行或暂停，直到有关文件的问题得到解决。

（2）现场审核

现场审核主要审核组织质量管理体系执行的程度及有效性。每次现场审核，包括初次审核（第一次正式审核）和每年的监督审核，必须包括针对下列内容的审核：①从上一次审核后的新顾客；②顾客抱怨和组织反映的情况；③组织内部审核和管理评审的结果和措施；④朝着持续改进目标的进展情况；⑤从上次审核后，纠正措施的有效性并验证。质量管理体系、管理职责和产品实现过程，都必须在每个为期 12 个月的现场审核时，至少进行一次审核。

现场审核的实施包括以下内容：

1）举行首次会议。与受审核方管理层，或者（适当时）与受审核的职能或过程的负责人召开首次会议。首次会议应由审核组长主持，首次会议的目的包括：

①确认审核计划。

②简要介绍审核活动如何实施。

③确认沟通渠道。

④向受审方提供询问的机会。

在许多情况下，如在小型组织的内部审核中，首次会议可简单地包括对即将实施的审核的沟通和对审核性质的解释。

对于其他审核情况，会议应是正式的并保持记录，包括出席人员的记录。

2）对现场实施审核。以首次会议开始现场审核。审核员通过运用各种审核方法和技巧，收集审核证据，进行分析判断，得出审核结果，若有不合格项目，应开具相应的报告，并以末次会议结束现场审核。审核组长应实施审核的全过程控制。

3）提交审核报告。现场审核结束后，应提交审核报告。工作内容包括审核报告的编制、批准、分发、归档、考核奖惩、纠正、预防和改进措施的提出，确认和分层分步实施的要求。

4）跟踪审核。应加强对审核后的区域、过程的实施及纠正情况进行跟踪审核，并在紧接着的下一次审核时，对措施的实施情况及效果进行复查评价，写入报告，实现审核闭环管理，以推动连续的质量改进。在任何组织中，从审核得到的真正益处最终均来自"自身"的审核。

5）审核评估。总结审核过程中遇到的问题，并将审核结果备案。

1.2.5　ISO 9000 系列标准与 TS 16949 标准

1. ISO 9000 系列标准

ISO 是国际标准化组织（International Organization for Standardization）的简称，它成立于 1947 年 2 月 23 日，是一个全球性的非政府组织，是世界上最大的、最权威的国际标准制定、修订组织。中国是 ISO 的正式成员，当时代表中国参加 ISO 的国家机构是中国国家技术监督局（CSBTS）。

（1）ISO 9000 系列标准的产生与发展

第二次世界大战期间，军事工业得到了迅猛的发展，各国政府在采购军品时，不但提出产品特性要求，还对供应厂商提出了质量保证的要求。20 世纪 50 年代末，美国发布 MIL-Q-9858A《质量大纲要求》，成为世界上最早的有关质量保证方面的标准。后来，美国国防部制定和发布了一系列的生产武器和承包商评定的质量保证标准。

美国军品生产方面质量保证活动的成功经验，在世界范围内产生了很大的影响，一些工业发达国家，如英国、法国、加拿大等，在 20 世纪 70 年代末先后制定和发布了用于民品生产的质量管理和质量保证标准。世界各国先后发布了许多关于质量体系及审核的标准。但是，随着各国经济的相互合作和交流，逐渐发现由于各国标准的不一致，给国际贸易带来了障碍，质量管理和质量保证的国际化成为当时世界各国的迫切需要。

为此，国际标准化组织（ISO）于 1979 年成立了第 176 个技术委员会，即质量保证技术委员会（TC176），专门负责制定质量管理和质量保证标准，并于 1986 年发布了 ISO 8402《质量—术语》标准。1987 年质量保证技术委员会更名为质量管理和质量保证技术委员会，并首次颁布了 ISO 9000 系列标准。

ISO 9000 系列标准的颁布，使各国的质量管理和质量保证系列活动统一在了 ISO 9000 系列标准的基础上。该系列标准总结了工业发达国家先进企业的质量管理的实践经验，统一了质量管理和质量保证的术语和概念，并对推动组织的质量管理、实现组织的质量目标、消除贸易壁垒、提高产品质量和顾客的满意程度等产生了积极的影响，受到了世界各国的普遍关注和采用。迄今为止，它已被150多个国家和地区采用为国家标准，并广泛应用于工业、经济和政府的管理领域。

(2) ISO 9000 系列标准的构成

ISO 9000 系列标准是国际标准化组织（ISO）所制定的关于质量管理和质量保证的一系列国际标准。其目标是要让全世界都接受和使用 ISO 9000 族标准，为提高组织的运作能力提供有效的方法，增进国际贸易，促进全球的繁荣和发展，使任何机构和个人都可以有信心从世界各地获得期望的任何产品，以及将自己的产品顺利地销售到世界各地。

ISO 9000 系列标准是一族标准，自 1987 年第一版颁布后，国际标准化组织又先后于 1994 年、2000 年、2008 年以及 2015 年对 ISO 9000 系列标准进行了修订。以 2015 版 ISO 9000 系列标准为例，它包含核心标准、支持性标准和技术文件等。

1）核心标准。

①ISO 9000：2015《质量管理体系基础和术语》。

②ISO 9001：2015《质量管理体系要求》。

③ISO 9004：2009《质量管理体系业绩改进指南》。

④ISO 19011：2011《质量和（或）管理体系审核指南》。

2）支持性标准。

①ISO 10005《质量计划指南》。

②ISO 10006《项目质量管理指南》。

③ISO 10007《技术状态管理指南》。

④ISO 10012：2003《测量管理体系》。

⑤ISO 10015：1999《培训指南》。

⑥ISO 10018《顾客投诉的处理》。

⑦ISO 10019《质量管理体系咨询师选择和使用指南》。

3）技术文件。

①ISO TR 10013：2001《质量管理体系文件》。

②ISO TR 10014《质量经济性管理指南》。

③ISO TR 10017《统计技术指南》。

④ISO TS 16949：2002《汽车供方质量管理体系要求》。

(3) ISO 9000 认证

认证是一种信用保证形式。按照国际标准化组织（ISO）和国际电工委员会

（IEC）制定的《ISO/IEC 指南 2：1986》中对"认证"的定义是：由可以充分信任的第三方证实某经鉴定的产品或服务符合特定标准或规范性文件的活动。

例如，对第一方（供方或卖方）生产的产品甲，第二方（需方或买方）无法判定其品质是否合格，而由第三方来判定。第三方既要对第一方负责，又要对第二方负责，不偏不倚，出具的证明要能获得双方的信任，这样的活动叫作"认证"。这就是说，第三方的认证活动必须公开、公正、公平，才能有效。

这就要求第三方必须有绝对的权力和威信，必须独立于第一方和第二方之外，必须与第一方和第二方没有经济上的利害关系，或者有同等的利害关系，或者有维护双方权益的义务和责任，才能获得双方的充分信任。这个认证的第三方一般由国家或政府的机关直接担任，或者由国家或政府认可的组织去担任，这样的机关或组织叫作"认证机构"。

ISO 9000 认证是由可以充分信任的认证机构证实某经鉴定的产品或服务符合 ISO 9000 系列标准的活动。

（4）推行 ISO 9000 的好处

一般说来，推行 ISO 9000 的好处分内外部：内部可强化管理，提高人员素质和企业文化；外部可提升企业形象和市场份额。具体内容如下：

1）强化品质管理、提高企业效益，增强客户信心，扩大市场份额。负责 ISO 9000 质量体系认证的机构都是经过国家认可、机构认可的权威机构，对企业的质量体系的审核是非常严格的。这样，对于企业内部来说，可按照经过严格审核的国际标准化的质量体系进行品质管理，极大地提高工作效率和产品合格率，迅速提高企业的经济效益和社会效益。对于企业外部来说，当客户得知供方按照国际标准实行管理，拿到了 ISO 9000 品质体系认证证书，并且有认证机构的严格审核和定期监督，就可以确信该企业是能够稳定地提供合格产品或服务，从而放心地与企业订立供销合同，扩大了企业的市场占有率。

2）获得了国际贸易"通行证"，消除了国际贸易壁垒。许多国家为了保护自身的利益，设置了种种贸易壁垒，包括关税壁垒和非关税壁垒。其中，非关税壁垒主要是技术壁垒，技术壁垒中，又主要是产品质量认证和 ISO 9000 质量体系认证的壁垒。特别是在世界贸易组织内，各成员之间相互排除了关税壁垒，只能设置技术壁垒，因此，获得认证是消除贸易壁垒的主要途径。

3）节省了第二方审核的精力和费用。在现代贸易实践中，第二方审核早就成为惯例，后来又逐渐发现其存在很大的弊端：①一个组织通常要为许多顾客供货，第二方审核无疑会给组织带来沉重的负担；②顾客必须支付相当的费用，同时还要考虑派出或雇用人员的经验和水平问题，否则，支付了费用也达不到预期的目的。唯有 ISO 9000 认证可以排除这样的弊端。因为，第一方申请了第三方的 ISO 9000 认证并获得了认证证书以后，众多第二方就不必要再对第一方进行审核。这样，不管是第一方还是第二方都可以节省很多精力或费用。另外，如果企业在获得了 ISO 9000 认证之后，再申请 UL、CE 等产品品质认证，还可以免除认证机构对组织的质量管理体系进行重复认证的开支。

4）在产品品质竞争中永远立于不败之地。国际贸易竞争的手段主要是价格竞争和品质竞争。由于低价销售的方法不仅使利润锐减，如果构成倾销，还会受到贸易制裁，所以价格竞争的手段越来越不可取。目前，品质竞争已成为国际贸易竞争的主要手段，不少国家把提高进口商品的品质要求作为限入准出的贸易保护主义的重要措施。实行 ISO 9000 国际标准化的品质管理，可以稳定地提高产品品质，使企业在产品品质竞争中永远立于不败之地。

5）有利于国际经济合作和技术交流。按照国际经济合作和技术交流的惯例，合作双方必须在产品（包括服务）品质方面有共同的语言、统一的认识和共守的规范，方能进行合作与交流。ISO 9000 质量管理体系认证正好提供了这样的信任，有利于双方迅速达成协议。

6）强化企业内部管理，稳定经营运作，减少因员工辞工造成的技术层质量波动。

7）提高企业形象。

2. TS 16949 标准

TS 16949 是国际标准化组织的技术规范之一，是全球汽车行业中统一现行的汽车质量体系要求，适用于整个汽车产业生产零部件与服务件的供应链，包括整车厂。

（1）TS 16949 的由来

TS 16949 是由国际汽车特别工作小组（IATF）成员联合开发的，并提交国际标准化组织（ISO）批准和公布。为了协调国际汽车质量系统规范，由世界上主要的汽车制造商及协会于 1996 年成立了一个专门机构，称为国际汽车工作组（International Automotive Task Force，IATF）。IATF 的成员包括了国际标准化组织质量管理与质量保证技术委员会（TC176）、意大利汽车工业协会（ANFIA）、法国汽车制造商委员会（CCFA）和汽车装备工业联盟（FIEV）、德国汽车工业协会（VDA）、各大汽车制造商如宝马（BMW）、戴姆勒-克莱斯勒（Daimler Chrysler）、菲亚特（Fiat）、福特（Ford）、通用（General Motors）、雷诺（Renault）和大众（Volkswagen）等。

1996 年，IATF 开始协调和制定汽车工业通用的质量管理体系标准，IATF 对 AVSQ（意大利）、EAQF（法国）、QS 9000（美国）和 VDA（德国）的汽车工业质量体系进行了协调，在与 ISO 9001：2000 标准结合的基础上，于 2002 年 3 月 1 日由 ISO 和 IATF 公布了 ISO/TS 16949：2002。这项技术规范适用于整个汽车产业生产零部件与服务件的供应链，包括整车厂，2002 年版的 TS 16949 已经生效，并展开认证工作。

2002 年 4 月 24 日，福特、通用和克莱斯勒三大汽车制造商在美国密歇根州底特律市召开了新闻发布会，宣布对供应厂商要采取统一的质量体系规范，这个规范就是 TS 16949。供应厂如果没有得到 TS 16949 的认证，则意味着失去了作为供应商的资格。目前，雪铁龙（Citroen）、标致（Peugeot）、雷诺（Renault）和日产（Nissan）等汽车制造商已强制要求其供应商通过 TS 16949 的认证。

（2）TS 16949 标准的构成与内容

TS 16949 标准是在 ISO 9001：2000 标准的基础上加入了汽车工业的特殊要求而形成的。为了明确区分 ISO 9001：2000 标准的原文和新补充的内容，在文件的格式上将 ISO 9001：2000 标准的条款用方框框起来。方框内的版权归国际标准化组织所有，方框外的内容描述了汽车工业的特殊要求，其版权归 IATF 的有关国家组织和汽车制造商所有。

在公布 TS 16949 的同时，IATF 还制订和发布了《TS 16949：2002 指南》、《TS 16949：2002 的检查表》和《TS 16949：2002 认可规则》。

《TS 16949：2002 指南》按照 TS 16949 的条款顺序，简明列出了范例、应用、实践或解释，对如何正确实施规范提供了指导信息，有助于理解和应用 TS 16949。

《TS 16949：2002 的检查表》提供了审核指南。该指南对应 TS 16949 每一个条款的要求，列出了需要寻找的证据内容。但是，它仅仅是参考性质的，不是强制性的要求，注意以过程为基础的模式方法。

《TS 16949：2002 认可规则》也叫《认证机构 TS 16949：2002 汽车认证方案规则》。该规则包括认证机构的认可、认证机构的审核过程、认证机构审核员的认可和注册等内容，是十分详尽的规则性文件。

（3）TS 16949 的特点

TS 16949 是国际汽车行业的技术规范，是基于 ISO 9001，加进了汽车行业的技术规范。此规范完全和 ISO 9000 保持一致，但更着重于缺陷防范、减少在汽车零部件供应链中容易产生的质量波动和浪费。

TS 16949 作为国际汽车行业的一个技术规范，其针对性和适用性非常明确：只适用于汽车整车厂和其直接的零备件制造商。这些厂家必须是直接与生产汽车有关的，能开展加工制造活动，并通过这种活动使产品能够增值。TS 16949 对所认证的公司厂家资格有着严格的限定。那些只具备支持功能的单位，如设计中心、公司总部和配送中心等，不能独立获得 TS 16949：2002 的认证。对那些为整车厂家或汽车零部件厂家制造设备和工具的厂家，也不能获得 TS 16949：2002 的认证。

TS 16949 特别注重厂家的完成品及实现这个完成品的质量系统能力。它认为这是整个制造过程活动的基础。它还特别注重一个机构质量管理系统的有效性。

TS 16949：2002 的审核由单一要素的审核转变成一个过程的审核。一个过程的审核将以用户为中心，它根据用户的要求来评估厂家的活动，围绕用户的满意度来衡量厂家的表现。另外，三大汽车制造商对其供应商都提出了产品的特别要求，而 TS 16949：2002 也包括了对满足这些要求的过程审核。

TS 16949 把用户的要求和技术规范放在同等重要的位置。因此，认证公司对厂家的认证审核，很多地方类似于第二方的审核。

TS 16949 是受 IATF 承认的一个单一的全球质量系统标准和注册程序。互相承认将减少第二方和第三方的审核，为厂家节省费用。另外，相对于文件审核，TS 16949 更注重过程的审核。

由于 TS 16949：2002 已包含了 ISO 9001：2000 的所有内容，所以获得 TS 16949：2002 的认证，也标志着符合 ISO 9001：2000 标准。

（4）TS 16949 认证适用范围

TS 16949 适用于汽车行业提供以下项目生产和服务的供方及分供方"现场"：

1）部件或材料。

2）热处理件、喷漆、电镀或其他最终加工服务。

3）其他客户定义的产品。

除了包括被客户定义的特定产品（如半导体、工具装设备制造等）和汽车工业直接的供应者之外的组织，TS 16949 的范围相对 QS-9000 没有太大变动。

符合 TS 16949 标准、满足客户的特殊要求、获得 IATF 认可的注册，便意味着符合所有公司的质量要求。

3. TS 16949 与 ISO 9001 的关系

TS 16949 的目的是适应汽车工业全球采购的要求，减轻汽车零部件及材料供货商为满足各国质量体系要求而多次认证的负担，从而降低采购成本。该标准以国际上普遍接受 ISO 9001 标准为基础，补充进汽车工业的特殊要求而形成。它完整地引用了 ISO 9001 标准的有关原文，表明国际汽车工业界完全接受 ISO 9001 标准，要想达到 TS 16949 标准要求的基本条件，首先要满足 ISO 9001 标准。

TS 16949 采纳了近代汽车工业界认可的质量工程概念、方法和技术，在内容方面十分详细、具体。如要求采用先期质量策划、潜在失效模式及后果分析等系统技术，突出强调了顾客满意度、持续改进、多方论证、产品和生产过程中的特性等概念和方法。这样就避免了产品投产后，边卖边改，面临事后质量攻关的局面，保证了投产后的产品一定是高质量的商品。以上内容在 ISO 9001 标准中也有，但是 TS 16949 标准叙述得更详尽、更加针对汽车工业。

TS 16949 与 ISO 9001 之间的关系如图 1-15 所示。

虽然这两个标准之间关系密切，但二者之间的区别还是很大。其区别主要表现在以下 5 个方面：

1）范围不同。ISO 9001 适用于各行各业、各类型的组织及各种产品。标准不分行业，不分规模。TS 16949 则只用于汽车相关产品的设计和开发、生产以及相关的安装和服务，对产品范围作了限定。

图 1-15　TS 16949 与 ISO 9001 之间的关系

2）内容不同。ISO 9001 只是一般的技术要求，而 TS 16949 标准的内容较 ISO 9001 更为具体，有明确的具体内容技术规范要求，对汽车行业的针对性更强，其最核心的五大工具为产品质量先期策划（APQP）、失效模式及后果分析（FMEA）、测量系统分析（MSA）、生产产品批准程序（PPAP）、统计过程控制（SPC）。

3）运行时间不同。ISO 9001 按照 ISO 组织国际标准化要求和认监委的规定不得少于 3 个月的运行季度。TS 16949 按照 IATF 规定运行时间为 12 个月。从时间上看 TS 16949 是 ISO 9001 的 4 倍，TS 16949 要求更高。

4）认证机构不同。

5）效率和效果不同。ISO 9000 只是 ISO（国际标准化组织）单方面要求认可的。而 TS 16949 不仅是 ISO 认可的，也是 IATF 认可的。做了 ISO 9001 认证不代表做了 TS 16949 认证，但是通过了 TS 16949 认证就意味着通过了 ISO 9001 认证。

1.2.6　质量管理五大核心工具

质量是企业的生命，也是一个企业综合实力和整体素质的综合体现，在企业质量管理体系运行的过程中，运用质量管理工具，可以更好地完善其质量管理体系，从而提高过程管理能力，提升产品的品质，增强企业核心竞争力。

质量管理五大工具，又称品管五大工具，主要包括：

1）产品质量先期策划（Advanced Product Quality Planning，APQP）。

2）潜在失效模式与影响分析（Failure Mode and Effect Analysis，FMEA）。

3）测量系统分析（Measurement System Analysis，MSA）。

4）统计过程控制（Statistical Process Control，SPC）。

5）生产件批准程序（Production Part Approval Process，PPAP）。

1. 产品质量先期策划（APQP）

（1）含义

产品质量先期策划（APQP）是开发新产品时的一种结构化开发方法，是一种使新产品能以较高的效率，最低的成本生产出并达到顾客满意的方法。它是为满足产品、项目或合同规定，在新产品投入以前，用来确定和制定确保生产某具体产品或系列产品使顾客满意所采取的一种结构化过程的方法，为制订产品质量计划提供指南，以支持顾客满意的产品或服务的开发。

APQP强调在产品量产之前，通过产品质量先期策划或项目管理等方法，对产品设计和制造过程设计进行管理，用来确定和制定让产品达到顾客满意所需的步骤。

产品质量先期策划的目标是保证产品质量和提高产品可靠性。

（2）步骤

产品质量先期策划（APQP）一般可分为以下5个阶段：

1）计划和确定项目（项目阶段）。

2）产品设计开发验证（设计及样车试制）。

3）过程设计开发验证（试生产阶段）。

4）产品和过程的确认（量产阶段）。

5）反馈、评定及纠正措施（量产阶段后）。

APQP贯穿在整个产品开发、过程开发、量产、售后等全部过程中，是其他核心工具的基础。

2. 潜在失效模式与影响分析（FMEA）

（1）含义

"任何事情都有可能失败，所以必须事先做好预防。"潜在失效模式与影响分析（FMEA）是一项以失效为讨论重点的支援性与辅助性的可靠性技术，是一种识别失效潜在影响的严重性的方法，并为采取减轻风险的措施提供了输入。FMEA一般用表格方式进行工程分析，使产品在设计与过程规划时，早期发现缺陷及影响程度以便及早提出解决之道，是一种事前行为，体现预防为主的思想，是一种系统化的工程设计辅助工具。

FMEA是在产品、过程和设备的设计阶段，对构成产品、设备的子系统或零件，对构成过程的各个工序逐一进行分析，找出所有潜在的失效模式，并分析其可能的后果，从而预先采取必要的措施，以提高产品、设备的质量和可靠性的一种系统化的活动。

FMEA 是一种分析方法，它确保了在产品质量先期策划（APQP）的过程中，考虑并且处理了潜在的问题，应贯穿于设计和制造开发过程的每一个阶段，并且也可以用于问题解决。

（2）目的

潜在失效模式与影响分析（FMEA）的目的在于发现并评价产品/过程中的潜在失效及其后果；确定能够消除或减少潜在失效发生机会的措施。

具体表现在：

1）在设计阶段，从开始就使缺陷降到最低，尽可能完善产品品质。

2）在制造阶段，不是根据发生的问题采取措施，而是事先对可能发生的问题进行先期控制，降低产品不合格率，稳定生产。

3）提升员工对事物的认识程度和认知经验，最大限度地避免在过程阶段花费大量人力和物力。

（3）意义

一些企业因其产品的不可靠性而造成了巨大的经济损失，甚至危及企业的生产和发展，其主要原因之一是没有在产品策划、设计和制造过程中进行失效分析和控制。因此，在企业内部开展 FMEA 可以：

1）提前防止故障的发生。

2）在早期确保开发产品的品质及可靠性。

3）通过试验评价提高效率。

4）技术上的要领积累和知识再运用。

5）促进开发相关部门之间的协作发展。

总之，开展潜在失效模式与影响分析（FMEA）可以为企业带来巨大的经济效益和竞争力。

（4）FMEA 分析要素

潜在失效模式与影响分析是质量管理的重要方法之一，一般以表格的形式进行分析，具体分析方法见表1-5。通过图表分析，可以得到产品在设计及生产过程中的潜在失效形式，从而采取必要的措施预防，提高产品、设备的质量和可靠性。

表 1-5 FMEA 分析表格

过程/功能要求	潜在失效模式	潜在失效后果	严重度 S	级别	潜在失效起因机理	频度 O	现行过程控制		风险顺序数 RPN	探测度 D	建议措施	责任及目标完成时间	措施结果				
							预防	探测					采取的措施	S	O	D	RPN
描述过程功能特性或要求是什么	会出现什么问题 无功能 部分功能或功能过强或功能降低 功能间歇 非预期功能	后果怎么样	有多糟糕		起因是什么	发生频度如何	怎样才能得到预防	该方法在探测时有多好			能做什么 设计更改 过程更改 特殊控制 标准或作业程序更改						

表 1-5 中 FEMA 分析要素及填写注意事项为：

1）过程/功能要求。过程指工序，功能要求指工序的目的。

①过程。在编号过程和术语的基础上，填入识别的所需分析过程步骤或操作（如车削、钻孔、攻丝、焊接、装配等过程）。

使用的过程编号体例、先后排序和术语应与那些用于过程流程图的保持一致以确保与其他文件（控制计划、作业指导书）的可追溯性和联系。

②功能。列出与所分析的每一个过程步骤或操作相对应的过程的功能。如果给定的操作有多个过程功能，每一个要求都应在表中，以帮助相关失效模式。

③要求。列出所分析的过程步骤或操作的每一个过程功能的要求，要求是符合设计意图或其他顾客要求的规定过程的输入，如果给出的功能有多种要求，与失效模式相关的要求都应列在表上。

2）潜在失效模式。潜在失效模式是指过程有可能不能满足过程功能要求栏中所描述的过程要求或设计意图，它是对该特定工序上的不符合的描述。这种"不符合"可能是下游工序的失效模式的一个不相关起因或者是上游工序的某个潜在失效模式的一个相关后果。

3）潜在失效后果。潜在失效后果是指失效模式发生后对顾客的影响，包括内部顾客和外部顾客。典型失效后果要根据顾客可能发现或经历的情况来描述失效后果，如果失效模式可能影响安全性或对法规的符合性，要清楚地予以说明，见表 1-6。

表 1-6　典型潜在失效后果分析应用

要求	失效模式	后果
4个螺栓	少于4个螺栓	最终使用者：坐垫松动和出现噪声；制造和装配：停止出货，挑选和返工不符合要求的部分
规定的螺栓	使用错误的螺栓（比规定的螺栓大）	制造和装配：不能在原来的位置上安装螺栓
装配序列：右前方洞装第一个螺栓	螺栓装在任何其他的洞	制造和装配：难以安装螺栓在原来的位置上
螺栓完全固定	螺栓没有完全固定	最终使用者：坐垫松动和噪声；制造和装配：对不符合要求的部分进行挑选和返工
螺杆拧到最大力矩以上规范	螺栓力矩太大	最终使用者：由于螺栓破裂坐垫松动和出现噪声；制造和装配：对不符合要求的部分进行挑选和返工
	螺栓力矩太低	最终使用者：由于螺栓破裂坐垫松动和噪声；制造和装配：对不符合要求的部分进行挑选和返工

① 对外部顾客，用产品的性能来描述，如：电寿命不足、熔焊、掉点、焊接不牢、分层、不导通、温度升高等。

② 对下一工序，用过程（工艺）性能来描述，如：无法挑选、轧制开裂、引起工装过度磨损、损坏设备、危害操作者等。

潜在失效后果要尽可能的思考，在最终产品上出现该失效模式时对顾客有什么影响、会造成什么后果。

4）严重度（S）。严重度（S）是给定失效模式最严重的影响后果的级别，是单一的 FEMA 范围内的相对定级结果，汽车行业严重度 S 的推荐评价等级见表 1-7。严重度数值的降低只有通过设计更改或重新设计才能够实现。

表 1-7　汽车行业严重度 S 的推荐评价等级

	顾客的后果	制造/装配的后果	严重度 S
无警告的危害	当潜在的失效模式在无警告的情况下影响到车辆安全运行和/或涉及不符合政府法规的情况下，严重度定级非常高	或可能在无警告的情况下对（机器或总成）操作员造成危害	10
有警告的危害	当潜在的失效模式在有警告的情况下影响到车辆安全运行和/或涉及不符合政府法规的情况下，严重度定级非常高	或可能在有警告的情况下对（机器或总成）操作员造成危害	9

(续)

	顾客的后果	制造/装配的后果	严重度 S
很高	车辆/项目不能工作（丧失基本功能）	或100%的产品可能需要报废；或车辆/项目在返修部门返修一个小时以上	8
高	车辆/项目可以运行但性能水平下降；顾客非常不满意	或产品需进行挑选、一部分（小于100%）报废；或车辆/项目在返修部门返修0.5~1小时之间	7
中等	车辆/项目可以运行但舒适性/便利性项目不能运行；顾客不满意	或一部分（小于100%）产品可能需要报废，不需要挑选或车辆/项目需在返修部门返修少于0.5小时	6
低	车辆/项目可以运行但舒适性/便利性项目性能水平有所下降	或100%的产品可能需要返工或者车辆/项目在线下返修，不需送往返修部门处理	5
很低	配合和外观/尖响和咔嗒响等项目不舒服，大多数顾客（75%）能发现缺陷	或产品需要挑选，无需报废，但部分产品（小于100%）需返工	4
轻微	配合和外观/尖响和咔嗒响等项目不舒服，50%的顾客能发现缺陷	或部分产品（小于100%）可能需要返工，无需报废，在生产线上其他工位返工	3
很轻微	配合和外观/尖响和咔嗒响等项目不舒服，有辨识能力的顾客（25%以下）能发现缺陷	或部分产品（小于100%）可能需要返工，无需报废，在生产线上原工位返工	2
无	不可辨别的后果	或对操作或操作者而言有轻微的不方便或无影响	1

5）潜在失效起因机理。失效的潜在起因机理指失效是怎样发生的，并应依据可以纠正或可以控制的原则予以表述，并尽可能地列出可归结到每一失效模式的每一个潜在起因。

失效的许多起因往往并不是相互独立的，要纠正或控制一个起因，需要从人、机、料、法、环、测方面综合考虑，来明确哪些起因起主要作用，哪些起因容易控制。

6）频度（O）。频度（O）是指某一特定的起因或机理发生的可能性。通过设计更改或过程更改来预防或控制失效模式的起因或机理是可能导致发生频度数降低的唯一途径。

"可能的失效率"是根据过程实施中预计发生的失效来确定的，为保证连续性，应采用一致的发生频度定级方法。发生频度级别数是 FMEA 范围内的一个相对级别，可能并不反映实际出现的可能性，汽车行业推荐的频度（O）评价等级见表 1-8。

表 1-8　汽车行业推荐的频度 O 评价等级

失效发生可能性	可能的失效率	频度 O
很高：持续发生失效	≥ 100 个 每 1000 件	10
	50 个 每 1000 件	9
高：经常发生失效	20 个 每 1000 件	8
	10 个 每 1000 件	7
中等：偶然性失效	5 个 每 1000 件	6
	2 个 每 1000 件	5
低：相对很少发生的失效	1 个 每 1000 件	4
	0.5 个 每 1000 件	3
极低：失效不太可能发生	0.1 个 每 1000 件	2
	≤ 0.01 个 每 1000 件	1

7）现行过程控制。现行过程控制是对尽可能地防止失效模式或其起因/机理的发生（或者探测将发生的失效模式或其起因/机理）的控制的说明。这些控制可以是诸如防失误/防错、统计过程控制（SPC）或过程后的评价等。评价可以在目标工序或后续工序进行。

有两类现行的过程控制可以考虑：

①预防——防止失效的起因/机理或失效模式出现，或者降低其出现的概率。

②探测——探测出失效的起因/机理或者失效模式，导致采取纠正措施。

如果可能，最好的途径是先采取预防控制。假如预防性控制被融入过程意图并成为其一部分，它可能会影响最初的频度定级。探测度的最初定级将以探测失效起因/机理或探测失效模式的过程控制为基础。

一旦确定了过程控制，要评审所有的预防措施以决定是否有需要更改的频度数。

8）探测度（D）。探测度（D）是在零件结束制造之前，当前的过程控制可以检测到故障是由某确定原因引起的可能性的比率，探测度是与过程控制栏中所列的最佳探测控制相关联的定级数。

探测度是在某一 FMEA 范围内的相对级别，为了获得较低的定级，通常计划的过程控制必须予以改进，汽车行业推荐的探测度（D）评价等级见表 1-9。

表 1-9 汽车行业推荐的探测度 D 评价等级

探测性	准则	检查类别			探测方法的推荐范围	探测度 D
		防错	量具	人工检验		
几乎不可能	绝/肯定不可能探测			X	不能探测或没有检查	10
很微小	控制方法可能探测不出来			X	只能通过间接或随机检验来实现控制	9
微小	控制有很少的机会能探测出			X	只通过目测检查来实现控制	8
很小	控制有很少的机会能探测出			X	只通过双重目测检查来实现控制	7
小	控制可能能探测出		X	X	用制图的方法，如 SPC 来实现控制	6
中等	控制可能能探测出		X		零件离开工位后的计量测量的控制，或者零件离开工位后 100% 的 G/NG 量具测量	5
中上	控制有较多机会可探测出	X	X		在后续工位上的误差探测，或在作业准备时进行测量和首件检查（仅适用于作业准备的原因）	4
高	控制有较多机会可探测出	X	X		在工位上的误差探测，或利用多层验收在后续工序上进行误差探测：供应、选择、安装、确认。不能接受有差异零件	3
很高	控制几乎确定能探测出	X	X		在工位上的误差探测（自动测量并非自动停机）。不能通过有差异的零件	2
很高	肯定能探测出	X			由于有关项目已通过过程/产品设计采用了防错措施，有差异的零件不可能产出	1

9）风险顺序数（RPN）。风险顺序数（RPN）是严重度（S）、频度（O）和探测度（D）的乘积。

$$RPN = S \times O \times D$$

在特定的 FMEA 范围内，此值（1~1000）可用于对所担心的过程中的问题进行排序。

10）建议的措施。建议的措施应首先针对高严重度、高 RPN 值和指定的其他项目进行预防/纠正措施的评价。

①严重度为 10 的项目必须采取措施进行改善，以确保现行的设计措施/控制或过程预防/纠正措施针对了这种风险。

② RPN>120 的项目必须采取措施改进，降低风险。

③在对严重度值为 9 或 10 的项目给予特别关注之后，再考虑其他失效模式，从而降低严重度、频度、探测度。

④改善后的项目须重新评估 RPN，原则上严重度不能改变。

11）其他。完成以上表格内容的分析填写后，填入每一项建议措施的责任者以及预计完成的目标和采取的措施，在实施措施之后，填入实际措施的简要说明以及生效日期。

对于措施的结果，在确定了预防/纠正措施以后，估算并记录严重度、频度和探测度值的结果，计算并记录 RPN 的结果。如果没有采取任何措施，将相关栏空白即可。

3. 测量系统分析（MSA）

（1）含义

测量系统分析（MSA）是通过定期检测测量系统，用统计学的方法了解测量系统中的各个波动源，以及它们对测量结果的影响，最后给出本测量系统是否合乎使用要求的明确判断的一种控制方法。

（2）目的

使用测量系统分析（MSA）的目的在于：

1）确保测量数据的准确性：使用 MSA 方法对获得测量数据的测量系统进行评估。

2）确保使用了合适的数据分析方法（如使用 SPC 工具、试验设计、方差分析、回归分析等）。使用数理统计和图表的方法对测量系统的分辨率和误差进行分析，以评估测量系统的分辨率和误差对于被测量的参数来说是否合适，并确定测量系统误差的主要成分。

4. 统计过程控制（SPC）

（1）含义

统计过程控制（SPC）是一种制造控制方法，主要是指应用统计分析技术对制造过程进行实时监控，科学地区分出生产过程中产品质量的随机波动与异常波动，从而对生产过程的异常趋势提出预警，以便生产管理。

（2）目的

统计过程控制（SPC）非常适用于重复性的生产过程，它能够帮助组织：

1）对过程作出可靠的评估，确定过程的统计控制界限，判断过程是否失控和过程是否有能力。

2）为过程提供一个早期报警系统，及时监控过程的情况以防止废品的发生。

3）用定时的观察以及系统的测量方法替代大量的常规检测和验证工作。

（3）实施步骤

SPC 的运行过程，围绕分析过程、维护过程、改进过程，不断地做 PDCA 循环，最终使产品质量呈现螺旋式上升的结果。

1）识别关键过程。一个产品品质的形成需要许多过程，其中有一些过程对产品品质好坏起至关重要的作用，这样的过程称为关键过程，SPC 控制应首先用于关键过程。

2）确定过程关键特性。找出对产品质量影响最大的变量（特性）。

3）制定过程控制计划和规格标准。这是 SPC 最难和最复杂的地方，可以采用一些试验方法或参考有关标准。

4）过程数据的收集、整理。

5）过程受控状态初始分析。采用控制图分析过程是否受控和稳定，如果发现不受控或有变差的特殊原因，应采取措施，调整至稳定受控状态后，进入下一步。

6）过程能力分析。只有过程是受控、稳定的，才有必要分析过程能力；当发现过程能力不足时，应采取措施，调整至能力足够。

7）控制图监控。只有当过程是受控、稳定的，过程能力足够才能采用监控用控制图，进入 SPC 实施阶段。

8）监控、诊断、改进。在监控过程中，当发现有异常时，应及时分析原因，采取措施，使过程恢复正常。对于受控和稳定的过程，也要不断改进，减小变差的普通原因，提高质量，降低成本。

实施统计过程控制（SPC）可以使企业降低成本，降低不良率，减少返工和浪费，提高劳动生产率，从而提高其核心竞争力，赢得广泛客户。

5. 生产件批准程序（PPAP）

（1）含义

生产件批准程序（PPAP）是对生产件的控制程序，主要是制造企业要求供应商在提交产品时做 PPAP 文件，只有 PPAP 文件全部合格后才能提交；当工程变更后还须提交报告。

PPAP 生产件提交的保证书有：生产件的尺寸检验报告、外观检验报告、功能检验报告、材料检验报告、外加一些零部件控制方法和供应商控制方法等。

（2）目的

1）确定供方是否已经正确理解了顾客工程设计记录和规范的所有要求。

2）在执行所要求的实际生产过程中，具有持续满足这些要求的潜能。

综上所述，在产品的研发生产过程中，要将质量管理的五大工具贯穿运用在整个过程中，才能不断提高产品质量，提高企业的生产水平。

质量管理体系的五大工具并不是独立存在的，而是相互影响、相互作用的，首先产品质量先期策划（APQP）是基础，规定了产品开发的步骤，贯穿产品研发生产的整个过程；潜在失效模式与影响分析（FMEA）可以识别研发生产过程中的潜在风险点，预防失效，降低风险；测量系统分析（MSA）是质量稳定的前提，可以保证企业不流出不良品；统计过程控制（SPC）是生产过程控制，保证不产出不良品；生产件批准程序（PPAP）是对生产用的各个零件的保证，保证企业内不流入不良品。

思政育人

本节结合汽车产品质量管理体系审核案例，对比我国汽车企业与世界先进汽车制造企业的差距，加强学生对建立质量管理体系重要性的理解，激发学生发展中国汽车的责任感、忧患感和信念感；通过 FMEA 分析案例，帮助学生树立预防为主、从原因入手，抽丝剥茧解决问题的思维方式，以及实事求是、坚持不懈的专业探索精神。

模块小结

本模块主要讲述了质量管理的基础知识，分为质量管理基础和质量管理体系两部分。

单元1.1首先介绍了质量管理发展的三个阶段：质量检验阶段、统计质量管理阶段及全面质量管理阶段。然后详细介绍了质量和质量特性的含义、质量的形成及实现过程。质量管理是在质量方面指挥和控制组织的协调的活动，通常包括制定质量方针和质量目标以及进行质量策划、质量控制、质量保证和质量改进等。重点介绍了全面质量管理的特点、原则、推行方法。质量管理的原则主要包括以顾客为关注焦点、领导作用、全员参与、过程方法、改进、循证决策和关系管理。最后介绍了常见的质量分析工具（排列图、因果图、散布图、分层法、调查表、直方图和控制图）的作用及作图方法等。

单元1.2首先介绍了质量管理体系的特点和常用的基本术语。然后对质量管理体系的运行模式及其四大过程做了详细说明。质量管理体系以过程网络的形式来描述其相互关系并以顾客要求为输入，以提供给顾客的产品为输出，通过信息反馈来测定顾客满意度，评价组织质量管理体系的业绩。应用过程方法，质量管理体系可以分为四大过程，分别为管理责任、资源管理、产品实现、测量分析与改进。然后介绍了 ISO 9000 系列标准与 TS 16949 标准。ISO 9000 系列标准是国际标准化组织（ISO）所制定的关于质量管理和质量保证的一系列国际标准。其目标是为了要让全世界都接受和使用 ISO 9000 族标准，为提高组织的运作能力提供有效的方法，增进国际贸易，促进全球的繁荣和发展，使任何机构和个人可以有信心从世界各地获得任何期望的产品，以及将自己的产品顺利地销售到世界各地。TS 16949 则是国际标准化组织的技术规范之一，是全球汽车行业中统一现行的汽车质量体系要求。最后介绍了质量管理体系的五大工具：产品质量先期策划（APQP）、潜在失效模式与影响分析（FMEA）、测量系统分析（MSA）、统计过程控制（SPC）和生产件批准程序（PPAP）及它们之间的关系。

习 题

1. 质量发展的三个阶段是＿＿＿＿＿＿、＿＿＿＿＿＿和＿＿＿＿＿＿。
2. 质量特性是指产品、过程或体系与要求有关的＿＿＿＿＿＿。
3. 朱兰所提出的质量三部曲，即质量管理是由＿＿＿＿＿＿、＿＿＿＿＿＿和质量改进这三个互相联系的阶段所构成的一个逻辑过程。
4. ＿＿＿＿＿＿致力于制订质量目标并规定必要的运行过程和相关资源以实现质量目标。
5. ＿＿＿＿＿＿的核心是向人们提供足够的信任，使顾客和其他相关方确信组织的产品、过程或体系达到规定的质量要求。
6. ＿＿＿＿＿＿，一方面是衡量产品质量和工作质量的尺度，另一方面又是企业进行生产、技术和质量管理工作的依据。
7. 一般地，质量教育包括＿＿＿＿＿＿、＿＿＿＿＿＿和＿＿＿＿＿＿三项基本内容。
8. ＿＿＿＿＿＿是利用输入产生预期结果的相互关联或相互作用的一组活动。
9. 质量管理体系的文件通常可分为＿＿＿＿＿＿、＿＿＿＿＿＿和＿＿＿＿＿＿三个层次。
10. ＿＿＿＿＿＿是由可以充分信任的第三方证实某经鉴定的产品或服务符合特定标准或规范性文件的活动。
11. 质量管理的原则有哪些？其含义是什么？
12. TS 16949 与 ISO 9001 标准之间有什么异同？
13. 质量管理体系五大工具分别是哪些，它们之间有什么关系？
14. 请简单描述如何进行质量管理体系审核？
15. 下表中数据为某公司员工年加班时间的数据，请根据以下数据做直方图。

员工	加班时间 /h	员工	加班时间 /h	员工	加班时间 /h	员工	加班时间 /h
1	143	6	128	11	162	16	160
2	146	7	146	12	128	17	148
3	186	8	126	13	160	18	126
4	184	9	144	14	135	19	134
5	136	10	128	15	118	20	146

（续）

员工	加班时间/h	员工	加班时间/h	员工	加班时间/h	员工	加班时间/h
21	120	31	157	41	153	51	178
22	180	32	162	42	149	52	166
23	152	33	175	43	155	53	162
24	138	34	165	44	147	54	157
25	159	35	138	45	133	55	177
26	124	36	176	46	129	56	160
27	136	37	175	47	157	57	159
28	128	38	166	48	169	58	161
29	146	39	168	49	172	59	163
30	126	40	158	50	183	60	165

模块 2　零部件质量管理

汽车由很多零部件组成，汽车上任何一个零部件出现质量问题，都有可能对整车性能产生巨大的影响。由于汽车零部件种类众多，汽车整车制造厂一般会与汽车零部件供应商合作开发零部件产品，那么，应该怎样控制这些零部件的质量呢？本模块主要学习汽车零部件质量管理的基础知识，介绍零部件在开发和量产阶段质量控制的要点和方法。

本模块共有 2 个单元，单元 2.1 为零部件质量管理的认知，单元 2.2 为不合格品管理的认知。通过完成这两个单元的学习，能够对汽车零部件产品生产过程的质量管理有较为详细的了解，为企业或组织进行产品零部件质量管理提供帮助。

单元 2.1　零部件质量管理知识

任务引入

小李入职某汽车制造企业成为技术部一名技术研发人员，工作一段时间后，恰逢公司开发新的车型，于是公司将小李外派到与公司长期合作的某供应商处负责产品研发和生产监督，小李不愿意被外派，他认为在公司内一样可以开发产品。小李的想法对吗？公司为什么要外派人员到供应商处？

任务分析

汽车由很多零部件组成，大到发动机，小到卡箍环，每个零部件的质量都至关重要。俗话说"失之毫厘，谬以千里"，汽车上任何一个微小的零部件都可能对整车性能产生巨大的影响。因此，汽车零部件的质量管理应当是汽车制造过程中管理的重点。为了提高整车品质，整车制造企业应当尽量确保每个零部件的质量，这就要求汽车整车厂和供应商要做好合作管理，从研发、生产、运输等各个环节做好质量控制，确保产品质量。而公司外派技术人员至供应商处是加强零部件质量管理的有效手段。

学习目标

1. 能描述汽车零部件的类别。
2. 能描述供应商的选择和管理方法。
3. 能够掌握开发阶段零部件质量管理的要点。
4. 能够掌握量产阶段零部件质量管理的要点。

知识学习

2.1.1 零部件质量管理概述

零部件是零件和部件的总称。零件是指机械中不可分拆的单个制件,是机器的基本组成要素,也是机械制造过程中的基本单元,如螺栓、轴、螺母、齿轮等。而部件则可以是一个零件,也可以是多个零件的组合体,如汽车的变速器、发电机的转子等。汽车零部件即组成汽车的各个部分的基本单元。

汽车一般由发动机、底盘、车身和电器设备四个基本部分组成,如图 2-1 所示。

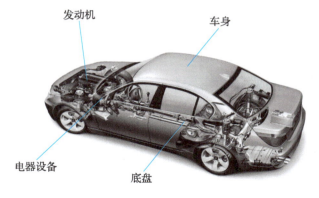

图 2-1 汽车结构

发动机是汽车的动力装置,它将汽油或柴油等燃料燃烧转变为机械能,然后通过传动系统驱动汽车行驶。底盘的作用是支撑、安装汽车发动机及其各部件、总成,形成汽车的整体造型,并接受发动机的动力,使汽车产生运动,保证正常行驶。车身是用来载人、装货的部分,车身结构主要包括车身骨架、车门、车窗、车身内外装饰件、车身附件、座椅以及空气调节装置等。电器设备由电源和用电设备两大部分组成。电源包括交流发电机和蓄电池。用电设备种类有很多,不同车型都不太一样,一般包括起动系统、点火系统、照明系统、仪表系统以及其他用电装置等。

零部件一般会根据其在汽车上的作用被分为 6 种,分别为动力系统、钣金件、电器件、底盘件、内饰件和外饰件等。

1)动力系统:发动机、变速器等。

2）钣金件：构成车身骨架的若干金属件。

3）电器件：线束、各类仪表、空调、CD 机等。

4）底盘件：车轮、制动器、转向器、万向节、减振器等。

5）内饰件：地毯、顶棚、座椅、门板等。

6）外饰件：后视镜、保险杠、风窗玻璃等。

汽车主要零部件拆分图如图 2-2 所示。

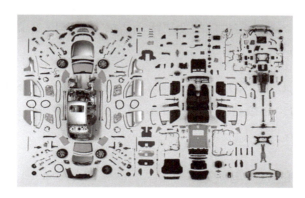

图 2-2　汽车主要零部件拆分图

汽车零部件质量与整车质量紧密相关，不同的零部件在汽车结构中有着不同的作用，如果某个零部件出现质量问题，整车质量就会受到影响。因此，加强零部件质量管理、控制好零部件的质量具有十分重要的意义。此外，零部件质量由许多技术和工艺做保障。零部件质量的提高会带动许多技术和工艺的进步，从而推动多种产品的质量提高。接下来一起了解 6 个常见的名词。

（1）供应商

一辆汽车的零部件往往由上百个专业的厂家制造。这些专业厂家根据整车设计要求，按照图样和技术规格制造出符合要求的零部件，然后提供给整车厂组装，这些专业生产零部件的厂家就是供应商。

（2）开发阶段

整车厂和供应商按照产品图样和技术规格消化、吸收、摸索、试制，直至生产出符合要求的产品的过程，就是开发阶段。本阶段的主要目的是如何将图样和技术规格转变成实实在在的物品，并且能够符合设计的要求。

（3）量产阶段

当开发阶段成功达到所设定的目标后，进入批量生产阶段，简称"量产阶段"，其主要任务是保持零部件质量水平的稳定，预防不合格品的产生。

（4）批次管理

供应商以材料、加工、组装等为基本内容，对采购过程、制造过程、检查过程、交货过程进行批次管理，从而保证发生质量问题时，能对不合格产品进行追溯，同时应在"管理台账"上要有详实的批次管理记录。

（5）设计变更

由整车厂或供应商发起的产品设计变更，供应商必须对变更活动进行可行性分析并及时回复整车厂，对确定生效的变更活动严格按整车厂要求执行。

（6）工程变更

供应商如果开展工艺、生产方法、原材料、分供方、生产场地等的更换、修整、添加工装等变更活动，必须得到整车厂的认可，并按照整车厂的变更流程开展各项活动。

2.1.2 供应商的选择与管理

配套零部件产品是指在汽车制造过程中所使用的、非本整车厂自制而由供应商提供、整车厂出资购买的零部件总成以及用于汽车生产的原辅材料等。想要保证汽车整车产品质量，就需要对汽车各个零部件的质量进行严格控制。在这个过程中，整车厂需要对供应商进行合理科学的选择和管理，确定合适的供应商。合格供应商和汽车整车厂，本着资源共享、共同发展、合作双赢的原则，双方就产品、技术、经济充分协商后，达成共同开发某汽车零部件的意向，并签署相关保密协议，进行汽车零部件的配套合作开发。具体供应商的选择和管理步骤包括以下内容：

（1）提出需求，寻找供方

整车厂技术部或采购部根据产品开发和物资保障的需求，提出拟增加供方及产品需求，说明新增的原因等信息，报公司评委会审批后，采购部根据供方选择原则，寻找合适供方进入配套产品的开发、准入程序。原则上，一个配套产品或同类配套产品不超过三家在用供方。供方与公司签有独家供货战略合作伙伴协议，并保证质量、价格、交货期，未经供方评委会同意，不得选择新的供方进入开发、准入程序。

（2）确定预选供应商

采购部通过邮件、传真或信函的形式发放供方简况注册表，并向供应商索取组织机构代码证、工商营业执照、税收登记证书等所需的资质证明材料，并对供方提供的各类资料进行评审，确定预选供方。

（3）预选供应商能力初审

采购部组织相关部门对配套产品初选合格的预选供方进行供方能力初审。审核内容主要包括组织的管理和人员、质量管理体系、产品研发、生产过程、分供方管理、环境与物流、成本管理和业务等。

整车厂评估小组通过对供应商上述几个方面进行评估，按所设计的打分规则打分，最后得出一个总评分，根据总评分进行分级，具体见表2-1。如判定结论为A，表示预选供方满足公司配套要求；如判定结论为B，表示预选供方经过整改可能满足公司配套要求；如判定结论为C，表示预选供方不能满足公司配套要求且没有整改的必要，则停止引进该供方。

表2-1 供方能力初审等级判定

供方能力初审等级	审核得分	审核结果
A	≥ 90	具备配套供货良好条件
B	60 ≤ B < 90	条件需要进一步完善（可作补充供货厂商）
C	< 60	尚不具备供货条件

（4）预选供应商能力再次评估

公司供方评审委员会对通过初审的预选供方就现阶段的需求情况再次进行综合评估和判断。通过的预选供方则进入配套厂家开发制作过程。

（5）预选供应商产品的制造

预选供方根据技术文件中提出的尺寸、功能要求、主要性能特性要求和可靠性要求，完成研发设计工作，输出图样，并组织试验、制造、检验。

（6）预选供方样件放行

整车厂负责生产准备和采购质量控制的工作人员按照约定的计划时间组织预选供方提供生产样件，实施生产样件放行，其中样件须是连续生产的一个批次如50件或100件中的随机1件。

生产样件放行通过则继续流程，第一轮不通过则重新开发，第二轮不通过则终止流程。

生产样件放行过程中，预选供方必须提供完整的生产样件放行书面材料（PPAP），整车质量部应对生产样件进行所涉及项目的检测，必要时可进行委外检测。

（7）预选供方产品量产试装

放行后的生产样件可以进入量产的试装环节，该环节的目的旨在验证批量生产准备前需要解决的问题，以及上述工作流程中未被识别的研发问题。试装过程中整车厂技术部、质量部、采购部、生产单位均需安排人员全程跟踪试装过程。

（8）预选供方生产过程审核

根据试装结果，对预选供方生产过程实施过程审核。审核内容包括：组织的管理和人员、质量和改进、产品研发、生产现场情况、生产过程、分供方管理、物流、成本管理和业务等。审核结论具体为：A 则继续；C 则终止；B 则整改，整改合格继续，不合格终止，具体见表 2-2。

表 2-2 预选供方过程审核结果判定

预选供方过程审核	审核得分	审核结果
A	≥ 90	预选供方完全满足预期要求
B	60 ≤ B < 90	预选供方部分满足预期要求，经过整改可能满足要求
C	< 60	预选供方不能满足要求

（9）预选供方样件放行

完成上述流程的预选供方，已经基本具备了充足的供货保证条件，采购部应立即组织预选供方进行小批量试装验证。小批量试装的目的，旨在验证预选供方的供货流程问题、商务服务能力以及生产线的过程适应能力。

小批量试装合格，进入供方准入及配套产品释放程序。若不合格，预选供方则对试装过程中存在的问题实施整改，整改合格后继续下一步流程，整改不合格则终止流程。

（10）预选供方升级为合格供方

采购外协部对于完成释放批准的预选供方，将其升级为公司合格供方，纳入合格供方的正常管理过程，并根据采购管理程序的要求，办理价格审批，与供方签订正式采购合同，匹配份额，开展正常的供方合作。

（11）供货零部件免检验收

当批量供货零部件的质量和稳定性达到规定的水平时，可以对其进行免检验收。免检验收的条件如下：

1）连续 6 个月批量供货没有出现质量问题。
2）第一次供应商质量能力评估结果为 A 级或 B 级。
3）质量能力再评估的结果为 A 级。
4）生产工艺流程核查结果为完全符合。

免检验收并非是永久性的，出现以下 3 种情况的其中 1 种时，免检自动终止。

1）供货零件出现质量问题，包括整车生产过程或售后服务网点反馈的质量问题。

2）整车厂在对供应商进行的定期或不定期的生产工艺流程巡视过程中，发现工艺流程发生了变化且不符合要求。

3）供货零部件与样件不一致，包括材料、结构、生产工艺、生产设备等其中1项或几项发生了变化。

总之，对供应商的选择和管理是保证汽车零部件产品质量至关重要的环节之一。做好供应商的选择和管理不仅生产过程可以顺利进行，还可以提升产品质量，合理控制成本等。

2.1.3 开发阶段零部件的质量管理

在完成合格供应商的精选工作后，就要开始零部件产品的设计开发过程。零部件开发阶段的主要目的在于如何将图样和技术要求转变成实实在在的物品，并且能够符合设计的要求。

产品设计开发阶段的质量管理是全面质量管理的首要环节。若是设计开发的产品出现质量问题，将会出现批量不合格产品，不仅降低了产品品质，也会对企业的成本和资源造成严重影响。因此，必须加强产品设计的质量管理。一般来说，汽车零部件开发阶段的质量管理主要包括产品开发先期策划项目管理、产品的设计与开发管理、过程的设计与开发管理、产品验证与过程验证管理。

1. 产品开发先期策划项目管理

（1）产品先期策划项目启动

产品先期策划项目（APQP）启动的目的是为了让整车厂与供应商完成开发合同的签署，并开展APQP活动。在这个过程中，供应商要根据开发时间节点、产品技术要求和标准、顾客特殊要求、同类产品的保修记录和质量信息等相关信息，发现目前需要解决的问题、需要开展的工作和明确相关联系人等，最终确定产品开发计划、工装/检具/量具开发计划、设计验证计划和报告以及所需原材料、工装设备清单等。整车厂则需要确认供应商的项目准备情况和项目开发计划，澄清供应商在工程方面的疑问，使供应商清楚地了解整车厂的要求。

（2）开展产品开发先期策划项目管理

开展产品先期策划项目的主要目的在于及时掌控项目开发的进度，评估产品在开发生产过程中的风险，对风险采取应对措施，消除不利影响，确保产品按原定的开发计划顺利生产。在这个过程中，供应商要按照先期策划的计划开展工作，整车厂的供应商技术支持员则需要定期开展供应商现场审核。

需要注意的是，整车厂要排查、甄别并重点关注高风险零部件和供应商，即新零部件的供应商，或零部件在设计、质量、保供、生产能力、物流、试验、功能性等方面存在的隐患或有潜在的重大问题的供应商，将其纳入重点管理，从而确保零部件的顺利开发。

整车厂应加强对分供方的管理，以确保一级供应商能够准时向整车厂交付合格产品，分供方即整车厂的二、三等级以下级别的供应商。

2. 产品的设计与开发管理

产品的设计与开发管理主要内容包括：设计失效模式及后果分析（DFMEA）、设计验证计划与报告、识别产品关键特性或重要特性、正式工装加工的批准。

（1）设计失效模式及后果分析

设计失效模式及后果分析（DFMEA）的目的是为了认可并评价产品的潜在失效模式及后果，制定能够消除或减少潜在失效发生概率的措施。

在这个过程中，供应商要根据产品技术要求和标准、样件问题清单、同类产品的失效模式、同类产品的开发经验教训、顾客抱怨、售后质量问题反馈等信息，完成产品的 DFMEA 分析。对于 DFMEA 分析中严重度 $S > 8$ 的，应修改设计，减少严重度数值；风险顺序数 $RPN > 100$ 的，应采取预防和纠正措施。

（2）设计验证计划与报告

设计验证计划与报告的目的是为了验证并确认供应商设计的产品试验内容和试验报告，确保产品的设计符合客户的期望和要求。

在这个过程中，供应商应根据 DFMEA 分析结果，制定设计验证试验计划，并提交整车厂审核，当试验计划的内容和时间都满足要求后，可以获得批准。供应商按照批准后的试验计划实施试验后，整理形成设计试验验证计划与报告，并提交整车厂审核，完全合格后予以批准。

（3）识别产品关键特性或重要特性

识别产品关键特性（Critical Characteristics，CC）或重要特性（Significant Characteristics，SC）的目的是为了识别产品关键特征或重要特征，在制造过程中进行重点控制。一般来说，DFMEA 分析中严重度 S 为 9~10，或涉及安全性、法律法规的特性为关键特性，严重度 S 为 7~8，或涉及性能、可靠性的特性为重要特性。

在识别产品关键特性或重要特性的过程中，供应商应根据整车厂的产品要求和标准、顾客特殊要求、DFMEA 分析结果，确定关键特性或重要特性清单，具体见表 2-3，并制定对应的管控方法；整车厂则要跟踪产品样件阶段、批量阶段、量产阶段，供应商对关键特征或重要特性的管控是否可行。

表 2-3　产品关键特性或重要特性清单样表

车辆项目名称：	
供应商名称：	
供应商厂址：	
供应商代号：	
零部件名称和零部件件号：	
控制计划涉及的号码和日期：	

通过零部件评审会议，包括随后的评审，在＿＿＿＿＿＿日期同意控制计划里的零部件特性，在接下来的设计、开发、样车制造阶段，必须获得零部件评审小组的同意，同时根据更改修改相应的文档

关键特性		
序号	描述	数量
1		
2		
3		
……		

重要特性		
序号	描述	数量
1		
2		
3		
……		

确认	
整车厂	供应商
签名	
日期	

（4）正式工装加工的批准

正式工装加工的批准目的是为了确定供应商生产准备的关键阶段，批准后可以开始工装模具开发。

在这个过程中，整车厂应根据产品技术要求和标准、供应商产品开发计划、设计验证计划和报告，签署工装加工批准文件。

工装加工批准后，若出现工程变更，整车厂需要加强对工程变更数据发放状态和变更活动的跟踪。

3. 过程的设计与开发管理

过程的设计与开发过程主要内容包括：编制过程流程图、过程失效模式及后果分析（PFMEA）、制订控制计划、零部件审查和零部件的包装与运输。

（1）编制过程流程图

过程流程图是从原材料入厂到成品入库，按顺序的制造单元（包括检查工位）所组成的图形，具体见表2-4。

表2-4　过程流程图

产品名称						顾客名称			
规格/型号						版　　本			
阶段状态		□样件　■试生产　□量产				修订日期			
步骤	过程流程	过程流程名称	机器设备/测量设备	产品特性	过程特性	搬运方式		特殊特性符号	备注
01-1	◇	进料检验	A01设备			对材料的规格、外观性能进行检验			
10-2	△	入库				对检验合格的材料放行，入库存储			
备注	1."◇"表示检验，"□"表示加工，"→"表示搬运，"△"表示储存，"☆"表示返工或返修 2."G"表示产品与安全有关的特殊特性符号，"Z"表示产品与安全无关的特殊特性符号								
核准				审查			制表		

在编制过程流程图时，供应商应根据产品技术要求和标准、DFMEA分析结果、同类产品生产经验等进行编写。整车厂则需要审查供应商的过程流程图，判断能否达到流畅生产的要求。

（2）过程失效模式及后果分析

通过生产制造过程PFMEA分析，可以对高风险项目制订改进措施和监控要求，从而确保生产的产品符合客户期望和要求。

在这个过程中，供应商根据过程流程图、DFMEA分析结果、产品关键特性或重要特性清单以及借鉴同类产品的分析，编制过程失效模式及后果分析。

供应商根据风险系数评分结果，甄别出过程关键特性和重要特性项目，制定相应的措施计划。

（3）制定控制计划

控制计划是对过程流程图的具体化，控制计划要细化到每个过程的控制参数、方法、设备、工艺参数和反应计划等，具体见表2-5。

表 2-5 某车型仪表台分装控制计划

生产阶段	□样车 □试生产 ☑试生产 □生产												主要联系人		编制日期			修订日期		
车型																				
零部件/过程编号	过程名称/工艺名称	操作描述	制造装置/夹具/工装/工具	控制计划编号			特性等级	产品/过程/规范/公差	测量方法	方法		样本		控制方法	反应计划	责任人
				控制特性						评价方法		容量	频率			
				编号	产品	过程										
IP002	打印并粘贴配置单	扫描配置单	手工核对件号,线上自动扫描		防错		SC	有二维码或条形码标记于零件	扫描	核对骨架零件号,同时打钩标记		100%	ALL	做色标	通知工长	
IP003	安装乘员座气囊	扫描安全气囊	手工核对件号,线上自动扫描		防错		CC	记录气囊模块号	扫描	手工记录序列号在控制计划上		100%	ALL	做色标	再检查	
IP012	安装空调到骨架	扫描空调二维码	手工		防错		SC	确认零件号是正确的	打包排序	核对零件号,记录二维码或条形码,同时打钩标记		100%	ALL	做色标	再检查	
IP013	安装仪表线束	扫描线束	手工核对件号,线上自动扫描		防错		SC	选择正确的零件后缀	扫描	核对零件号,记录二维码或条形码,同时打钩标记		100%	ALL	做色标	再检查	
IP015	紧固仪表搭铁线到骨架	紧固线束搭铁线	电动工具,电枪			力矩	CC	(12±1.8) N·m	定力矩扳手	定力矩扳手同时在控制计划上打钩标记		100%	ALL	做色标	调整/再检查	
IP026	安装仪表台壳体分装总成	紧固乘客侧安全气囊螺钉	电动工具,电枪			力矩	CC	(10.5±1.6) N·m	定力矩扳手	定力矩扳手同时在控制计划上打钩标记		100%	ALL	做色标	调整/再检查	

（续）

零部件/过程编号	过程名称/工艺名称	操作描述	制造装置/夹具/工装/工具	控制特性 编号	控制特性 产品	控制特性 过程	特性等级	产品/过程/规范/公差	方法 测量方法	方法 评价方法	样本 容量	样本 频率	控制方法	反应计划	责任人
IP032	一键起动开关检查	一键起动开关检查	手功能检查		质量		SC	操作者按下开关检查	手工检查	手工检查	100%	ALL	做色标	隔离并调整	
IP039	安装收音机	选取收音机	手工		防错		SC	选择正确的零件后缀	打包排序	核对零件号，记录二维码或条形码，同时打钩标记	100%	ALL	做色标	再检查	
IP041	安装娱乐控制面板	扫描娱乐控制面板	手工		防错		SC	选择正确的零件后缀	打包排序	核对零件号，记录二维码或条形码，同时打钩标记	100%	ALL	做色标	再检查	
IP045	安装转向柱	紧固4个螺钉	电动工具，电枪			力矩	CC	（25±3.8）N·m	定力矩扳手	定力矩扳手同时在控制划上打钩标记	100%	ALL	做色标	调整/再检查	
IP046	转向柱开关检查	转向柱检查	手动检查		质量		SC	操作者手工调整转向检查	手工检查	手工检查	100%	ALL	做色标	隔离并调整	
IP049	安装驾驶人膝部安全气囊	紧固4颗螺母	电动工具，电枪			力矩	CC	（8±1.2）N·m	定力矩扳手	定力矩扳手同时在控制划上打钩标记	100%	ALL	做色标	调整/再检查	
IP050	安装驾驶人膝部安全气囊至仪表台	扫描安全气囊	手工核对件号，线上自动扫描		防错		CC	记录气囊模块号序列号	扫描	手工记录序列号在控制划上	100%	ALL	做色标	再检查	

注：表中特性等级 SC 为重要质量特性，CC 为关键质量特性。

制定控制计划时，供应商应根据过程流程图、过程关键特性和重要特性项目清单、PFMEA 分析结果、前期或同类产品出现的问题及经验等进行编写。一般来说，供应商在不同的生产阶段，制定不同的控制计划，如样件控制计划、试生产控制计划、量产控制计划等；当出现产品参数、过程控制、检测方式的变更时，必须及时修订控制计划。

（4）零部件审查

零部件审查是为了找出并改进过去的失败事例、设计构造上的问题、生产上的难点、操作上的困难之处等，做到预防质量问题的发生和不合格品流出生产线。

在这个过程中，供应商根据产品的技术要求和标准、DFEAM、PFEAM、产品检查成绩表，制作产品的"审查重点"项目。整车厂则需要在各关键阶段，如工装模具试运行阶段、试生产阶段、量产阶段等，到供应商现场开展样件审查。零部件审查检验单见表 2-6。

表 2-6 零部件审查检验单样表

供应商名称：		顾客名称：	
零部件名称：		零部件件号：	

◎：合格；○：估计合格，但需要确认；△：有不良的担心，需要调查；×：需要采取措施解决不良；未：未实施；/：对象之外；N/A：不适用。

项目	审查重点	试运行	试生产	量产前	关注点	措施	完成日期
1. 外观							
2. 尺寸和形状							
3. 零部件自身的组装情况							
4. 构造和功能							
5. 组装状态评估							
6. 检查方法确认和检查工具合适性评估							
7. 可靠性							
8. 生产率							
9. 防止问题再发生项目							

（5）零部件的包装与运输

零部件的包装与运输是为了在供应商内部处理和交付到预定的地点对产品提供防护，确保产品保持符合要求。一般由整车厂提出产品的包装与运输要求，供应商按要求进行包装设计、包装打样、运输测试、修改整顿等，直至可作为正式量产包装和盛具。

4. 产品验证与过程验证管理

（1）产品验证

产品验证的内容包括两方面，一方面整车厂要审核批准供应商提交的零部件型式试验计划和报告，确保供应商在制定的加工工艺和过程控制下生产的产品能满足整车零部件图纸和规范要求。另一方面产品验证可以保证供应商在试生产各个阶段提交的样件的外观、尺寸、性能符合客户产品设计要求，达到产品在试制阶段的技术质量目标，并根据样件评审持续提升产品质量。

（2）过程验证

过程验证是对试生产进行过程能力分析，通过对过程能力调查中发现的问题及时制定并实施整改措施计划，提高过程能力。

通过过程验证还可以对过程质量问题进行整改跟踪管理，确保产品开发的质量问题能得到及时解决，从而满足零部件技术质量要求。

2.1.4 量产阶段零部件的质量管理

零部件产品在开发阶段经过设计与验证达到应有的质量要求后，就可以进入零部件的量产阶段，至此，如何保持稳定的质量水平就成为首要工作。量产阶段的质量管理主要包括量产初期管理、量产过程质量管理两个阶段。

1. 量产初期管理

量产初期管理是为了保证初期零部件能够顺利开始批量生产，供应商在批量生产初期，采用与通常的批量生产工序不同的检查工序，以确保产品质量。在量产初期，尤其应对作业人员的知识和技能进行检查，如作业遗忘、遗漏工序、外观检查、零部件错装等。

量产初期管理也适用于产能增加、工装设备变更、工厂搬迁、停产半年以上重新供货前、设计或工程变更等情况的处理。

在产品量产初期，供应商和整车厂主要开展的活动有：

1）供应商制定量产初期（1000件）验证计划，整车厂批准验证计划后，开始组织试生产。

2）在批量生产初期至1000件期间必须对产品进行全数（100%）检查。

3）若供货量超过了1000件，如果不良情况和担心的问题等没有解决，问题依然存在，供应商仍需要继续进行该项活动直至质量稳定。

4）供应商在实施检查的零部件上采用做标记等方法进行识别，标识由供应商自行规定。1000件保证活动期间的所有零部件需要有1000件保证的标识。

5)对于不同生产线、同一生产线不同模具、不同班次、一模多腔的每一腔的零部件都要进行 1000 件的确认。

2. 量产过程质量管理

量产过程质量管理是为了使整个生产过程处于受控闭环状态,使过程趋于稳定,减少变差,以减少对整车厂的影响及风险,保证产品质量满足整车厂要求。在这个过程中供应商和整车厂都有自身的职责。其中,供应商需要按照整车厂的要求建立质量管理体系,保证严格控制制造过程,确保产品质量,并采取及时、有效的措施满足整车厂的生产。整车厂则需要定期或不定期地对供应商的质量保证体系和产品的制造过程进行审核,提出不符合项,并监督供应商整改,必要时提供技术和质量支持。

量产阶段的零件质量管理应注意稳定性监控和变化点管理。

(1)稳定性监控

稳定性的监控主要有原材料检查、过程检查、出货检查、来料检查,涵盖了从零件的原材料到生产的工艺过程、半成品、成品,再到最终使用前的确认,一旦某个环节发现了不良品,就可以立即采取围堵措施,防止不良品流入下一个环节,也就防止了不良品流入最终顾客——整车上进行装配。为了保证每个环节的检查项目保持一致,整车厂与供应商依据图样、技术要求等,一起商定了《零件检查基准书》(见表 2-7),依据图样、技术规格确定检查项目,并定义了检查方法、工具、频率等,双方都按照《零件检查基准书》的规定实施检查。因此,在量产阶段,如何做好供应商原材料检查、过程检查和出货检查是整个预防工作的重点,整车厂的来料检查工作往往采取抽检和追加检查的方式进行监督。

表 2-7 《零件检查基准书》样表

零件号			零件名称				关重件标识		
检查项目			规格/公差	特性标识	检查手段		样本		备注
							容量	频次	
尺寸	1								
	2								
	3								
	…								
外观	1								
	2								
	3								
	…								
性能	1								
	2								
	3								
	…								

1）制定年度抽检计划。来料质量技术人员制定检查基准书，明确零件检验项目（外观、尺寸、性能）、检验数量和检验要求，制定年度进货定期抽检计划。具体抽检检查方法如下：

①来料检查员按抽检计划定期实施抽样检查，检查结果及时反馈给来料质量技术员，来料质量技术员在《零件检查基准书》上对零件的检查结果进行判断。

②对不合格零件，来料质量技术员进行初步分析和处理，属于供应商责任的不合格品通知供应商。

③来料检查员根据检查结果将该批次零件进行标识，在不合格品上悬挂"不合格品卡"。

2）供应商数据报告确认。

①来料质量技术员依据《零件检查基准书》的项目和频率，督促供应商定期提交供应商数据检查报告。

②收到供应商报告后，来料质量技术员确认该报告与《零件检查基准书》的一致性，要求具备《零件检查基准书》中规定的所有项目，并满足规格和频率。确认完成后盖章、签字并标明判断结果、存档。

③当检查结果判定为不合格或有不一致时，应立即报告处理并采取对策。

3）追加检查。在实施进货抽样检查、供应商数据检查和公司内相关部门的质量反馈信息发现不合格品时，来料质量技术人员依据缺陷的重要度、发生数量等情况申请追加检查，确定追加检查项目、检验方法、检验数量、期限等，填写"追加检验/返工申请表"。

（2）变化点管理

所有涉及原材料、组成零件、工序、供应商等对零件质量可能有影响的更改都称为"变化点"。

1）变化点零件的定义。某项设计变更（ODM）或生产条件变更（工艺参数、设备、流程、关键工序等），在首次实施时所生产的零件、半成品或总成称为变化点零件。

2）变化点管理的目的。规范所有涉及原材料、组成零件、工序、供应商等对零件质量可能有影响的更改的管理，以确保更改在严密的控制下进行。

3）变化点零件管理对象的范围。变化点零件管理要求适用于所有变化点，包括：

①整车厂内部的更改。

②供应商进行的更改。

③由于供应商自身原因发生的更改。

④对于符合变化点零件管理要求的更改都需要进行变化点零件管理。

4）变化点零件的分类。

①规格变更后零件。依照产品技术部发行的设计变更（ODM）通知书变更的零件。

②对策后零件。对于已发不良品，为防止不良再发、提高质量，实施了品质改善对策的变化点零件。

③供应商自我优化零件。除了上述内容，因变化点零件发行者自身缘由或其他特殊情况而发生变更的变化点零件。

5）变化点零件的标识。

①变化点零件管理卡。变化点零件的标签是指由于标识首批生产的更改零件或由更改的工序生产的零件标识卡片。变化点零件管理卡使零件具有可追溯性，见表2-8。

表2-8 变化点零件管理卡

变化点管理卡			条形码		
供应商		供应商代码	变化点零件类型	ODM 号	
零件号			生产阶段	批次号	
零件名称				数量	
变化点内容			发行日期	预计装车日期	
首始车车身号			发行部门签名	JV SQE	
……沿……此……线……剪……开……					
产品审核		签名	条形码		
零件号					
零件名称			意见	OK/NG	
……沿……此……线……剪……开……					
过程审核		签名	条形码		
零件号					
零件名称			意见	OK/NG	
……沿……此……线……剪……开……					
进料审核		签名	条形码		
零件号					
零件名称			意见	OK/NG	
……沿……此……线……剪……开……					
供应链		签名	条形码		
零件号					
零件名称			意见	OK/NG	

②变化点零件辅助卡。当发运的变化点零件不止一个包装箱时，须使用变化点零件辅助卡，可标识所有的变化点零件包装箱。

需要注意的是，同一包装箱内只能装相同更改批次的零件，新旧更改批次的零件不能混装在同一包装箱内。当发运的变化点零件不止一个包装箱时，则必须在所有装有变化点零件的包装箱上悬挂辅助卡标识。

思政育人

本节通过介绍我国汽车零部件产品近10年的飞速发展，让学生了解我国汽车自主研发、不断创新的过程，体会能为我国汽车工业发展进步作出贡献的自豪感、使命感。通过对汽车传动轴断裂案例的分析，让学生体会汽车产品质量关系人身财产安全，树立看似不起眼的质量问题都有可能威胁行车安全的职业警惕，激发保证顾客安全的责任感和使命感，培养学生严慎细实、锲而不舍的专业精神。

单元 2.2 不合格品的管理

任务引入

小张是一名操作工，在执行装配任务时，发现物流配送的某储液罐疑似存在开裂现象，请问小张应该如何处理？工厂应该怎样处理该批次的储液罐？

任务分析

供应商生产的零部件在进入整车厂之前必须经过严格的审查和检验。只有对供应商质量管理体系和生产制造过程文件进行严格的审查，对零部件产品经过多轮验证和试验，最终通过入厂检验环节并合格后，才能确保整车装配零部件的质量。因此，员工一定要了解不合格产品的类别及处理流程，才能有效防止整车质量事故的发生。

学习目标

1. 能够掌握不合格品的类别。
2. 能够掌握不合格品的处理流程。
3. 能够描述预防不合格品的主要措施。

知识学习

2.2.1 不合格品概述

在 2015 版 ISO 9000 标准中规定"不合格"即未满足要求,不合格品就是未满足要求的产品,是指质量特性与相关技术要求和图样工程规范相偏离,不再符合接受准则的产品。加强不合格品管理,一方面能降低生产成本,提高企业的经济效益;另一方面,对保证产品质量,满足顾客要求也起着重要作用。

对于汽车零部件而言,不合格零件不能用来组装整车,而装配了不合格零件的整车也不允许进行销售处理。

按照整车零部件的类别,不合格品的不良可以分为功能不良、外观不良以及综合缺陷和潜在风险三种类型。

(1) 功能不良

功能不良是指零件作动、传输信息和载荷等作用失效。多出现在底盘、电器及钣金类零件,如制动踏板的真空助力器出现泄漏导致制动助力失效、电器件的保险电容错装导致线路异常、电子零件软件不兼容导致无法使用,或者车身承载件未达到规定的工艺条件导致在薄弱点出现应力集中甚至断裂。

造成零部件功能失效的原因大多出自其生产制造过程。功能不良的不合格件是最严重的不良情况,所带来的后果往往是零件功能丧失,进而造成局部系统功能失效,甚至影响整车正常驾驶及安全。为保证此类零件按照设计要求制造,相关零件须进行严格的试验测试,监测零件在各种模拟条件下的功能情况,以保证零件在整车生命周期内保持完好的状态。在通常情况下,各整车厂对这类零部件有详细的检查计划及定期抽检计划。在特殊情况下,如果此类不合格件装配至整车,必须冻结该车,不允许发运处理,待使用合格部件进行更换,且验证系统及整车功能正常后才可发运。

(2) 外观不良

外观不良是指零件外观出现划伤、皮纹异常、缩水及破损等缺陷,多出现在内外饰件、电器件外观面甚至钣金件等,如内饰板划伤、真皮座椅皮纹褶皱异常、注塑类零件缩水严重、金属类零部件表面漆面破损等。这类不合格件多属于看得见、摸得着的缺陷,所占的不良最多,因为造成这种不良不仅出自零件的生产制造过程,而且在后续的零件包装及物流运输过程中均可以出现。

具有这类缺陷的零部件如果装到整车上,客户将直观地发现,从而降低对产品的好感,甚至降低对品牌及制造厂商的认可,进而使产品的竞争力大打折扣。另外,金属件表面划伤,特别是防锈层破坏,属于潜在威胁,长时间暴露在潮湿的有氧环境中会出现锈蚀，从而进一步影响零件的承载能力，进而影响功能。

对于外观类不合格品的防控，最主要依靠层层把关，在零件入厂前进行零件单件确认，在工段间设立检查岗位，对上岗位进行监督，在整车出厂前，进行系统的整车评估，从而保证发车状态，在整车交付岗位前设立返修区域，返修合格的车辆将再次进行整车评估，确保发出的每辆车都是精品。

（3）综合缺陷及潜在风险

除功能不良及外观不良外，在综合条件作用下整车或系统还有可能出现异常（如噪声与密封不良）。这类综合缺陷的产生往往是由于在整车与零部件解析过程中，相关的零部件均满足各项技术条件要求，但由于某种复杂原因（如极端天气等），或由于没有采取相似零件（如左右件）的防错措施而造成误装等。

避免此类缺陷多应在设计初始阶段就给予充分考虑。通常情况下，这类缺陷多在零部件装配成子系统甚至整车后才能被察觉，这给后续的质量控制造成隐患，给整车质量控制带来风险。这类质量问题的解决难度较大，检查人员要有丰富的经验才能快速、准确地查出根本原因。此类不良的解决经验可以作为后续车型的设计提供参考。

2.2.2 不合格品的处置方式

常见的不合格品的处置方式主要有降级、让步接收、返工、返修和报废。

（1）降级

为使不合格产品符合不同于原有的要求而对其等级的变更。

（2）让步接收

对使用或放行不符合规定要求的产品或服务的许可。让步通常用于后工序可以补救或缺陷的存在不影响产品的外观、性能或使用功能的情况。让步接收是需要得到接收方认可的。

（3）返工

为使不合格产品符合要求而对其采取的措施。返工可影响或改变不合格产品的某些部分。

（4）返修

为使不合格产品满足预期用途而对其采取的措施。不合格产品的成功返修未必能使产品符合要求。返修可能需要连同让步。返修包括对以前是合格的产品，为重新使用所采取的修复措施，如作为维修的一部分。返修可影响或改变不合格产品的某些部分。

（5）报废

为避免不合格产品原有的预期使用而对其所采取的措施。

对汽车零部件和整车产品来说，其来料不合格品、过程不合格品和成品不合格品有不同的处置方式。

（1）来料不合格品的处置方式

来料不合格品是指从供方供货的零部件中，经检验不符合质量要求的产品。来料不合格品的处置方式有退货和让步接收，并要求供方采取相关的纠正预防措施。对连续多批不合格、某批大量严重不合格的供方，将安排人员对其审厂并对以后批次加严检验。

（2）过程不合格品的处置方式

过程不合格品是指生产过程中生产的不符合要求的产品。过程不合格品的处置方式一般有返工、返修、让步接收与报废。

1）当处置结论为返工返修时，应将不合格品转至返工返修区处理或交相关责任单位与个人进行返工。

2）当处置结论为让步接收时，由车间填写"让步申请单"经技术部审批，并提出技术与质控措施后，实施让步使用。

3）当处置结论为报废时，检验员通知废品所在部门（车间或班组或联系到相应的个人），填写"废品报废单"，并由检验员签署报告交质控部批准，对单一品种一次报废量或价值较大的，经最高领导批准方可报废，并按"三不放过"原则处理，即没找到责任和原因不放过、没找到防范措施不放过、当事人没受到教育不放过。

（3）成品不合格品的处置方式

成品不合格品一般指汽车整车产品，其处置方式一般为整批返工；对于可追溯到批次甚至具体不良产品的，可部分返工或部分挑选返工处理。

2.2.3 不合格品的处理流程

当发现异常情况时，应及时对现场进行控制，对疑似不合格品进行处理。不合格品的处理流程如图2-3所示。

图2-3 不合格品的处理流程

(1) 标识

标识是利用统一的标识或标签，清楚地识别不合格品，这些标识可以是规定颜色的标记、标签或挂牌、料箱/料架、画线区域或标识牌等；标识内容要详细说明零件编号/图号、零件名称/规格、生产/供货单位、发现时间、发现区域、发现人、数量、发现日期以及初步的处理结果等，表2-9所列为常用的规定颜色的标记。

表2-9 常用的规定颜色的标记

颜色	标识零件
红色	报废品
黄色	疑似品（返工/返修/让步）
绿色（或除红黄外的其他颜色）	合格产品

(2) 隔离

对标识明确的不合格品进行隔离，放置在规定的区域内，避免与合格品混乱放置导致的错误。不合格品标识卡的管理原则是"谁放置，谁解除"，其他非职能部门人员（如物流、生产等）无权解除隔离。

(3) 追溯

要追溯到对上一次自检、巡检时间内所有产品进行检验确认。这段时间内生产的产品叫"可疑品"。在人员或权限不足等特殊情况下，工作需要具有灵活性，在无法及时有效地进行隔离操作时，对于现场控制最好的办法是追踪记录，即记录并跟踪不良的流向，如在无法进行停线操作的情况下，不合格品持续装车，应记录相应的装车号，为后续返修提供数据支持。

(4) 反馈

当对现场进行有效控制后，应及时将不合格品信息反馈给车间班组长或工程师，可以采用5W1H方法，清晰地说明事件的经过。

(5) 处置

工程师将对问题进行解析，解析需要一定的时间。当初步判定是零件问题且非偶发问题时，意味着不合格品可能会扩散，即不合格品不仅出现在发现区域，而且可能扩散至工厂内其他区域，如厂内零件缓存区、仓库等。对于检查员来说，有必要对其他区域的零件进行排查。通常情况下，指令由班长或工程师发布，相应的检查基准由负责解析的工程师告知。

（6）跟踪、验证

后续不良处理工作由工程师进行主导，如进行系统记录、相应的索赔和供应商年度考核等。检验员必须跟踪处理方案的结果，并把验证结果反馈给品管部主管或品质工程师。

总之，零部件质量管理是汽车生产过程的重要环节。汽车企业进行零部件质量管理，必须贯彻国际质量管理体系标准，建立现代化企业质量管理组织结构和与零部件供应商互利的关系，必须分清和落实职责，完善管理流程和管理制度，加大监管力度，打下坚实的产品质量保障基础。

2.2.4 如何预防不合格品的产生

不合格品的产生，不仅浪费企业的资源和成本，也让企业产品质量大打折扣，因此如何预防不合格品的产生就显得至关重要。想要减少不合格品的数量，可以从人员、机器设备、作业方法、异常作业监控等方面入手。

（1）员工

人是企业的第一资源，特别是一线操作人员。一线操作人员与技术人员的质量意识、技术水平、产品熟练程度、文化素质、身体素质、作业态度、是否按正确的工艺文件操作等都会影响产品质量。

为了预防不合格品的产生，对企业来说，应明确员工的岗位职责，提供必要的培训，使员工具有岗位工作的任职能力，鼓励员工积极参与改进。同时，应要求员工具有较强的责任心和良好的职业道德和质量意识；了解产品质量特性的形成与变化的基本知识；一些关键岗位的人员要重点培训并持证上岗。

（2）质量检验员

质量检验员是一线的质量控制人员，对避免或减少产品批量不合格发挥重要的作用。因此对检验员的要求也较为严格，主要包括：

1）要有良好的事业心、责任心、爱岗敬业的职业道德。

2）应具有一定的文化程度与较高的产品知识以及丰富的工作经验。

3）要具有较强的分析和判断能力。

4）必须严格按标准、工艺、图样的要求实施检验。

5）必须按制度对不合格进行管理。

6）应当掌握质量动态，完善检验系统。

7）质量统计工作能力强，能够做好量具与检测仪器的使用与维护工作。

（3）设备保养

机械设备的精度保持性、稳定性和性能可靠性等都会直接影响到产品质量特性的波动幅度。设备的保养主要有日常保养、二级保养和三级保养。

1）日常保养。

①定点。根据要求对指定的部位、润滑点、检查点进行加油、换油。

②定质。确保润滑部位所需油料的品种、品牌及质量要求。

③定量。按规定的数量对各润滑部位进行日常润滑和加油。

④定期。按润滑规定的时间进行加油。

⑤定人。规定专门人员（设备操作或维修员）进行加油、清洗换油。

2）二级保养。由设备操作员和维修人员共同完成，保养内容包括：

①全面清扫、清洗设备相关附件及装置。

②拆卸并检查设备的局部和重点部位，彻底清除油污。

③检查设备磨损情况，更换辅助配件，调整或稳固易松动部位。

3）三级保养（专门保养）。由维修或专业人员完成，保养内容包括：

①对设备进行整体或部分解体检查和修理。

②对设备重要部位进行清洗并换油。

③修复或更换易损件。

④检查、调整、修复精度，校正水平。

对使用不良设备生产出来的产品，必须重新进行检验或评价，以防止不良品产生或质量事故的发生。

（4）作业方法管理

作业方法管理的核心是对工艺方法和保养方法的选择与确定、工艺纪律管理。生产现场的作业文件很多，例如生产过程控制程序、生产工艺流程图、工序作业指导书、设备操作说明书、成品检验规范、设备操作和保养规程、不合格品控制标准、纠正与预防措施控制标准等。

作业方法管理是对作业文件的编制、使用、分类、建立清单、修改、作废、保管等。

1）生产工艺流程图。要求写出所有工艺流程，突出关键和重要工序，注明生产条件和控制要求；当工艺变更时，需要对流程图进行修订。

2）工序作业指导书。作业指导书的编制要尽量简洁清楚、要点突出、图表化。指导书中应包含：工序名称、适用产品、使用设备或工具、使用材料、操作步骤、控制要点、生产安全注意事项、自检、互检的内容。

（5）异常作业的控制

异常主要是指人员、设备、材料、工艺方法的变更导致的作业变化。

1）人员变更。按作业指导书的要求，对人员实施培训，直至合格。

2）设备变更。对首件产品进行确认和检验，合格后方可进行小批量和大批量生产。

3）材料变更。及时修改作业指导书或工艺参数控制要求；进行试产；考虑旧材料的调配使用；不可使用的旧材料的报废处理。

4）工艺方法的变更。及时修改作业指导书，同时培训员工，确保作业正常进行。

（6）做好"三检、三按、三自"

1）三检。

①自检。依据标准与要求，操作者对本工序生产的零件进行自主检查。

②互检。依据标准与要求，由下序操作工对上序产品质量进行检验，发现问题及时向班组长、检验员报告，对已经完序的零件进行追溯检验，没有缺陷的产品才能放行入库。

③专检。专职检验员依据标准与要求，对生产前检验、首检、巡检、末检等检验项目按照作业指导书要求，采用专用检查设备进行产品质量检验。

2）三按。

①按工艺文件。按作业指导书、检验指导书的要求操作。

②按标准。按国家标准、行业标准、企业标准执行。

③按图样。按设计图纸、有效封样（要时间、品名、封样人签名）；一般来说，技术、品管人员按设计图纸，现场操作人员按有效封样。

3）三自。

①自检。操作者对本工序进行检查。

②自我区分。区分合格品与不合格品。

③自做标识。

思政育人

本节通过对不合格产品的分析，帮助学生树立不合格品就是浪费的质量意识，树立在工作中要重视产品、重视工序、重视操作的意识；同时培养来料不良品不入库、过程不良品不转序和成品不良品不出厂的职业观念，帮助学生养成遵守规则、踏实严谨、细致观察的专业精神。

模块小结

本模块主要介绍了汽车零部件的质量管理,分为汽车零部件质量管理和不合格品的管理两部分。

单元 2.1 介绍了整车厂零部件开发之前对供应商的选择和管理方法,从众多零部件制造商中选出合格供方,重点介绍了零部件开发和量产阶段的质量管理。汽车零部件开发阶段的质量管理主要包括:产品开发先期策划项目管控、产品的设计与开发、过程的设计与开发、产品验证与过程验证几个过程。产品开发先期策划让整车厂与供应商完成开发合同的签署,及时掌控项目开发的进度,评估产品在开发生产过程中的风险,对风险采取应对措施,消除不利影响,确保产品按原定的开发计划顺利生产;接着科学严谨周密地进行产品和过程设计开发,并进行产品验证与过程验证,确保零部件能够满足图样和技术要求的规定。量产阶段零件质量管理则集中在稳定性监控与变化点管理两个方面。稳定性的监控主要有原材料检查、过程检查、出货检查、来料检查,涵盖了从零件的原材料到生产的工艺过程、半成品、成品,再到最终使用前的确认,一旦某个环节发现了不良品,就可以立即采取围堵措施。变化点管理则是为了规范所有涉及原材料、组成零件、工序、供应商等对零件质量可能有影响的更改的管理,以确保更改在严密的控制下进行。

单元 2.2 首先介绍了不合格品的管理。"不合格"即未满足要求,不合格品就是未满足要求的产品,是指质量特性与相关技术要求和图样工程规范相偏离,不再符合接受准则的产品。常见的不合格的处理方法主要有降级、让步接收、返工、返修和报废。当发现异常情况时,应及时对现场进行控制,对疑似不合格品进行处理。一般来说,不合格品的处理流程包括标识、隔离、追溯、反馈、处置、跟踪、验证。

习 题

1. 在汽车领域中,零部件一般会根据其在汽车上的作用被分为六个大领域:动力系统、钣金件、_____、_____、内饰件和外饰件等。

2. 整车厂和供应商按照产品图样和技术规格消化、吸收、摸索、试制,直至生产出符合要求的产品过程,就是_____阶段。

3. _____是从原材料入厂到成品入库,按顺序的制造单元(包括检查工位)所组成的图形。

4. _____是为了保证初期零部件能够顺利开始批量生产,供应商在批量生产初期,采用与通常的批量生产工序不同的检查工序,以确保产品质量。

5. 所有涉及原材料、组成零件、工序、供应商等对零件质量可能有影响的更改都称为_____。

6. 按照整车零部件的类别,不合格品的不良可以分为_____、_____以及_____三种类型。

7. 为使不合格产品满足预期用途而对其采取的措施称为_____,在不合格品处置时可能需要让步。

8. 设备日常保养的"五定"是指_____、_____、_____、_____和_____。

9. 批量供货零部件的免检验收条件有哪些?
10. 不合格品的处理流程是怎样的?
11. 如何有效预防不合格品的产生?
12. 产品设计开发与过程设计开发的区别有哪些?

模块 3　汽车车身制造过程质量管理与控制

汽车车身是汽车的一个重要组成部分，它为汽车行驶提供了舒适空间，也是汽车载人、载货的承载主体。因此，汽车车身的质量控制直接关系到汽车的行驶安全和舒适程度。汽车车身生产工艺复杂多样，自动化智能化设备较多，部分工序还需要人工完成，因此如何有效控制汽车车身生产质量，已成为汽车生产制造技术的重要问题。

本模块共有 4 个单元，单元 3.1 为制造过程质量管理的内容，单元 3.2 为冲压过程的质量控制，单元 3.3 为焊接过程的质量控制，单元 3.4 为涂装过程的质量控制。通过完成这 4 个单元的学习，能够对汽车车身生产过程的质量管理与控制有较全面的认识和理解，为整车企业提高车身生产质量提供帮助。

单元 3.1　制造过程质量管理的内容

任务引入

小王是某汽车制造企业的一名质量管理人员，他负责的冲压生产线出现了严重的质量问题，一批冲压件表面出现波浪缺陷，如图 3-1 所示，现需要对该问题进行分析改进，请问他可以从哪些方面来寻找导致问题出现的原因呢？

图 3-1　波浪缺陷

任务分析

随着汽车制造技术和先进设备的使用，人们对汽车产品的质量有了更高要求，想要提升汽车制造的质量，就必须针对汽车制造过程进行严格管理，使汽车制造质量得到有效控制，为用户提供更加优质的汽车产品，有效促进汽车制造行业的持续发展。汽车生产过程质量管理是汽车制造企业质量管理的重要一环，是确保汽车制造质量，提高企业市场竞争力的重要措施。

学习目标

1. 能掌握现场质量管理的主要影响因素。
2. 能分析各因素对质量的影响。
3. 能描述各因素具体管理内容。

知识学习

制造过程是指对产品直接进行加工的过程。它是产品质量形成的基础，是企业质量管理的基本环节。制造过程质量控制的基本任务是保证产品的质量，建立一个能够稳定生产合格品和优质品的生产系统。其主要工作内容包括组织质量检验工作，组织文明生产，组织质量分析，掌握质量动态，组织工序的质量控制，建立质量控制点等。因此做好制造过程质量管理可以确保生产现场生产出稳定和高质量的产品，使企业增加产量，降低消耗，提高经济效益。

过程质量是由工序能力决定的。工序是产品形成的基本环节，工序质量是保障产品质量的基础，工序质量对产品质量、生产成本、生产效率有着重要影响。企业要寻求质量、成本、效率的改善，提高工序质量是关键。

而工序能力通常又取决于影响过程质量的各个因素，即人、机、料、法、环、测（5M1E）六个因素。具体来说，人（Man）是指制造产品的人员；机器（Machine）是指制造产品所用的设备；材料（Material）是指制造产品所使用的原材料；方法（Method）是指生产过程中所需遵循的规章制度；测量（Measurement）是指测量时采取的方法是否标准、正确；环境（Environment）是指产品制造过程中所处的环境，工作地的温度、湿度、照明和清洁条件等。下面分别讲述工序因素的具体管理内容。

1. 人员（操作者、作业人员）的管理

（1）人员对质量的影响

任何生产制造或服务提供过程都离不开人员的操作，即使是先进的自动化设备，也需要有人去操作和管理。对于那些由人员起主导作用的过程或工序，更需要通过加强对人员的管理来控制质量。由人员造成操作误差的主要原因有质量意识差，操作时粗心大意，不遵守操作规程，操作技能低、技术不熟练，以及由于工作简单重复而产生厌烦情绪等。

（2）人员管理具体内容

1）加强"质量第一、用户第一、下道工序是用户"的质量意识教育，建立健全质量责任制，明确每个员工的职责和权限。

2）从教育、培训、技能和经验四个方面确定任职或上岗资格，并实施资格评定，尤其是对参与关键过程、特殊过程以及特殊工种工作的人员应按规定要求或技艺评定准则进行资格认可，加强工序专业培训，保证其具有胜任工作的能力。

3）加强检验工作，适当增加检验的频次。

4）通过工种间的人员调整、工作经验丰富化等方法，消除操作人员的厌烦情绪。

5）广泛开展 TQM 活动，促进自我提高和自我改进能力。

2. 机器（设备）的管理

（1）机器对质量的影响

机器是指生产中所使用的设备、工具等辅助生产用具。机器设备是保证过程或工序生产符合技术要求的产品的重要条件，尤其是自动化程度较高、有定位或自调装置的设备，它们对于确保过程或工序质量起着关键的作用。对于一般的通用设备来说，机器设备的精度保持性、稳定性和性能可靠性等，都会直接影响产品质量特性的波动幅度。

（2）机器管理具体内容

1）使用。根据机器设备的性能及操作要求来培养操作者，使其能够正确操作使用设备进行生产，这是设备管理最基础的内容。

2）点检。使用前后根据一定标准对设备进行状态及性能的确认，及早发现设备异常，防止设备非预期的使用，这是设备管理的关键。

3）保养。根据设备特性，按照一定时间间隔对设备进行检修、清洁、上油等，防止设备劣化，延长设备的使用寿命，是设备管理的重要部分。

3. 物料的管理

（1）物料对质量的影响

物料是指根据工艺要求为生产提供的物料，包括原料、半成品、辅料等。不同的行业和产品所使用的物料各不相同。对于加工制造业的过程或工序而言，原材料可以是矿石、原油、羊毛、棉花、粮食等。成品、半成品可以是钢材、铝锭、纸张、油墨以及化学试剂等。对于生产机械或电器产品的装配过程或工序来说，原材料可以是配套的零件、标准件、元器件或电机等。这些原材料的化学成分和物理性能，配套件、元器件和零部件的外观或内在质量，以及食品业的原料质地（包括农药、化肥的残余量等），对成品的质量起着重要作用。

（2）物料管理具体内容

1）对现场使用的各种物料的质量应有明确规定，在进料及投产时，应验证物料的规范和质量，确保其符合要求。

2）加强原材料的进厂检验和厂内自制零部件的检验。

3）搞好协作厂间的协作关系，督促、帮助供应商做好质量控制和质量保证工作。

4）检验状态应清晰，确保不合格物料不投产、不合格在制品不转序。

5）做好物料储存、搬运过程的防护工作，配置必要的工位器具、运输工具，防止磕碰损伤。

6）物料堆放应整齐，并坚持先进先出的原则。

4. 作业方法的管理

（1）作业方法对质量的影响

作业方法的管理主要是对工艺方法和操作方法的选择与确定，具体包括对工艺流程的安排，过程或工序之间的接口，以及对加工的环境条件、装备和工艺参数的选择，还包括对各过程或工序的岗位操作方法的确定等。常见的作业方法包括工艺指导书、标准工序指引、生产图纸、生产计划表、产品作业标准、检验标准、各种操作规程等。

在制造过程中，作业方法对过程或工序质量的影响主要来自两个方面：

1）制定的加工方法、选择的工艺参数和工艺装备等各项因素的正确性和合理性。

2）贯彻、执行工艺方法的严肃性。不严格贯彻执行工艺方法或违反操作规程会导致工序能力降低，甚至发生质量事故和人身安全事故，不但会影响产品质量，也会影响生产进度和企业的经济效益，因而在现场管理中必须严格工艺纪律。

（2）作用方法管理具体内容

1）确定适宜的加工方法、工艺流程、服务规范，选用合理的工艺参数和工艺装配，编制必要的作业文件。

2）确保在岗人员持有必要的作业指导文件，加强培训及技术交流等活动。

3）提供工艺规定所必需的资源，如设备、工装、工位器具、运输工具、检测器具。

4）加强工具工装和计量器具管理，切实做好工装模具的周期检查和计量器具的周期校准工作。

5）严肃工艺纪律，对贯彻执行操作规程进行检查和监督。

5. 工作环境的管理

（1）工作环境对质量的影响

环境是指工作时所处的一组条件，包括物理的、社会的、心理的和环境的因素（如温度、承认方式和大气成分等）。一般指生产现场的温度、湿度、噪声干扰、振动、照明、室内净化和现场污染程度等。

在确保产品对环境条件的特殊要求外，还要做好现场的整理、整顿和清扫工作，大力搞好文明生产，为持久地生产优质产品创造条件。

（2）工作环境管理具体内容

1）确定并管理为使产品和服务符合要求，从而确保现场人员健康和安全的工作环境。

2）开展 5S 管理，建立适宜的工作环境，提高作业人员的能动性，包括环境清洁安全、作业场地布局合理、设备工装保养完好、物流畅通、工艺纪律严明、操作习惯良好。

6. 检测设备或器具的管理

（1）检测设备或器具对质量的影响

测量和试验设备能否处于准确状态直接影响到由测量获得的质量数据和信息的准确性和可靠性，并由此影响到对原材料、外购外协件、在制品、半成品和成品是否满足规定要求的判断的准确性。因此，在制造过程中，有必要对测量和试验设备进行控制，以确保测量和试验设备的准确可靠。

（2）检测设备或器具管理具体内容

1）根据测量任务及所要求的准确度，合理选择使用的、具有所需准确度和精密度的测试设备。

2）定期对所有测量和试验设备进行确认、校准和调整。

3）规定必要的校准规程。其内容包括设备类型、编号、地点、校验周期、校验方法、验收方法、验收标准，以及发生问题时应采取的措施等。

4）在使用和搬运中确保检验器具的准确性。

5）发现测量和试验设备未处于校准状态时，立即评定以前的测量和试验结果的有效性，并记入有关文件。

以上对过程因素的管理内容是现场质量管理的主要工作或活动。它们需要由企业的管理人员和作业人员共同完成。其中，管理人员和技术人员应当为生产现场的质量控制和质量改进活动提供管理上和技术上的支持，如做好质量控制和质量改进的策划，确定产品生产和服务提供的过程或工序，明确各过程或工序的要求，提供必要的工艺文件、操作规程、作业指导书等技术文件，研究分析过程或工序能力，组织和指导质量改进活动等。作业人员应按照相关要求严格执行工艺纪律。

思政育人

本节结合企业生产实际案例，帮助学生正确认识自身与企业间的职业关系，引导学生主动思考人员、机器设备、原材料、方法、环境及测量方法对产品质量的影响，培养学生在解决质量问题的过程中主动抓住要点的专业思维，潜移默化地培养学生细致严谨、精益求精的工匠精神。

单元 3.2　冲压过程质量管理与控制

任务引入

小蒋在某汽车制造企业冲压车间做质量检验员，他在对刚更换模具后的某冲压生产线进行首件检验时，发现冲压件上出现了严重的起皱现象，请大家思考为什么会出现起皱现象？应该从哪些方面着手改善缺陷？除了首件检验，冲压生产过程中还应该做好哪些工作？

任务分析

白车身是汽车车身的一个重要组成部分，它是由很多梁、支柱、加强板等车身冲压件组合成的框架结构，使车身具有足够的强度和合适的刚度，从而起到承载汽车的作用，这些梁、支柱、加强板等大都是通过冲压的方式形成的。任何车身冲压件的尺寸偏差和外观缺陷都可能造成车身结构质量的降低，从而影响整车性能。因此，对车身冲压件的生产质量控制就显得尤为重要。首件检验的板料出现起皱现象，则需要从人、机、料、法、环等方面对产生原因进行逐一排查，确定根本原因，制定纠正措施。为了保证冲压生产过程质量的稳定性，还需要加强自检、互检、专检和巡检工作。

学习目标

1. 能掌握车身冲压件的常见缺陷及形成原因分析。
2. 能描述车身冲压件检具检查的步骤。
3. 能描述冲压件表面质量检查的方法及适用范围。
4. 能够掌握冲压件质量管理的要点及控制方法。

知识学习

汽车车身是汽车的一个重要组成部分,它是具有特定形状的车载结构,可以保证人和部分生活物资的运输功能,为乘员提供舒适的局部环境和一定的保护措施。汽车车身制造过程主要包括冲压、焊接、涂装过程。

冲压是利用压力机和模具设备对板料施加压力,使板料、带材、管材或型材产生塑性变形或分离,从而获得具有一定形状、尺寸和性能的钣金件的一种加工方法。汽车车身的梁、支柱、加强板、覆盖件等大都是冲压加工而成的。

3.2.1 冲压件的常见缺陷

1. 冲压件缺陷及等级

冲压件按质量等级要求区分,可分为外板件和内板件两类。外板件为车身上用户可以看到、接触到的冲压件,图3-2所示为汽车车身外板件。内板件不能为用户直接看到,或必须打开车身部件才能看到的冲压件。

序号	零件图片	零件名称	序号	零件图片	零件名称
1		发动机机舱盖外板	4		顶盖(带天窗)
2	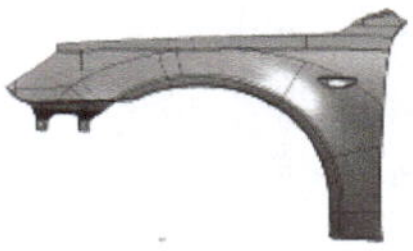	左翼子板	5		顶盖(不带天窗)
3	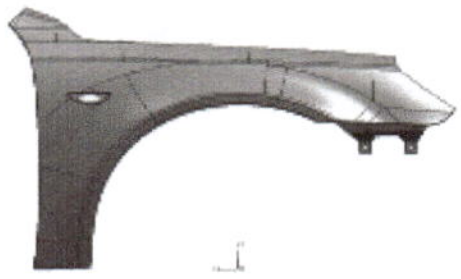	右翼子板	6		左侧围外板

图3-2 汽车车身外板件

序号	零件图片	零件名称	序号	零件图片	零件名称
7		右侧围外板	10		左后侧后门外板
8		左前侧前门外板	11		右后侧后门外板
9		右前侧前门外板	12		行李舱盖外板

图 3-2　汽车车身外板件（续）

车身冲压件常见的缺陷有起皱、开裂、暗伤、拉毛、变形、毛刺、少孔、叠料等。外板件是汽车的"脸面"，它覆盖在车身的外表面，对表面品质要求更高。有些缺陷对内板件来说是可以接受的，甚至是微不足道的，但对外板件而言，则是不合格，甚至是严重的缺陷。因此，除了具有和内板件相同的缺陷外，外板件的缺陷还有麻点、凹坑、凸包、划伤、波浪、油痕、圆角不顺等。

这些缺陷按照顾客的接受程度可以分为 A 级缺陷、B 级缺陷和 C 级缺陷。

（1）A 级缺陷

是顾客不能接受的缺陷，超出规定很大偏差，如：开裂、起皱、暗伤等，如图 3-3a 所示。一般来说，有 A 级缺陷的冲压件必须报废。

（2）B 级缺陷

是让顾客感到干扰的缺陷，在表面上摸得着和看得见的可确定的缺陷，如：压痕、凹坑等，如图 3-3b 所示。B 级缺陷一般需要进行返工返修处理。

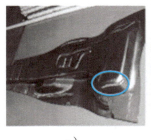
a)

b)

c)

图 3-3　冲压件的缺陷
a）开裂　b）凹坑　c）毛刺

(3) C级缺陷

是需要修正的缺陷，部分内板件可以通过让步接收生产，如麻点、毛刺等，如图3-3c所示。

2.6 种典型冲压缺陷的分析

(1) 开裂

开裂是因为在成形过程中拉应力过大而产生的，如压边力过大、变形程度过大等，一般在圆角区、变形复杂区易发，如图3-4所示。

开裂的防治措施有改善材料的力学性能，如采用抗拉强度高的材料、热处理等方法；正确制定拉深工艺，如设置合适的压边力、选用正确的冲压方向、合理设置拉深筋等；采用反拉深、增大冲压模具凹模圆角；合理润滑等。

(2) 起皱

起皱是因为在成形过程中凸缘区材料压应力过大超过材料的临界压应力而造成的，如图3-5所示。当冲压件发生起皱，会在模具型腔内摩擦，导致模具拉伤，降低模具的寿命。若冲压件在焊接搭接面有起皱，会导致焊接强度的降低，出现虚焊现象。

图3-4 冲压件的开裂

图3-5 冲压件的起皱

起皱的防治措施一般有：采用屈服强度低、塑性好的材料；冲压模具适当增大压边力，增加拉延筋；采用反拉深等。

(3) 暗伤

暗伤一般出现在冲压件成形圆角附近，如图3-6所示，冲压时，材料因为拉深变形导致变薄，当变薄到一定程度时，材料会产生暗伤，它是冲压件开裂的前兆，一般变薄处的料厚低于材料厚度的70%时，判定为暗伤，一般依靠工人的目测和经验进行判定。

暗伤会导致冲压件的强度降低，车辆行驶过程中，车身的频繁颠簸，会导致车身沿着暗伤的暗线方向开裂，影响车身的安全性和舒适性。暗伤也会导致车身的密封性变差，车内噪声变大。

（4）毛刺

毛刺是冲压件非常常见的一种缺陷，如图3-7所示。冲压件的毛刺会在模具上摩擦掉落，产生的铁屑会在冲压件上产生凸点，导致外表件缺陷。同时，毛刺在板料间摩擦，会产生划伤，导致外表件缺陷。如果在毛刺过大处翻边，容易导致翻边处开裂。毛刺过大，还容易导致涂装漆面掉落，使金属产生腐蚀现象，降低车身的使用寿命。

产生毛刺的原因通常有冲裁模冲裁间隙设置不合理、冲模刃口变钝、凸模和凹模中心线发生变化，轴线不重合等。因此，想要减少毛刺，应尽量保证凸凹模的加工精度和装配精度，设置合理的冲裁间隙。另外，压力机的刚性要好，道轨的精度、垫板与滑块的平行度等要求要高。

图3-6　冲压件的暗伤

图3-7　冲压件的毛刺

（5）变形

变形也是冲压件非常常见的一种缺陷，如图3-8所示。一般来说，变形缺陷的预防措施主要有：

1）在生产过程中，时刻注意冲压件在模具上是否摆放到位。

2）冲压件生产后，在放进工位器具时，要小心轻放，防止因野蛮操作导致冲压件变形。

3）机器人速度过快，会使冲压件和模具发生撞击，产生变形缺陷；机器人吸盘调试不好，也会产生变形。因此，要加强对机器人的管理，合理设置各项参数。

（6）麻点

麻点是非常小的凸点，如图3-9所示。若车身上的麻点较多，会严重影响车身质量，一般对于车身外板件来说，除了顶盖最多允许有 3 个麻点，其他件最多只允许有 2 个麻点。

产生麻点的原因通常有：

1）材料原因。如板材脏、镀锌板锌粉脱落等。

2）模具原因。如模具型腔表面脏、落料毛刺导致、模具镀铬脱落、模具表面拉毛等。

3）设备原因。如机器人吸盘脏、压力机工作台面不干净等。

4）厂房环境。如生产环境中细砂和灰尘、修模打磨后的粉尘等。

图 3-8　冲压件的变形

图 3-9　冲压件的麻点

3.2.2　冲压件的质量检验方法

冲压生产质量控制的要点主要是控制制件精度、制件缺陷和外覆盖件表面品质。因此，冲压件的质量检验主要包括尺寸精度检验和表面质量检验。

1. 冲压件的尺寸精度检验

冲压件的尺寸精度检验，通常要在专用检具或三坐标仪上进行全面定量检测，其中专用检具检验是生产过程中最常见的一种检验方法。

（1）检具概述

检具是汽车制造过程中冲压件和焊接件等在线检测检验夹具的简称，用于控制产品各种尺寸（例如孔径、空间尺寸等），是一种按需求方特定要求专门制造的检测工具，通常用于汽车车身尺寸精度的检验，如图 3-10 所示。

检具的作用主要为：

1）能体现零件的所有尺寸参数，对零件进行定性检测。

2）对于零件上某些极其重要的功能尺寸，能利用检具进行数值检测。

3）兼具测量支架的功能。

图 3-10 某车型 B 柱检具

（2）检具的操作方法

检具检测的操作步骤如下：

1）准备工作。检查检具各部分是否齐全，有无损坏；检查测量工具（游标卡尺、间隙尺、段差尺、钢直尺、塞尺等）是否准备齐全。

2）打开检具上所有的夹紧器，有些检具还要打开样板刀、镶块等可转动部件。将擦拭干净的检测件放入检具本体，使其与基面紧密贴合。

3）将定位销依次插入相应的定位销套中。

4）按顺序合上夹紧器，有些检具还要合上样板刀、镶块等可转动部件。

5）目视检查检测件外观质量，观察检测件上是否有划伤、褶皱、压坑、拉薄甚至裂纹等质量问题。

6）用形尺、钢板尺、游标卡尺等工具检查型面间隙与轮廓边线；用检测销、游标卡尺等工具检查各孔的孔径、孔位。

7）根据检测结果，将检测数据依次记录在《冲压件检验单》上。尺寸检验结束后，质检员可以分析检测记录数据，判定产品尺寸质量是否达标。

2. 冲压件的表面质量检验

对于冲压件表面质量的检验，可以采用目视检查、手感检查、油石检查等外观检测方法进行判别。

（1）目视检查

目视检查就是通过人的双眼直接发现坑的位置及类型，这种检查方法容易、快捷，需要有丰富的实际生产经验，如图 3-11 所示。

通常的做法是利用充足的光线，采取一定的角度，对冲压件各个部位进行仔细观察。由于冲压件未喷漆之前感光度比较差，所以用目视检查难度比较大，冲压件喷漆后在光的折射作用下，很容易发现坑、包。因此，目视检查比较适合漆面冲压件检查，只有明显的冲压件的坑、包才适合用这种检查方法。

图 3-11　目视检查

（2）手感检查

手感检查是利用手掌的灵敏度触摸冲压件表面可以发现坑、包。手感检查方法比较难于掌握，需要长期的工作经验和不断的刻苦练习，如图 3-12 所示。

手感检查的具体方法是手掌放平，四指并拢，将手放在需要检查的部位。手掌要和冲压件表面贴合，用适当的力在贴合面上往返运行。摸到凹凸处时会有异样的感觉。

图 3-12　手感检查

手感检查的优点是适合冲压件各个部位，不受工作环境、光线的太多限制，能够检查出一些比较小的坑、包缺陷；缺点是无法确定坑、包的位置及其大小，通常需要在修复前用其他辅助工具确定缺陷的位置和大小。

（3）油石检查

相比于目视检查和手感检查，油石检查可以准确检查出冲压件上的坑、包缺陷的位置及大小，以及检查修复过程中缺陷变化的情况，如图 3-13 所示。油石的规格很多，检查冲压件常用的油石是一种长 20cm、宽 1.5cm 的长方体条。油石掉到地面或碰到其他硬物时会发生断裂。因此在使用时，要把油石安装上护套，护套能够很好地保护油石。

油石检查的具体方法如下：

1）使用时，首先要清除油石及冲压件表面的油污和杂质。

2）油石在运行过程中应与表面件紧密贴合，运行力度要均匀适中，不要用力过大，作用力要均匀分布在油石作用面上，不可倾斜一侧。

3）在油石检查过程中，发现异响时要马上停止工作，用纱布清除其表面杂质或铁屑后，重新使用。

4）检查弧面时，要把油石倾斜一定角度，角度的大小与弧面的弧度有关，弧度越大，倾斜的角度越大。

5）油石在板材的表面上每次运行的痕迹宽度要超过油石宽度的一半以上，调整油石与运行方向的角度，可以增加运行面积的宽度。

6）检查完成后，油石磨痕在车身表面形成突出的亮点即为凸起包，油石磨痕在车身表面断续的部分即为凹陷坑，如图 3-13 所示。

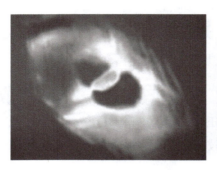 

图 3-13　油石磨痕

以上 3 种检查方法是冲压件表面质量检验的主要方法，检查时，可以根据检验要求合理选择检验方法。通常，在冲压生产线的末端设置人工检验工位，对于比较明显的缺陷采用目视、手触摸等方式确认，若有目视难以发现或手摸也较难确认的情况，需经过油石打磨后才能看到缺陷。

3.2.3　冲压生产质量控制

冲压生产的质量控制，首先要考虑人、机、料、法、环、测等因素对生产过程的影响，并做好过程检验工作。

（1）加强生产前准备工作

当班操作人员应对压力机进行点检，确保设备能够正常运行；加强对坯料的牌号、规格等的检查；加强对模具的模面、工艺参数等的检查。

（2）做好首件检验和末件检验

首件检验主要是防止产品出现成批超差、返修、报废，它是预先控制产品生产过程的一种手段，是产品工序质量控制的一种重要方法，主要针对自动化程度较高的设备连续生产。通过首件检验，可以发现诸如工夹具严重磨损或安装定位错误、测量仪器精度变差、看错图纸等问题，防止批量不合格品的发生。首件检验的范围包括：首次投产生产出的第一件产品；每个工作班组生产出的第一件产品；连续生产交接班后生产的第一件产品；连续生产主要操作者变更后生产的第一件产品；调整或更换工装后生产的第一件产品；工艺参数或工艺方法改变后生产的第一件产品；原材料、毛坯、半成品改变后生产的第一件产品等。首件检验不合格，需查明原因、采取措施，排除故障后重新进行加工、进行三检，直到合格后才可以定为首件。首件检验合格后方可进入正式生产。

末件检验是对本班次生产线或生产设备的末件进行检验，确保生产结束后产品质量仍然合格，对应首件检验。

（3）重视"三检"

"三检"即自检、互检、专检。

（4）加强冲压件的入库工作

加强入库检验可以确保缺陷产品不流入后序，避免批量事故的发生。冲压件的入库摆放要按区域放置，堆垛要整齐，避免冲压件的磕碰，如图 3-14 所示。

图 3-14　冲压件的入库堆垛

思政育人

本节通过分析冲压生产质量案例，激励学生理论联系实际，引导学生主动思考冲压缺陷产生的原因，运用理论知识，结合生产实际解决问题，优化冲压生产工艺，提高汽车车身的质量，提高国产汽车的影响力，坚定"中国智造"的必胜信念；在对冲压件进行质量检验时，培养学生安全规范操作的职业素养。

单元 3.3　焊接过程质量管理与控制

任务引入

小赵是某汽车制造企业焊装车间的质量管理工程师，他对焊装车间的焊接缺陷进行了统计分析，发现车身地板分总成焊接区域的缺陷率较高，请问他应该从哪些方面查找缺陷产生的原因？该怎样降低该区域的缺陷率？

任务分析

焊接作为车身制造技术的三大工艺之一，是利用焊接方式把车身冲压件及其他零部件连接成为白车身的重要工艺，是汽车制造过程中必不可少的工艺流程之一。

焊接工艺将直接影响到汽车的安全性能及使用寿命。焊接缺陷的产生与焊接设备、焊接参数、焊接板料、焊接人员的操作技能等都有密切关系，因此在焊接生产过程中要在焊前做好准备工作，焊中做好监测和检验工作，焊后做好统计分析工作，这样才能确保焊件的品质，从而保证整车装配的匹配性和整车的安全性。

学习目标

1. 能掌握车身焊接件的常见缺陷。
2. 能描述车身焊接件质量检验方法。
3. 能够掌握焊装质量管理的要点。
4. 能够描述焊装质量控制方法。

知识学习

焊接是通过加热或者加压，或两者兼用，加或者不加填充材料，使两个分离的金属表面之间达到原子间的结合，形成永久性连接的一种工艺方法。汽车的发动机、变速器、车桥、车架、车身、车厢等总成都离不开焊接技术的应用。

汽车车身的焊装就是将冲压好的车身冲压件焊接在一起，形成车身骨架、车门、发动机舱盖、行李舱盖、侧围总成等，进而焊接形成车身结构，如图3-15所示。因此，焊接决定着车身的外形轮廓及装配精度；决定着车身的刚度及安全性；决定着车身的内部空间、承载能力及舒适性；也决定着车身自重及燃油经济性。

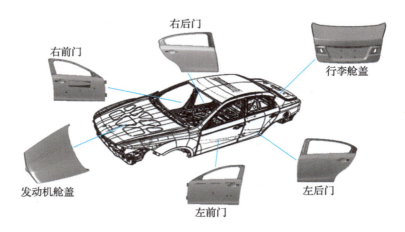

图 3-15 车身结构

3.3.1 焊件常见的焊接缺陷

焊接缺陷是在焊接过程中，焊接接头中产生的不符合设计或工艺要求的现象。

不同的焊接方法形成的焊接缺陷也有所不同。汽车车身常见的焊接方法有电弧焊和电阻焊，因此，这两种方法形成的焊接缺陷类型也不同。

1. 电弧焊的常见缺陷

电弧焊常见的焊接缺陷有咬边、焊瘤、烧穿、焊接尺寸不合要求、未熔合、未焊透、飞溅、气孔、夹渣、裂纹等。

（1）咬边

咬边是在工件上沿焊缝边缘所形成的凹陷，如图 3-16a 所示。咬边是一种危险较大的缺陷，在咬边处容易造成严重的应力集中，在重要的结构或受动载荷的结构中，不允许有咬边。出现咬边缺陷，需要对工件进行补焊处理。

（2）焊瘤

焊接时，熔化金属流淌到熔池边缘未熔化的工件上，堆积成焊瘤，与工件没有熔合，如图 3-16b 所示。焊瘤对静载强度无影响，但会引起应力集中，使动载荷强度降低，故承受载荷的焊接结构，对焊瘤大小及每米焊缝中焊瘤的长度有一定的限制。出现焊瘤缺陷，一般需要对工件进行打磨处理。

（3）烧穿

烧穿是指部分熔化金属从焊缝反面漏出，甚至烧穿成洞。这种缺陷在底层焊缝和薄板焊接时最容易发生，会使接头强度下降。必要时，需要将漏出部分铲成凹槽，然后进行补焊。

（4）焊接尺寸不合要求

焊接尺寸不合要求是指焊缝表面高低不平、焊缝宽窄不齐、尺寸过大或过小，这些都会降低接头强度，如图 3-16c 所示。如焊缝增高量过高，在截面过渡处造成应力集中；焊缝过宽，不但浪费填充材料，而且会使工件变形，应力增大；焊缝过窄，则会降低焊接强度。

（5）未熔合或未焊透

未熔合指焊缝金属和母材之间未完全熔化和结合的部分，它可以是侧壁、层间、焊缝根部未熔合。未焊透是指焊接的接头未完全焊透。这种缺陷会减弱焊缝工作截面，造成严重的应力集中，大大降低接头强度，它往往会成为焊缝开裂的根源。因此，重要结构中焊接接头不允许有未熔合、未焊透这种缺陷的存在。

（6）飞溅

在焊接过程中，有一部分熔化金属飞到熔池之外的现象称为飞溅，如图 3-16d

所示。特别是粗焊丝 CO_2 气体保护焊时,飞溅更为严重。飞溅是有害的,它不但降低焊接生产率,影响焊接质量,而且使劳动条件变差。出现飞溅,一般需要对工件进行打磨处理。

（7）气孔

气孔是熔池中的气泡在熔化金属凝固时未能及时逸出而残留在焊缝中所形成的孔穴,如图 3-16e 所示。气孔会降低焊缝的严密性和塑性,减少焊缝的有效截面,降低焊接强度。

（8）夹渣

夹渣是残留在焊缝中的熔渣,夹渣会降低焊缝的塑性和韧性,其尖角往往会造成应力集中,甚至形成裂纹。

（9）裂纹

在焊缝或近缝区,由于焊接的影响,材料的原子结合遭到破坏,形成新的界面而产生的缝隙称为焊接裂纹,如图 3-16f 所示。裂纹是一种危害最大的缺陷,会降低焊接接头的承载能力,还会引起严重的应力集中,促使裂纹扩展。出现裂纹缺陷,一般需要对工件进行补焊处理。

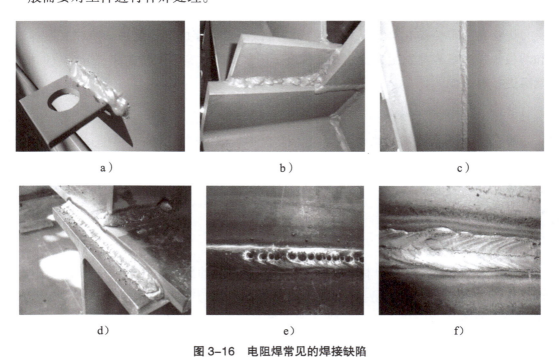

图 3-16 电阻焊常见的焊接缺陷
a）咬边 b）焊瘤 c）焊接尺寸不合要求 d）飞溅 e）气孔 f）裂纹

2. 电阻焊的常见缺陷

电阻焊常见的焊接缺陷有虚焊、漏焊、焊点裂纹、焊点穿孔、边缘焊点、多余焊点、位置偏差、焊点扭曲、压痕过深等。

（1）虚焊

虚焊是无熔核或熔核直径尺寸小于白车身焊接强度检验控制方法规定的尺寸的焊点，如图3-17a所示。一般是由于电极不对中、焊接电流小、焊接时间短或电极压力过大造成的。

（2）漏焊

焊点数目少于规定数目，则遗漏的焊点属于漏焊。

（3）焊点裂纹

若围绕焊点圆周有裂纹则不允许，如图3-17b所示；焊点表面由电极加压产生的非较大较深的焊点表面裂缝则可以接受。焊点裂纹一般是由于保持时间过短、焊接压力过高或电极使用时间长等原因造成的。

（4）焊点穿孔

焊点中含有穿透所有板材的通孔，如图3-17c所示。一般是由于保持时间短、焊接电流大、焊接压力低或板材表面附着脏物而造成的。

（5）边缘焊点

边缘焊点是电极加压形成的焊点未被金属板料边缘所包含的焊点，这类焊点会降低焊点的强度。

（6）多余焊点

超过规定焊点数目的焊点，如图3-17d所示。一般来说，除非是返修需要，否则焊点数目不能超过规定的数目。

（7）位置偏差

焊点位置偏离指定位置10 mm以上的焊点，如图3-17e所示。

（8）压痕过深

焊接完成后，焊点处板料厚度减小超过50%的焊点。一般是由于焊接电流过大、电极压力不适当或电极端部过小造成的。

（9）焊点扭曲

焊点处造成板材表面扭曲超过25°的焊点。一般是由于电极与板件不垂直或上下电极不正造成的。

此外，电阻焊的缺陷还有粘铜、发白、过烧和毛刺等，如图3-17f所示。

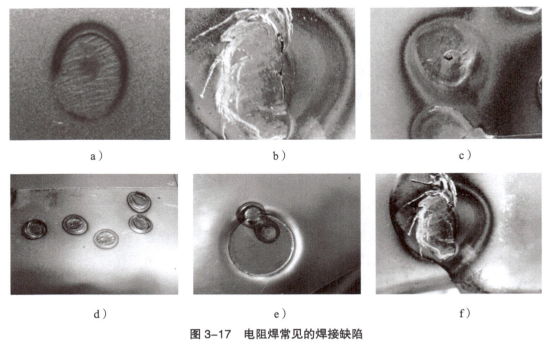

图3-17 电阻焊常见的焊接缺陷

a) 虚焊 b) 裂纹 c) 焊点穿孔 d) 多余焊点 e) 位置偏差 f) 毛刺

3.3.2 焊件的质量检验方法

焊件的质量检验方法分为破坏性试验和非破坏性试验两类。破坏性试验包括力学性能试验（如拉伸试验、弯曲试验、冲击试验等）、化学分析试验、金相试验、爆破试验等。而非破坏性试验主要包括外观检查、无损探伤、水压试验、致密性试验等。

汽车车身焊件的质量检验方法主要有焊点非破坏性检查、焊点破坏性检查、白车身检查、焊件超声波检查等。

1. 焊点非破坏性检查

焊点非破坏性检查是采取各种物理的、目视的和量具等手段，不损坏被检查焊件性能和完整性而检查其焊接缺陷的检验方法。在焊接生产过程中，约每生产20~50台抽检1次，需要说明的是地板总成的螺栓需要全数检查。

焊点非破坏性检查的操作方法如下：

1）操作者将被检查的部件放至检查岗位。

2）目视检查焊接工件是否存在异常，清点焊点个数，检查焊点位置是否均布，检查是否存在不可接受的焊点等。

3）用凿劈检查焊点是否松动。在凿劈的中心线离焊点中心线约 15 mm 处插入至与焊点下边缘平齐的位置，以检查焊点是否松动。

4）若发现异常焊点，则要记下焊点号，并按照规定对不良焊点进行处理。

5）拔出凿子，用铁锤还原零件。

2. 焊点全破坏性检查

焊点全破坏性检查是利用液压张力钳或气动凿子将白车身所有焊点全部撕开。若在一件母材上留下撕洞，在另一件母材上附有焊核，若焊核尺寸符合标准要求，则此焊点合格，否则为不合格，可借助游标卡尺或焊核大小确认专用尺对焊核尺寸进行测量。焊装车间约每生产 2000 台需要抽检 1 辆车做全破坏性试验。全破坏性试验使用的工具有风铲（铲开钢板焊点）、弹簧（风铲冲击力下降时使用）、气管（连接风铲与气源）、零件笼（收集拆解后的白车身零件）等，如图 3-18 所示。

图 3-18 全破坏性试验使用的工具
a）风铲 b）弹簧 c）焊核大小确认专用尺

白车身被拆解后，需要检查所有车身焊点是否存在虚焊、焊核过小、位置偏移、气孔、裂纹等焊接不良现象。因此，在全破坏时必须将板件与板件完全铲开，让整个焊核完全突出，以便测量和判断。

风铲的使用会直接影响全破坏的工作效率。在拆解较厚的板件时，应该把风铲修磨得锋利一些，因为较厚的板件间隙比较小，所以锋利的风铲容易达到效果；而对于拆解较薄的板件，应该把风铲修磨得钝一些，因为较薄的板件刚性没有厚板强，所以钝一点的风铲不容易铲烂薄的板件。

3. 白车身检查

白车身检查主要检查车身表面有无凸凹点、变形、飞溅等不良现象，检查五门两盖翼子板的段差间隙等。表 3-1、图 3-19 是某汽车白车身的段差间隙检查范围及位置分布图。

表 3-1　某汽车白车身的段差间隙取值范围

序号	部位	间隙 /mm	段差 /mm
1	前车门窗框与车身侧围	12 ± 0.5	
2	前车门窗框与车身侧围	12 ± 0.5	
3	后车门窗框与车身侧围	11 ± 0.5	
4	后车门窗框与车身侧围	11 ± 0.5	
5	后车门窗框与车身侧围	12.7 ± 0.5	
6	前翼子板与前窗立柱	2.0 ± 1.0	0+1.0/0（前翼子板凸）
7	前车门与前翼子板	4.0 ± 1.0	0+1.0/0（前翼子板凸）
8	前车门与前翼子板	4.0 ± 1.0	0+1.0/0（前翼子板凸）
9	前车门与前翼子板	4.0 ± 1.0	0 ± 0.5（前翼子板凸）
10	前翼子板与预装件	1.0 ± 1.0	2.0 ± 0.5（预装件凸）
11	前门与侧围下裙	5.0 ± 1.0	4.0 +1.0/−0.5（侧围凸）
12	前车门与后车门	4.0 ± 1.0	0 +1.0/0（前车门凸）
13	前车门与后车门	4.0 ± 1.0	0 +1.0/0（前车门凸）
14	前车门与后车门	4.0 ± 1.0	0 +0/−0.5（前车门凸）
15	后车门与车身侧围	4.0 ± 1.0	0 +1.0/0（后门凸）
16	后车门与车身侧围	4.0 ± 1.0	0 +1.0/0（后门凸）
17	后车门与车身侧围	4.0 ± 1.0	0 ± 0.5（后门凸）
18	前门与后门 H 向		1.5 ± 0.3
19	后门与侧围 H 向		1.5 ± 0.3
20	后门与侧围下裙	5.0 ± 1.0	4.0 +1.0/−0.5（侧围凸）
21	前盖与翼子板	4.0 ± 0.5	0+1.0/0(后门凸)
22	前盖与翼子板	4.0 ± 0.5	0+1.0/0(后门凸)
23	后盖与车身侧围	4.0 ± 0.5	0+1.0/0(后门凸)
24	后盖与车身侧围	4.0 ± 0.5	0+1.0/0(后门凸)
25	后盖与车身侧围	4.0 ± 1.0	0+1.0/0(后门凸)
A	前车门窗框内间隙	15.0 ± 1.0	
B	前车门窗框内间隙	15.0 ± 1.0	
C	后车门窗框内间隙	15.0 ± 1.0	
D	后车门窗框内间隙	15.0 ± 1.0	
E	前门窗框与中立柱间隙	16.3 ± 1.0	
F	后门窗框与中立柱间隙	16.3 ± 1.0	

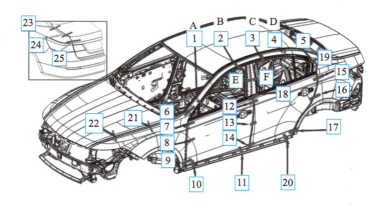

图 3-19　某汽车白车身段差间隙的检查位置分布

4. 焊件超声波检测

焊件超声波检测是一种新兴的检测方法，超声波技术对焊件的无损检查效率较高，而且几乎能够识别各种有缺陷的焊点，因此超声波检测应用越来越多，如图 3-20 所示。超声波检测的优点是可以识别各种类型缺陷的焊点或焊缝，缺点在于不能在线检测，需要专人检测。

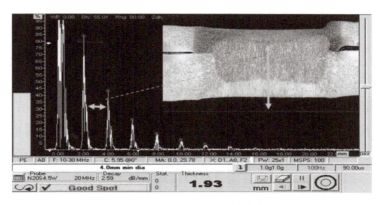

图 3-20　焊件超声波检测

3.3.3　焊接生产的质量控制

1. 焊接生产质量控制的要点

焊接生产质量控制的要点主要有焊接强度、焊接精度、车身外观质量。

（1）焊接强度

车身的焊接强度直接影响着整车的安全性，因此一定要保证车身具有足够的焊接强度。影响焊接强度的因素有焊接工艺控制、焊接设备、焊接操作、焊接板材等。

1）焊接工艺控制。

以点焊为例，其强度质量问题主要表现为焊点的虚焊、毛刺、穿孔、裂纹等焊接缺陷，而焊接电流、电极压力及通电时间是影响质量问题的重要工艺参数。除了工艺设置要合理外，在焊接生产过程中需采用专用工具对工艺参数进行循环监测，保障每天、每班次、每个焊接设备都处于受控状态，并及时进行记录。

2）焊接设备。

焊接设备的异常会影响焊接强度。比如点焊电极的磨损会使接触表面直径增大，使焊接电流密度减小，造成加热不足及焊点不牢，因此应及时打磨或更换电极。电极端面与工件接触不正会造成焊点不正、飞溅等缺陷，也会降低焊接强度。

3）焊接操作。

操作人员严格按照《焊接操作作业要领书》《岗位指导书》等操作规程进行操作与质量控制；操作人员需掌握夹具的正常使用、焊钳的垂直度和焊接时间控制、电极的打磨等技能；操作完成后要做好自检，如焊点位置、数量和焊点表面形状等的检查。

4）焊接板材。

焊接前，板材表面会因前工序留下的油污、灰尘、氧化膜等杂物使焊接电流不稳，产生开焊、假焊、焊点毛刺、焊穿、裂纹、针孔等焊接缺陷，因此，焊前应严格清理焊件表面，避免产生焊接缺陷。

（2）焊接精度

车身焊接精度关系着整车装配的匹配性、整车的安全性，所以有效的控制、提高白车身的焊接精度是整车质量的重要保证。影响车身焊接精度的因素主要包括：

1）产品设计。主要是指零部件定位系统设计、零件焊接型面设计以及焊接空间的可达性设计等因素，直接影响后期总成焊接的精度和工艺性。

2）焊接夹具。包括夹具的合理设计制造、生产调试、焊接过程中的状态监视、定期校检及维护保养等，都会影响焊接精度。

3）其他因素。如焊接工艺的制定、现场技术问题的处理、工人的操作以及零组件的尺寸保证等因素也会影响焊接的精度。

以上各因素之间不是相互独立的，只有对它们进行各环节和过程的综合控制，才能保证焊接的综合精度。车身焊接精度的监测与检验主要通过检具检测、三坐标检测、激光检测等方法进行。

（3）车身外观质量

车身外观质量的检测和控制也是焊装车间必不可少的质量控制要点之一。当白车身焊装完成后，还需进入修磨线进行检查和打磨，在灯光隧道区，借助于平行光线，经验丰富的工作人员可以迅速发现车身上的不平整以及焊接部位的问题，并进行修磨处理。同时，对于焊接部位焊缝是否牢固、是否有脱焊和漏焊以及焊缝的美观程度都需要进行检查。

2. 焊接过程质量控制

焊接过程的质量控制主要从焊接前、焊接过程中和焊接后三方面进行。

（1）焊接前质量控制

焊接前质量控制工作应从焊接设施设备确定、焊接工艺方法的确定和检验项目的确定三方面开展。

1）焊接设施设备确定。为保证焊接工作，应及时检查焊接电源、排风装置、循环水的水质、气源气体混合比例和气体流量以及焊接的主要技术参数等。

2）焊接工艺方法的确定。按照产品结构要求和焊接要求，确定焊接工艺参数，编制设备操作规范、焊接工艺规范和焊接检验规范等。

3）检验项目的确定。确认焊接检测项目及判定准则、检测手段的配备等。

（2）焊接过程中质量控制

焊接过程中要加强日常检验工作，包括焊工技能稳定性、焊接设备（夹具）运行情况、焊接参数的稳定性、现场检查标准与工艺规程是否正确、零件焊接的质量情况以及监督工人自检情况。针对自动化程度较高的焊接连续生产，要做好首件检验，主要检查焊接熔深、金相组织、机械强度和用户的特殊要求是否符合规定要求，当这些检验项目都符合要求后，才能进行成批生产。

（3）焊接后质量控制

焊接后质量管理工作应重视焊接质量记录的保存和分析。比如分析《原材料入库检验记录》中供应商合格批次和产品尺寸、机械性能等检验项目的稳定性，可以确定长期的合格供应商；分析《焊接件三检质量记录》，可以分析首件检验的稳定性，并确定减少质量检验频次的可能性；分析《焊接件缺陷分布状况》，可以制订有效的质量改进计划；分析《焊接设备点检记录》，可以确定设备的预防性保养计划和备件储备计划；分析《焊接工艺参数记录》，可从产品质量的稳定性来分析工艺参数的有效性。

另外，若对不良焊件进行返工，则应对不良品进行评审，进行缺陷分类并查明不良品产生原因；标明不良品返工工艺，制定纠正措施；对返工完毕的产品也应按检验规范的要求进行再次检验。需要注意的是，不良焊件的同一部位只能进行一次返工，否则将对焊缝和热影响区造成不良影响，容易产生硬化、裂纹、晶粒粗大等缺陷，严重影响焊接质量。

思政育人

本节根据汽车焊装生产质量案例，引导学生主动探索焊接缺陷产生的原因，主动思考人、机、料、法、环、测等因素对焊件质量的影响，主动寻求解决问题的方法，培养学生的自主学习、勇于探索、积极进取的专业精神。在对焊件进行检查时，培养学生安全规范操作的职业素养。

单元 3.4 涂装过程质量管理与控制

任务引入

小赵是某汽车制造企业涂装车间的质量工程师，经调查，涂装车间的直行率有所降低，精修车间进行打磨的车辆较多，车身涂装质量有所降低，请问他应该从哪些方面着手控制涂装质量？

任务分析

涂装是汽车车身制造的重要工艺之一，车身经过涂装处理，可以起到防止汽车车身腐蚀，增加应对外部环境变化的能力，从而起到延长汽车车身寿命、美化汽车外观等作用。

学习目标

1. 能掌握车身涂装的常见缺陷。
2. 能掌握车身涂装质量管理的要点。
3. 能够描述涂装生产过程的质量控制方法。

知识学习

3.4.1 涂装常见的质量缺陷

涂装是指对金属和非金属表面覆盖保护层或装饰层一种工艺方法。在汽车生产中，涂装是指对车身钣金件进行防锈处理、喷涂漆等，它包括车身漆前表面处理、底漆、中涂和面漆四个基本工序。

涂装的作用主要有两个，一是防护，它可以使车辆防锈、防蚀，如果涂装不过关，车辆就很容易腐蚀生锈；二是装饰，它可以装饰车身表面，使车辆更加美观。因此，对车身漆面的质量要求会非常严格。下面介绍8种涂装过程中常见的缺陷。

（1）流挂

流挂是涂料涂于垂直表面，在漆膜形成过程中受到重力的影响向下流动，使漆膜厚薄不均匀呈流滴或挂幕下垂的状态，如图3-21所示。一般是由于涂料的稀释剂太多、油漆喷涂得太重、涂层太湿或涂层之间闪干时间太短造成的。

若涂装中出现流挂，一般应在涂膜未干前予以修平。若涂膜已干，对于轻微的流挂可用水砂纸轻轻打磨，再用研磨膏修复平整，不得磨穿其他部位；对于严重的流挂，应用砂纸打磨，重新涂装。

（2）橘皮

橘皮是喷涂涂料时，湿膜不能充分流动，未形成平滑的干漆膜面，出现似橘皮状凹凸不平的痕迹，如图3-22所示。造成橘皮的原因主要有：①涂料黏度过大，流平性差，稀释剂选用不当；②喷涂气压过低，出漆量过大，导致雾化不良；③涂层喷得过薄或过厚；④晾干时间过短等。

图 3-21 流挂

图 3-22 橘皮

若涂装中出现橘皮现象，应待漆膜完全干固后，视橘皮的情况，用水砂纸或粗研磨剂磨去橘皮，进行补涂。如果情况严重，用水砂纸整平，并重新喷涂。

（3）起粒

起粒是涂装后漆膜整个表面或局部出现颗粒状凸起物，如图3-23所示。造成起粒的原因有：①颜料分散不良，色漆所用漆基中有不溶的聚合物软颗粒或析出不溶的金属盐；②涂装施工环境不清洁，有灰尘；③被涂物表面不洁净；④施工操作人员工作服、手套及漆前用材料掉纤维等。

若只是轻微的起粒缺陷，可待漆膜完全干固后，用极细的砂纸进行湿打磨，然后再抛光处理，使光泽重现。若出现严重的起粒缺陷，应用砂纸打磨后重新涂装。

（4）针孔

涂膜干燥后，在涂膜表面形成众多细小孔洞，严重时针孔大小似皮革的毛孔，这种现象称为针孔，如图3-24所示。造成针孔的原因有：①涂料的流动性不良，释放气泡性差；②被涂物有污物或底层上已经有针孔的表面涂覆；③溶剂挥发速度快；④涂料变质或黏度高等。

出现针孔现象，若情况较轻，可采用抛光打蜡予以补救；若情况严重时，应填补腻子，重新磨光后喷涂面漆。

图3-23 起粒

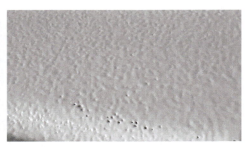
图3-24 针孔

（5）气泡

气泡是在涂装过程中，由于搅拌、泵料输送或施工中混入空气，不易消散，施工后漆膜表面呈泡状鼓起的现象，如图3-25所示。造成气泡的原因有：①喷涂时搅拌混入涂料中的气体未释放尽就涂装；②涂料中溶剂挥发快，涂料的黏度偏高；③金属底材、底涂层或被涂面含有或残留有水分或气体等。

涂膜出现气泡只能进行重新涂装，应视气泡缺陷面积大小决定是局部修补还是全部返工。

（6）裂缝

裂缝是涂装后经干燥成膜，在户外使用后，涂膜上出现部分断裂，如图3-26所示。造成裂缝的原因有：①涂层的耐候性和耐温性变差；②涂料的底面涂层配套不

图3-25 气泡

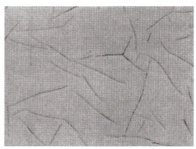
图3-26 裂缝

佳，底层漆膜和面漆涂膜的伸缩性和软硬程度差距大；③底涂层未干透就涂面漆或面漆层涂得过厚；④涂层老化等。

若漆膜只有轻微裂缝，可用砂纸彻底打磨至无裂纹迹，重新喷涂。若漆膜上有严重的裂缝，应将有裂缝的漆层彻底铲除至底材，然后重新喷涂。

（7）鱼眼

鱼眼是漆膜表面出现大量的大小从针孔到直径 1cm 的火山口状空洞或凹痕，如图 3-27 所示。通常大尺寸的凹痕单独出现，而小凹痕则以较小密度成片出现。造成鱼眼的原因有：①喷漆环境中或基底表面存在含硅的有机化合物；②底漆中含有不匹配的成分；③存在其他污染源，如油脂、肥皂结块、洗涤剂、尘土、蜡或来自喷枪的油等。

图 3-27　鱼眼

若漆膜上出现鱼眼，应用细砂纸彻底清除缺陷区域的漆层，重新喷涂。必要时，可以在油漆中添加抗鱼眼剂。

（8）光泽不良

凡有光泽的涂料在施涂后，涂膜光泽未能达到规定的质量指标或涂装后 2~3 天涂层出现光泽下降、雾状朦胧现象。多是由于颜料湿润分散不佳，或颜料产生严重絮凝，所用溶剂不当或其中含有水分、杂物等造成的。

若是漆雾回落表面上造成的光泽不良，可在漆膜干固后，以极细砂纸打磨，并抛光打蜡。若是底层被涂面污染或粗糙造成的光泽不良，则应清除漆膜，清理或整平受影响表面并重新喷涂。

3.4.2　涂装生产的质量控制

涂装生产过程中，影响涂装质量的要素众多，因此企业进行涂装生产时一定要制定周详的规章制度，对涂装过程加以规范化管理，建立良好的指标保障体系。具体来说，对汽车涂装质量造成影响的因素和控制方法主要包括以下 5 点：

（1）人的方面

操作人员自身品德对提高汽车涂装质量发挥着十分重要的作用。

1）上岗前对操作人员进行质量意识培训，使他们意识到涂装的重要意义。在生产的过程中，通过开展师傅教徒弟、车间主任授课周等培训活动，增强员工质量观，使其在工作中更加注重生产质量。

2）对操作人员定期展开专业技术培训工作，确保他们具备娴熟的操作技能，并向他们普及安全生产教育，有利于他们顺利操作并有序展开涂装工作。

3）开展质量管理小组活动、防错技术应用等解决质量问题的方法培训，使员工更好地掌握质量问题的处理方法。

4）适当创建质量考核与奖惩体制，对员工行为展开有效考核并选择相应的奖惩措施，提升涂装人员的工作责任感与专注度，为保证涂装质量提供必要的保障。

（2）料的方面

涂装的大多数工序都要接触化学品，如前处理、电泳、PVC胶、喷蜡、输调漆及后处理等工序，化学品加入量的多少能直接影响涂料的稳定性，因此，对各种化学品加入量进行监控对涂装质量的控制显得尤为重要。

1）前处理、电泳。化学品种类和加料的频次较多，如前处理的脱脂剂、表调剂、磷化添加剂、磷化促进剂、电泳树脂、电泳色浆、电泳溶剂等。为了更好地把握对原料的控制，涂装车间与材料供应商可以采用分工合作的方法，即化学品的供应商来完成所有需要控制参数的化验、加料的种类和数量；而涂装车间只承担加料的任务，这样不仅节省了涂装车间的人力，还可以有效地控制前处理及电泳的质量。

2）PVC胶。加料换料过程中，PVC输胶系统是最重要的。一般会在输胶系统中增加报警装置，在输胶泵液压杆上添加触发开关，PVC工位安装警告灯，通过警告灯的闪烁来监控胶桶中是否有足够的胶量。

3）输调漆系统。首先通过循环泵打击次数，对油漆输送、回流压力以及油漆的温度等参数进行实时监控；其次对输调漆系统进行全员生产保全保养，从而保证设备的正常运转；最后是对输调漆系统环境的温度、湿度、通风条件、洁净度进行定期检测。

4）干燥条件。涂层干燥条件亦会直接影响着涂装质量。常用的烘干方式是隧道式烘道并运用远红外烘干，但是其辐射率低下，干燥效果不佳。因此，想要充分增强干燥效果，可以把涂料分子振动波长跟红外线结合在一起，科学设计辐射距离，达到良好的干燥效果。

（3）法的方面

工艺文件是涂装操作的基础和依据，因此，要控制涂装质量，就必须要对工艺文件实施专门的管理。在涂装生产过程中，应首先确保涂装车间所有工艺文件的完整性，确保员工的操作有据可依；定期对涂装的各种重要参数用试验的方法进行确认，从而不断完善涂装工艺参数；为保证员工按照文件要求执行，应实行"三级"工艺纪律检查的方式，即公司级、厂部级及车间级的工艺纪律检查。

（4）设备方面

良好的设备运行是保证质量的前提。涂装工艺过程中的设备较多，需要对每台设备制作《设备操作维护保养作业书》，并进行定期的设备润滑、维护保养，保证设备的正常运转，从而保证涂装质量。

（5）环境方面

良好的涂装环境是取得优秀漆膜质量的前提。因此，在涂装过程中要对"涂装四度"进行严格监控。

1）洁净度。涂装车间要控制车间进出人员，进入喷漆室的人员一定要吹尘；对喷漆室、烘干炉、洁净间等重点区域利用激光粒子计数器进行洁净度测量；定期检查空气过滤系统是否正常有效；定期清理喷涂室、烘干炉等设备，确保其不掉铁屑和残渣。

2）光照度。涂装车间各工序的光照度，由工艺员制定标准，并定期测量监控。

3）温、湿度。涂装车间的温、湿度是油漆良好成膜的关键参数之一，因此也需要重点监控。一般喷涂室的送风空调都具有升温和加湿装置，设备人员要定期对设备进行点检，确保冬夏季节，温、湿度满足生产需求；及时对温、湿度进行监控和记录，工艺员要根据温、湿度的变化及时采取相应措施，例如调整温、湿度或调整油漆施工参数等。

此外，也要对涂装车间生产过程进行严密监控，比如监控电泳、中涂、面漆烘干性及附着力可以反映各层漆膜的基本性能及烘干炉的运行状况；监控电泳、中涂、面漆膜厚可以反映各主要工序的施工参数及施工方法是否满足要求；监控电泳、中涂、面漆打磨点可以反映涂装车间的环境及涂装状况是否合格。

思政育人

本节通过分析汽车涂装生产的常见质量问题，引导学生主动思考人、机、料、法、环、测等因素对涂装质量的影响；结合涂装生产的复杂性和多样性，培养学生出色的专业技术能力、团队协作能力和良好的表达沟通能力；通过对涂装环境严苛要求的原因说明，培养学生爱岗敬业、认真负责、一丝不苟的职业素养。

模块小结

本模块主要介绍了汽车车身生产的质量管理与控制，共分了四个单元进行介绍。

单元3.1介绍了生产制造过程中质量控制的主要内容。过程质量是由工序能力决定的。工序是产品形成的基本环节，工序质量是保障产品质量的基础，企业要寻求质量、成本、效率的改善，提高工序质量是关键。而工序能力通常又取决于影响过程质量的各个因素，即人、机、料、法、环、测（5M1E）六个因素。

单元3.2冲压生产的质量控制。车身冲压件常见的缺陷有起皱、开裂、暗伤、拉毛、变形、毛刺、少孔、叠料等。外板件除了具有和内板件相同的缺陷外，还有麻点、凹坑、凸包、划伤、波浪、油痕、圆角不顺等缺陷。冲压件的尺寸精度检验，通常要在专用检具或三坐标仪上进行全面定量检测，其中专用检具检验是生产过程中最常见的一种检验方法。而冲压件的表面质量检验，可采用目视检查、手感检查、油石检查等外观检测方法进行判别。冲压生产质量控制要点主要是控制制件精度、制件缺陷和外覆盖件表面品质。

单元3.3焊接生产的质量控制。焊接缺陷是在焊接过程中，焊接接头中产生的不符合设计或工艺要求的现象。汽车车身常见的焊接方法有电弧焊和电阻焊，其中电弧焊常见的焊接缺陷有咬边、焊瘤、烧穿、焊接尺寸不符要求、未熔合、未焊透、飞溅、气孔、夹渣、裂纹等。电阻焊常见的焊接缺陷有虚焊、漏焊、焊点裂纹、焊点穿孔、边缘焊点、多余焊点、位置偏差、焊点扭曲、压痕过深等。汽车车身焊件的质量检验方法主要有焊点非破坏性检查、焊点破坏性检查、白车身检查、超声波检查等。焊接生产质量控制要点主要是控制焊接强度、焊接精度、车身外观质量。

单元3.4涂装生产的质量控制。涂装过程中常见的缺陷有流挂、橘皮、起粒、鱼眼、裂纹、针孔、气泡、光泽不良等。涂装生产的质量要从操作人员、涂装原料的加注、输调漆系统、干燥条件、工艺文件及工艺纪律以及涂装四度等方面进行严格控制。

习 题

1. 影响过程质量的各个因素，即 ＿＿＿＿＿＿、＿＿＿＿＿＿、＿＿＿＿＿＿、＿＿＿＿＿＿、＿＿＿＿＿＿、＿＿＿＿＿＿六个因素。
2. ＿＿＿＿＿＿是冲压件开裂的前兆，一般出现在冲压件成形圆角附近。
3. 冲压生产质量控制要点是控制＿＿＿＿＿＿、＿＿＿＿＿＿和外覆盖件表面品质。
4. 冲压件的表面质量检验，可采用＿＿＿＿＿＿、＿＿＿＿＿＿、＿＿＿＿＿＿等外观检测方法进行判别。
5. ＿＿＿＿＿＿主要是防止产品出现成批超差、返修、报废，它是预先控制产品生产过程的一种手段，是产品工序质量控制的一种重要方法。
6. ＿＿＿＿＿＿是指部分熔化金属从焊缝反面漏出，甚至烧穿成洞。这种缺陷在底层焊缝和薄板焊接时最容易发生。
7. 焊接生产质量控制要点有＿＿＿＿＿＿、＿＿＿＿＿＿和＿＿＿＿＿＿。
8. ＿＿＿＿＿＿是漆膜表面出现大量的大小从针孔到直径 1cm 的火山口状空洞或凹痕，通常大尺寸的凹痕单独出现，而小凹痕则以较小密度成片出现。
9. ＿＿＿＿＿＿是指无熔核或熔核直径尺寸小于白车身焊接强度检验控制方法规定的尺寸的焊点。
10. ＿＿＿＿＿＿焊接检验的优点是可以识别各种类型缺陷焊点，缺点在于不能在线检测，需要专人检测。
11. 请说说冲压件表面质量检验三种方法的优缺点及适用范围？
12. 首次检验适用于哪些情况？
13. 生产过程中的"三检"是什么？
14. 焊接生产应如何保证车身的焊接强度？
15. 如何控制涂装生产质量控制？
16. 怎样避免涂装流挂缺陷的出现？

模块 4　汽车整车装配及检验质量管理与控制

汽车整车装配（总装）是汽车制造过程中最重要的环节之一，是把经检验合格的数以百计的各种零部件按着一定的技术要求组装成整车的工艺过程。汽车整车的质量最终是由总装配来保证的。如果装配不当，即使所有零部件的加工质量都合格也难以获得符合质量要求的产品。整车装配所涉及的装配零件种类众多、装配人员复杂、装配的工装设备也很多，因此，如何良好地协调和控制这些资源直接决定着整车装配质量的高低。

本模块共有 2 个单元，单元 4.1 为汽车整车装配（总装）质量管理和控制要点，单元 4.2 为整车质量检验的认知。通过完成这两个单元的学习，能够对汽车整车装配及检验过程的质量管理有较为详细的了解，为企业或组织提升产品质量提供帮助。

单元 4.1　整车装配质量管理与控制

任务引入

小林是某汽车制造厂工艺部的一名工艺员，主要负责某总装生产线的工艺制定和核验工作。为了提高生产效率和产品质量，工厂为总装车间引进了一批自动导引运输（AGV）小车，针对新型设备的投产使用，总装生产的部分工艺也应随之更改修订，请问小林在修订新工艺时，应注意哪些事项？

任务分析

汽车总装是一项复杂而又细致的工作，任何一个装配环节的疏漏都有可能导致整车的质量问题。为了能够规范装配工作，一般要通过多次科学的验证，制定出合理的工艺规程，有效规避装配质量问题的发生。只有加强工艺管理，才能科学地组织和控制各项工艺工作的完成，使工艺与生产同步化，保质保量地完成生产任务。对于工厂总装车间新设备的投产，则需要对与该设备相关的物流运输、生产计划、作业指导书等一系列工艺文件进行更新和修订。

学习目标

1. 能描述汽车总装的特点。
2. 能描述标准作业和作业标准的区别。
3. 能描述汽车总装生产质量的控制方法。

知识学习

4.1.1 总装生产质量管理

1. 总装生产概述

（1）汽车总装的特点

汽车由各种零部件及总成组装而成，汽车制造的最后一道工序是总装和调试。因此，汽车总装具有以下特点：

1）连接方式多样。汽车总装过程中的连接除了焊接方式外几乎包含了所有的其他连接，但最多的连接是螺纹连接、键连接和销连接。

2）配件的品种、数量繁多，装配关系复杂，装配位置多样。

3）生产批量大。一般来说，一家汽车制造厂的汽车年产量应在几万辆以上，而通常认为建设一个轿车厂的经济规模为年产15万辆以上，所以汽车制造厂是技术密集型、资金密集型的大批量生产企业，汽车总装配具有现代化企业大批量生产的特点，它是人与机器、技术与管理的有机结合。

（2）汽车总装的技术要求

汽车总装是整车生产的最后一环，总装质量高低直接关系着整车质量的好坏，因此，对汽车总装质量的控制显得尤为重要。

1）汽车装配应确保完整。汽车零部件类型及数量繁多，因此，总装必须按工艺规定，将所有零部件、总成装上，不得有漏装现象，不要忽视小零件，如螺钉、平垫圈、弹簧垫圈和开口销等。

2）装配的方法应统一。根据生产计划，对于基本车型，其装配方法必须按"三统一"工艺要求进行，即两车间装的同种车型统一、同车间装的同种车型统一、同一工位装的同样车型统一。

3）装配的连接应牢固。凡是螺栓、螺母、螺钉等件必须严格按规定的力矩紧固，严禁出现松动现象。

4）相互摩擦零件的装配应保证良好的润滑性。凡相对接触运动件的摩擦部位必须按工艺要求加注定量的润滑油或润滑脂，以减轻其磨损，减小摩擦阻力。

5）各种油、水、气管路的装配应确保密封性。

①冷却系统的各插头不得漏水。
②燃油系统的各管路连接和燃油滤清器等件不得有漏气、漏油现象。
③安装各种密封件时，应将零件擦拭干净，涂好机油，轻轻装入。
④安装各种空气管路时，其连接处必须均匀涂上一层密封胶，锥管插头要涂在螺纹上，管路连接胶管要涂在管箍接触面上，管路不得变形或歪斜。

2. 总装生产质量管理要点

汽车总装生产的主要任务是将汽车各组成部分的零部件组装成整车，其中，整车关键力矩控制和装配过程中的外观质量是总装过程质量管理的重点。在总装生产过程中，应重视作业过程、返修过程及调试过程的标准化工作，以保证整车装配质量。

（1）作业标准化

装配车间的主要工艺过程由操作者进行，这使得装配质量控制具有依赖"人"的特征。人不同于机器，有明显的不稳定性、情绪性以及极高的操作能量特性和精神特性，而技能水平在装配质量中占有重要的地位。那么，如何实现标准化作业，即让人像机器人一样工作，保证所有操作的一致性，是一个较难控制的问题。

标准化则是指为了在一定的范围内获得最佳秩序，对实际的或潜在的问题制定共同的和重复使用的规则的活动。它包括制定、发布及实施标准的过程。

标准化作业是在作业系统调查分析的基础上，将现行作业方法的每一操作程序和每一动作进行分解，以科学技术、规章制度和实践经验为依据，以安全、质量效益为目标，对作业过程进行改善，从而形成一种优化作业程序，逐步达到安全、准确、高效、省力的作业效果。作业标准化把复杂的管理和程序化的作业有机地融为一体，使管理有章法、工作有程序、动作有标准。作业标准化可优化现行作业方法，改变不良作业习惯，使每名员工都按照安全、省力、统一的作业方法工作。作业标准化能将安全规章制度具体化。作业标准化所产生的效益不仅仅在安全方面，标准化作业还有助于企业管理水平的提高，从而提高企业经济效益。

1）标准作业的概念。标准作业是指在节拍时间内，以有效的作业顺序，在同一条件下反复进行的操作，即以人的动作为中心、以高效的操作顺序有效地进行生产的作业方法。它由生产节拍、作业顺序、标准手持三要素组成。

2）标准作业的目的。标准作业有四大目的：技术储备、提高效率、防止再发、教育训练。标准化的作用主要是把企业内成员所积累的技术、经验，通过文件的方式加以保存，而不会因为人员的流动，使整个技术、经验跟着流失，达到个人知道多少，组织就知道多少的效果，也就是将个人的经验（财富）转化为企业的财富。

更因为有了标准化，每一项工作即使换了不同的人来操作，在工作效率和产品品质上也不会出现太大的差异。如果没有标准化，老员工离职时，他将所有曾经发生过问题的对应方法、作业技巧等宝贵经验装在脑子里带走后，新员工可能重复发生以前的问题，即便在交接时有了传授，但凭记忆很难完全记住。没有标准化，不同的师傅将带出不同的徒弟，其工作结果的一致性可想而知。

3）作业标准书的分类。作业标准是指导作业者进行标准作业的基础。作业标准是对作业者的作业要求，强调的是作业的过程和结果，作业标准是每个作业者进行作业的基本行动准则。具有代表性的作业标准书有作业指导书、作业要领书、操作要领书、换产要领书、搬运作业指导书、检查作业指导书、安全操作要领书等。在实际的生产中，须不断对作业标准书进行修改和完善，以提高操作的规范性和高效性。

4）作业标准书的作用。作业标准书是把现场所有的工作制定出一套流程，每个人按部就班地按照流程来执行，直接指示员工如何进行单元内操作，是作业员进行操作必须遵守的标准。根据作业标准书开展工作是正确作业的基础，全员遵守标准工作流程是品质保证的基础。

5）标准作业和作业标准的区别。标准作业是以人的动作为中心，强调的是人的动作。

作业标准是对作业者的作业要求，强调的是作业的过程和结果。它是根据工艺图样、安全规则、环境要求等制定的必要作业内容、使用工具类型和要达到的目标。

作业标准是每个作业者进行作业的基本行动准则，标准作业应满足作业标准的要求。

（2）返修过程的质量

同一缺陷或故障，不同的人可能有不同的返修方法，实际上总装生产中的质量缺陷有很多是由于返修作业带来的二次缺陷，那么，如何控制返修也是总装质量控制的一个较难的问题。为保证整车装配质量，缺陷产品应按照相关返修作业标准进行返修作业。车辆在返修后要重新进行检验。经重检合格的产品方可流入下工序，经重检不合格产品不允许流入下工序。

（3）调试线控制

装配完成后，调试车辆的过程也是总装质量控制的重要工作过程。实际上总装下线车辆能否可靠的交付到用户手中，其重要的控制点就是经过调试人员的调试确认整车没有功能性问题来保证的。从这个意义上讲，总装调试工作的控制也显得尤为重要，一旦出现问题可能就是大问题，所以尤其要加强对调试线的控制。

4.1.2 总装生产质量控制及应用

1. 总装生产质量控制

总装生产过程中的质量控制可以从质量意识培养、管理控制规范制定、管理实施和持续改进四方面进行。

（1）质量意识培养

由于总装生产的特点，在总装过程中，"人"的参与度较高，因此对人员的管理是总装质量控制至关重要的一个环节，其中对人员的质量意识培养是为了让"所有人"都认识到质量的重要性。

一般来说，对人员质量意识的培养可以从主动性和被动性两方面进行。从主动性入手，结合相关人员的实际工作进行质量意识的专项培训，使相关人员都认识到总装生产对整车质量的影响，对整车安全、人身安全的影响，从而提高自己的质量素养和责任心，使每个人都树立质量第一的思想，使每个人都成为检查员，能自觉地发现生产过程中各方面、各环节的质量问题，尤其是自觉地负责自己的工作质量。从被动性入手，则是通过各种质量奖惩制度与员工福利挂钩来提高员工的质量意识；表扬生产过程中质量问题的发现者、解决者；惩罚那些对质量问题不负责任，对质量问题隐瞒不报，私自处理甚至制造质量问题的人员；利用激励方式，充分激发和调动员工的工作热情和积极性。

（2）管理控制规范制定

质量管理控制规范制定是制定与质量相关的各种规章制度、管理方法、作业标准，保证每个人在工作时有章可循，有法可依。其中，规章制度包括《质量责任状制度》《文明生产规范》等。

管理方法包括《生产现场质量信息管理办法》《质量考核细则》《AUDIT 管理办法》《培训管理办法》《工艺纪律管理考核办法》《质量事故处理办法》《检验管理办法》等。

作业标准是为了说明怎样做和做到什么程度是合格的，包括：

1）工艺文件，包括工艺路线文件、生产过程工艺文件、质量特性文件、质量控制点文件等。

2）设备操作规范，包括设备操作规程、工具标定、使用、保养管理办法等。

3）检验文件，包括各种检查标准等。

（3）管理实施

管理实施过程主要为了保证所有的过程都按明文规定执行，做到有法必依。在总装各实施环节要注意以下几点的质量控制。

1）对上序（车身、配套件）的质量控制。总装前，车身的质量控制主要是在接车工位进行上序检查，重点检查车身表面，发现车身或涂装问题，及时向上序（如焊装车间或涂装车间）进行反馈，同时进行修补或更换。

总装配套件的质量控制主要通过在用工位自检、检测线、路试、终检来发现并记录配套件质量问题。对于有问题的配套件应设立红箱子专门收集返还给供应商并向上级进行质量信息反馈。对于已装配后发现的有问题的配套件，应分类处理：

① A 类为影响整车及人身安全的零件，必须进行更换返修。

② B 类为影响整车功能的零件，必须进行更换返修。

③ C 类为影响整车外观及内饰质量的零件，其中，影响整车外部表面质量的零件，必须进行更换；其他零件则需要进行返修。

2）装配过程质量控制。为了保证装配过程顺利进行，总装过程中需要确认以下内容：

①工艺有效。应与专业工艺处协调，保证生产线上工艺文件的有效性。

②工位培训。操作员工上岗前必须 100% 经过岗前培训，合格后方可上岗。

③工序自控。确保工序过程 100% 进行自检、互检并记录。

④班段长抽检。严格实行班段长每班 30 台抽检一台车。

⑤检查员专检。每一工段设立专检班组进行专检，返修工位也要进行检查。

⑥检测线检查。整车应在检测线上进行灯光、转鼓、尾气、淋雨等检查。

⑦路试检查。整车由路试员进行实际道路测试。

⑧终检检查。对整车内外饰及功能件检查、外观漆面、车型配置等的检查。

⑨总装车间的 AUDIT 审核。一般每天需进行一次。

⑩工艺纪律检查。工艺员应每天进行工位点检。

3）返修质量控制。返修率的高低、返修水平的高低是一个企业工艺水平、质量水平的重要体现。返修量越大、返修水平越低，产品的质量水平越低；反之，返修量越小、返修水平越高，产品的质量水平越高。据统计，很多的产品缺陷都是返修造成的，一些是因为返修不彻底，没有完全有效地去除缺陷，另一些是由于返修不规范造成新的问题。

对于同一种缺陷，可能有多种多样的返修方法，而不同的返修方法会带来不同的返修结果。因此，返修质量控制主要涉及 5 个方面：

①有完善的返修工艺流程及工艺文件。

②严格按照返修工艺进行返修，保证返修的一致性。

③返修工应是多技能的高技能工。

④返修后要进行相应的检查。

⑤各工段间,特别在最终装配线及总检线建立质量缺陷反馈流程,及时反馈上序工段质量缺陷,使返修项逐渐减少。

(4) 下序(销售)及AUDIT质量反馈的处理

对于下序(销售)及AUDIT反馈的质量问题,应采取质量改进活动,分析并确认质量问题的原因及质量事故责任人;对该责任人进行培训及考核,合格后方可返岗工作;另外,还可以采用在检查卡中增加相应的检查项目来加强过程控制。

2. 总装生产质量控制应用

下面列举4个总装过程中的质量问题。

1)搭铁线的装配角度错误。相较正确位置,沿顺时针方向旋转了90°,如图4-1所示。该问题为班组长抽检时检查出的问题,应对该工序操作人员进行重新培训,对该操作人员已生产的车辆进行逐一核查确认,确保已生产车辆安装正确。

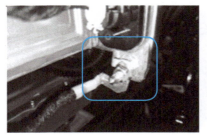 

a)   b)

图 4-1 搭铁线的装配角度错误

a)错误安装 b)正确安装

2)线束漏插。如图4-2所示,线束插接要做到"一插、二响、三回拉",即插接线束,听到线束卡扣"咔"的响声,并用手回拉线束,防止虚插。

3)线束针脚插歪。由于操作人员的暴力操作导致线束针脚歪斜,如图4-3所示。该质量问题是在整车电器调试时,发现线路不通而排查出来的,在问题排查过程中浪费了大量的

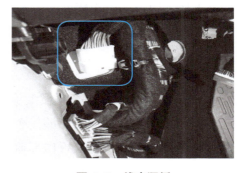

图 4-2 线束漏插

人工和时间成本,应对本问题的责任人进行质量培训及教育,杜绝此类现象的发生。

4)左右对称件备料错误。安装左前轮速传感器2号支架时,发现总装备料员错误地将右前轮速传感器2号支架发至安装工位,如图4-4所示。在总装过程中,左

右对称件、合件、相似件都是容易出现的安装错误点，应对相关人员进行质量培训，合格后方可上岗。

图 4-3　线束针脚插歪

图 4-4　左右对称件备料错误

思政育人

本节通过分析汽车总装生产的质量案例，结合总装生产的特点，引导学生养成按工艺要求操作的习惯，同时具备防护意识，遵守劳动纪律；结合汽车制造业数字化、智能化的发展前景，引导学生主动思考人与机器的和谐共处，培养学生自主学习、勇于探索、敢于担当的职业素养。

单元 4.2　整车质量检验管理

任务引入

小刘是某汽车制造厂调试车间的技术人员，某次他受邀参加了某车型的 AUDIT 评审工作，因第一次当评审员，他对 AUDIT 评审工作的内容和流程不太熟悉，请问想要做好评审员，他应该了解哪些 AUDIT 知识？

任务分析

AUDIT 评审是一种新型质量检验方法，它站在消费者的立场上，促使企业主动地去满足顾客需求，从而能够使企业在激烈的质量竞争中稳操胜券。它是企业模拟用户对自己的产品质量进行内部监督的自觉行为，适用于所有批量生产、质量稳定的产品。因此，对企业来说，做好 AUDIT 评审工作，可以及时、直观地反映产品或服务的缺陷，全面、客观地掌握产品质量状况，从而促进产品质量的改进。作为 AUDIT 评审员，要了解 AUDIT 的缺陷分值计算、质量等级评估及后期的讲评与监测等内容。

学习目标

1. 能描述整车下线检验的主要项目。
2. 能描述整车 AUDIT 评审的特点。
3. 能区分 AUDIT 评审和质量检验的异同。
4. 能够掌握 AUDIT 评审质量等级的评定方法。

知识学习

4.2.1 整车质量检验

整车质量检验是为了确保交付到客户手中的整车质量符合要求。整车质量检验即对所有整车外观、静态功能以及动态功能实行 100% 的全方位检验。外观及静态检验是在多方位、高亮度灯光照明下进行检查，不放过任何瑕疵，确保整车交付质量。动态功能检验是每辆车出厂前在跑道上模拟各种路面进行动态测试，跑道长 1.6km，包括坑洼路、石块路、井盖路、过水路面等十余种复杂路况，通过检验确保整车交付良好的驾乘体验。

1. 整车下线质量检验流程

整车装配完成下线之后，需要通过四轮定位、前照灯调节、电器检查和尾气排放等一系列检验项目，检验合格之后打印合格证，确认为合格车辆。整车下线检验流程如图 4-5 所示。

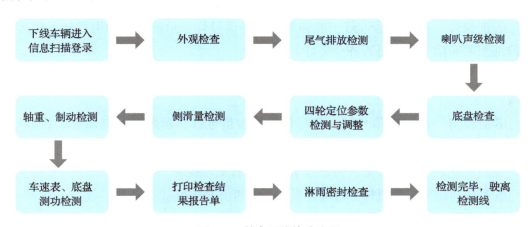

图 4-5 整车下线检验流程

2. 整车质量检验主要项目

整车质量检验主要是对车辆的外观、静态功能以及动态功能的检查。

（1）外观检查

整车外观检查前，应先将送检机动车停放在指定位置，发动机停转，然后对车身进行目视检查，其检查内容主要包括：

1）保险杠、后视镜等部件是否完好。

2）风窗玻璃是否完好及是否张贴有镜面反光遮阳膜。

3）车体是否周正，车体外缘左右对称部位高度差是否符合规定，车身外部可能触及行人、骑车人等交通参与者的任何部件、构件是否有任何可能使人致伤的尖锐凸起物（如尖角、锐边等）。

4）车身及其漆面是否有明显的锈蚀、破损现象。

5）车身外部的图形和文字标志的数目、式样、内容、位置是否正确，是否符合规定。

6）车身是否按照规定标注了其使用的燃料类型。

7）座椅是否有皱折、褪色，外表面有无损坏、划伤，鞍扣是否扣合轻松、锁住可靠。

（2）静态功能检验

整车静态功能检验内容主要包括照明和电器信号装置检验、发动机舱检验、驾驶舱检验、发动机运转状态检验、底盘件检验和车轮检验。

1）照明和电器信号装置检验。照明和电器信号装置检验内容主要包括以下各项：

①前位灯、前转向信号灯、前部危险警告信号灯、示廓灯和牵引杆挂车标志灯等前部照明和信号装置是否齐全完好。

②前照灯的远、近光光束变换功能是否完好，近光光形是否有明显的明暗截止线。

③后位灯、后转向信号灯、后部危险警告信号灯、示廓灯、制动灯、后雾灯、后牌照灯、倒车灯、后反射器是否齐全完好。

④制动灯的发光强度是否明显大于后位灯的发光强度。

⑤侧转向信号灯、侧标志灯和侧反射器是否齐全完好。

⑥对称设置、功能相同的灯具的光色和亮度是否有明显差异。

⑦消防车、救护车、工程救险车和警车使用的标志灯具是否完好有效。

⑧喇叭是否具有连续发声功能，工作是否可靠，必要时应用声级计测量其声级是否符合规定。

2）发动机舱检验。打开发动机舱盖（或翻转驾驶舱），目视检查以下各项内容：

①发动机各系统机件是否齐全有效。

②检查蓄电池桩头与导线连接是否牢固。

③检查目视可见的电器线束捆扎、固定、绝缘保护等是否完好，各种管路是否完好、固定连接是否可靠。

④对于使用液压制动的汽车，目视检查储液器的液面高度及有无泄漏。

⑤检查车架号是否正确、清晰、深浅均匀，有无重影或损坏现象。

3）驾驶舱检验。驾驶舱检验时，要先记录里程表读数，然后目视检查以下各项内容：

①车门锁及门铰链是否完好。

②座椅固定是否可靠，座椅前后位置调节装置能否正常工作，安全带是否齐全有效。

③前风窗玻璃的可见光透射比（必要时用透光率计检查）是否不小于70%。

④刮水器、洗涤器能否正常工作。

⑤汽车行驶记录仪的固定、连接是否安全、可靠，能否正常显示。

⑥若为折翻式驾驶舱，其固定是否可靠。

4）底盘件检验。对底盘件的检验应目视检查以下各项内容：

①燃料箱是否固定可靠，燃料箱盖是否完好。

②挡泥板、牵引钩是否完好。

③蓄电池、蓄电池架的固定是否牢固可靠。

④前后桥总成、悬架系统等关键部件是否符合规定，是否安装牢固、可靠。

⑤制动系统是否安装可靠、牢固，制动管路有无泄漏。

5）车轮检验。车轮的检验应目视检查以下各项内容：

①车轮的定位参数是否符合要求。

②同轴两侧是否装用同一型号、规格的轮胎。

③轮胎的型号、速度级别及胎冠花纹深度、轮胎气压是否符合规定。

④轮胎的胎面、胎壁有无破裂、割伤及其他影响使用的缺损、异常磨损和变形。

⑤轮胎螺栓、半轴螺栓是否齐全、紧固。

6）发动机运转状况检验。发动机运转状况检验主要检查发动机能否正常起动。

①起动发动机，检查怠速运转、电源充电状况、各仪表及指示器工作是否正常。

②检查发动机急加速过程中及在较高转速时，急松加速踏板能否回至怠速状态。

③检查发动机有无漏水、漏油、漏气现象及水温、油压指示是否正常。

④检查点火开关关闭后发动机能否迅速熄火。

⑤尾气排放检测是符合要求。

7）淋雨试验。

①车辆处于 ON 档状态，但不起动发动机。

②打开前照灯近光灯。

③鼓风机或风扇开到最低档，出风口打开。

④检查刮水器功能。

⑤淋雨后不允许车身内有滴漏。

⑥淋雨后不允许前后组合前照灯进水，有水雾。

⑦淋雨试验须在动态路试之前进行。

（3）动态功能检验

整车的动态功能检验主要检验整车的转向系统、传动系统、制动系统的运行情况。

1）转向系统检验。

①转向盘转动、复位是否灵活无卡滞，最大自由转动量是否符合要求。

②行驶时转向是否沉重，必要时应用转向盘转向力—转向角检测仪检测。

2）传动系统检验。

①传动系统运行是否平稳，有无异响、打滑、抖动、沉重等现象。

②变速器倒档能否锁止，换档是否正常，有无异响。

③传动轴有无异响、抖动。

④驱动桥的主减速器和差速器有无异响。

3）制动系统检验。

①双手轻扶转向盘，急踩制动踏板后迅速放松，初步掌握车辆制动协调时间、释放时间和有无跑偏现象。

②制动无异响，平稳、可靠无干涉卡住、抱死；无骤然制动现象。

③测试的同时注意观察车辆配备的各种仪表和指示器是否有异常情形。

4）路试检验。

①车辆在出厂路试前必须先进行工厂内的试车跑道测试。

②路试线路应该是多样性且包含不同路况的。

③路试前后都要进行底盘检查。

④检查制动液、洗涤剂、制冷剂等工作液的渗漏情况。

⑤检查车辆行驶时的异响情况。

⑥每一个问题都必须详细地备注说明，以便进一步调查与行动。

以上内容就是整车质量检验的主要内容，其中任何一项检验点出现问题，都需要对车辆进行返修处理。

4.2.2 整车 AUDIT 质量评审

1. 整车 AUDIT 质量评审概述

AUDIT 质量评审方法是德国大众汽车公司于 20 世纪 70 年代根据汽车市场由卖方转为买方，为更好地生产出用户满意的而不是工厂满意、走向市场而不是走向库房的汽车而提出的一套质量监督检验方法。"AUDIT"来源于拉丁文，意为"复查、审核"。在汽车行业，AUDIT 被看成是国际上通用的汽车整车质量评审的一种方法，世界上许多国家的汽车公司和厂家都用 AUDIT 质量评审来对整车质量进行评审鉴定，我国的一汽、二汽、上汽和长安汽车等汽车制造企业全部采用 AUDIT 质量评审方法。我国于 1997 年发布了 QC/T 900—1997《汽车整车产品质量检验评定方法》，在全国汽车行业推广使用。

（1）整车 AUDIT 定义

整车 AUDIT 评审是由经过专业训练的评审员独立地站在用户使用产品的立场上，按照整车质量评价的统一标准，以专业、全面的眼光，对已确认合格的整车进行随机抽样检查、评价的活动。所谓"独立"是指评审员既不是对产品质量负有责任的人，也不是被审核领域有连带责任的人。

（2）整车 AUDIT 的特点

AUDIT 评审是站在用户角度，预测用户在接触到待购买车辆时的感受及接受程度，即决定是否购买。在被审核车辆满足生产单位所有预期技术条件和内部质量要求的前提下，通过 AUDIT 评审，致力于在"精致、美观、和谐、舒适、愉悦"等方面能够提供满足用户要求、激发用户购买欲望、提升品牌吸引力的整车产品。AUDIT 评审的结果能为组织的最高管理者提供决策服务，同时也是对生产单位制造质量水平和能力的客观体现。

但 AUDIT 评审也存在一定的局限性：

1）无法完全掌握潜在用户所有的或者是目前最新的购买想法以及对问题的抱怨程度。

2）只能是对静态和动态实施模拟用户使用情况的评价，不能对整车可靠性提供判定。

3）不能直接判断问题原因，需要其他专业知识进一步分析。

4）抽样方式可能误判或漏判。

5）产品审核员在工作中容易受到个人技能、心态、身体状况、生活环境和工作环境等因素的干扰和影响。

（3）AUDIT 评审和质量检验的区别

AUDIT 与质量检验同样都是对产品质量进行检查，但两者有着明显的不同。

1）立场不同。AUDIT 是站在顾客的立场上检查和评审产品质量的，质量检验主要是站在生产者的立场上给质量把关。

2）时间不同。质量检验在前，AUDIT 在后，只有经过质量检验合格，并出具合格证的产品，才能进行 AUDIT 检查。

3）标准不同。质量检验依据的是各种技术标准，AUDIT 依据的是顾客的各种要求，它的目的是使顾客满意。

4）数量不同。质量检验可以有全检和抽检，AUDIT 只进行抽检，且抽检的准则与常规抽检不同。

5）结论不同。质量检验判定被检产品是否合格，对合格的产品出具合格证，对不合格的产品出具不合格证。AUDIT 检查则不出具合格证，它只给出顾客的满意度。

6）作用不同。质量检验主要是把关，AUDIT 主要是找出产品的缺陷，使产品质量不断得到提高。

2. 整车 AUDIT 评审标准内容

（1）常见名词

1）质量等级。质量等级能够体现整车质量优劣，从"1.0"级到"10.0"级，其中"1.0"级最好，"10.0"级最差，它是通过在整车审核中得到的总抱怨分值，对应《乘用车整车产品审核抱怨等级对照表》而获得的，具体见表 4-1。

表 4-1 乘用车整车产品审核抱怨等级对照表

等级	缺陷分值	等级	缺陷分值	等级	缺陷分值	等级	缺陷分值	等级	缺陷分值
1.0	400	2.1	840	3.2	1400	4.3	2280	5.4	3880
1.1	440	2.2	880	3.3	1480	4.4	2360	5.5	4040
1.2	480	2.3	920	3.4	1560	4.5	2440	5.6	4200
1.3	520	2.4	960	3.5	1640	4.6	2600	5.7	4360
1.4	560	2.5	1000	3.6	1720	4.7	2760	5.8	4520
1.5	600	2.6	1040	3.7	1800	4.8	2920	5.9	4680
1.6	640	2.7	1080	3.8	1880	4.9	3080	6.0	5000
1.7	680	2.8	1120	3.9	1960	5.0	3240	6.1	5320
1.8	720	2.9	1160	4.0	2040	5.1	3400	6.2	5640
1.9	760	3.0	1240	4.1	2120	5.2	3560	6.3	5960
2.0	800	3.1	1320	4.2	2200	5.3	3720	6.4	6280

（续）

等级	缺陷分值	等级	缺陷分值	等级	缺陷分值	等级	缺陷分值	等级	缺陷分值
6.5	6600	7.3	9160	8.1	11720	8.9	14280	9.7	16840
6.6	6920	7.4	9480	8.2	12040	9.0	14600	9.8	17160
6.7	7240	7.5	9800	8.3	12360	9.1	14920	9.9	17480
6.8	7560	7.6	10120	8.4	12680	9.2	15240	10.0	17800
6.9	7880	7.7	10440	8.5	13000	9.3	15560		
7.0	8200	7.8	10760	8.6	13320	9.4	15880		
7.1	8520	7.9	11080	8.7	13640	9.5	16200		
7.2	8840	8.0	11400	8.8	13960	9.6	16520		

2）缺陷分级。缺陷是指在整车产品审核过程中对照审核标准，易引起或可能引起用户投诉的事项。考虑到产品缺陷对整车使用和对客户满意的影响程度，一般将客户抱怨程度划分为 A1、A、B1、B、C1、C 六个级别，具体见表 4-2。

表 4-2　乘用车整车产品审核缺陷分级原则参考表

缺陷类型	A1	A	B1	B	C1	C
缺陷名称	致命缺陷	严重缺陷	一般缺陷	轻缺陷	微缺陷	微缺陷
缺陷评价	影响产品的寿命、可靠性和主要功能，并使之明显降低，缺陷直接形成安全隐患或外观质量不能被用户接受	会影响产品的寿命、可靠性和一般功能发挥的障碍，可能造成安全隐患或外观质量很难被用户接受	轻微地影响产品的功能、寿命和可靠性，缺陷不可能导致事故或外观质量会引起用户的不满意	轻微地影响产品的功能和寿命，但不会明显地表现出来，外观缺陷会被用户发现	用户会抱怨的外观质量缺陷	用户不会介意的外观质量缺陷
对于用户的影响	整车不能使用	整车必须进服务站修理	用户计划下次去服务站将此缺陷消除		用户对质量水平有一定看法	

3）车辆分区。一般以用户的观点（站在驾驶人的角度）根据缺陷的可见性将车辆划分为不同区域。其中，A 区是驾驶人可以感知的主要区域（如驾驶人部位的车辆上方外侧、内部驾驶人侧、仪表板、仪表台等），B 区是驾驶人部位的车辆下方外侧等区域，C 区是车身地板与侧围连接等区域。同样的缺陷处在不同的车辆分区内，其缺陷等级判定也有所差异。比如"平度间隙不均，大于 3 倍的公差"这样的缺陷若处于车辆 A 区，则缺陷等级被判定为 B1 级，若该缺陷处于 B 区，则缺陷等级被判定为 B 级，若该缺陷处于 C 区，则缺陷等级被判定为 C1 级。

（2）抽样原则

整车 AUDIT 评审的抽样对象为生产线末端或成品库中经过生产线检测合格的车

辆，抽样方式为随机抽样，每次抽 1~5 台车辆。随机抽取车辆时，若是批量生产产品抽样基数不少于 20 台，若是试生产或突击抽样时，抽样基数不限。

（3）审核项目

整车产品 AUDIT 审核的作业顺序分为静态审核Ⅰ、动态审核、静态审核Ⅱ、淋雨密封性审核。

静态审核Ⅰ项目主要审核底盘、发动机舱、车身、驾驶舱、行李舱、电器等零部件和总成的外观质量、装配调整质量、功能的完备和有效性等内容。

动态审核内容主要包括对各大总成温度及渗漏的评价；对起动性进行评价；对整车各类电器设备、仪表、警告系统的功能及有效性的评价；对各类操纵机构灵活性和有效性的评价；对制动、转向机构的有效性的评价；对整车的加速性、操纵稳定性、乘坐舒适性以及整车的异响、噪声、振动等的感官评价等内容。

静态审核Ⅱ项目主要审核车辆底盘和发动机舱的紧固件连接状态、油液管路连接状态、电器线路连接状态以及漏液、干涉、变形、伤痕等内容。

淋雨密封性审核项目是指经过 15min 强淋雨后对整车的密封性进行的评价。

（4）评价方法

整车产品 AUDIT 审核缺陷分值计算方法如下。

1）单台审核缺陷分值计算公式：

$$F = a_1 \times 140 + a \times 80 + b_1 \times 60 + b \times 40 + c_1 \times 20 + c \times 10 \quad (4-1)$$

式中　F——单台整车缺陷分值；

　　　a_1——A1 级缺陷个数；

　　　a——A 级缺陷个数；

　　　b_1——B1 级缺陷个数；

　　　b——B 级缺陷个数；

　　　c_1——C1 级缺陷个数；

　　　c——C 级缺陷个数。

2）总体审核采用平均单台缺陷分值 f 评价质量水平，计算公式为

$$f = \frac{\sum F_i}{i} \quad (4-2)$$

式中　f——平均单台缺陷分值；

　　　F_i——单台整车缺陷分值，$\sum F = F_1 + F_2 + F_3 + \cdots$；

　　　i——实施产品审核的台（件）数。

3）整车产品质量等级评定。在计算得出整车缺陷分值后，对照《乘用车整车产

品审核抱怨等级对照表》（见表 4-1）得出整车产品质量等级，需要注意的是在此基础上每发现一个 B1 类缺陷或每累计 5 个 B 类缺陷问题，产品审核等级增加 0.1 级，以此类推得出最终整车产品质量等级。

（5）讲评和监控

AUDIT 审核结束后，可以采用发布会的形式讲评审核质量情况。审核人员可以通过有效方式与责任单位进行沟通，提出整改要求，被审核单位则应将改进措施与结果反馈到审核部门。审核部门要对措施的落实情况进行监控。必要时，可加大产品审核频次，或进行有针对性的过程或体系审核。

4.2.3 不合格车辆的处理

通过整车质量检验，整车常见的问题主要分为外观缺陷（如翼子板划伤、胶条缺失、车门装配间隙不均匀等）、静态功能缺陷（如顶棚拉手无法复位、娱乐主机不工作、座椅调节功能不良等）和动态功能缺陷（如转向盘不对中、驾驶异响、整车抖动等），这些不合格车辆需要进行返修。

对不合格车辆的处理方法如下：

1）立即进行问题追溯，根据车辆生产编号前后各追溯至少 5 辆车进行此项目的检查，具体追溯数量视不合格等级而定。

2）针对不合格问题进行一次解析，若为非复合问题，则抽查员可直接判定责任部门，交车返修并提交不合格对策要求书。若为复合问题，则交由相应工程师进行解析。

3）当不合格车辆返修完成后，抽查员须再次对该车进行此项目检查确认，判定合格方关闭该车的此项抽查流程。

思政育人

本节结合汽车产品质量检验实践过程及整车检验常见质量问题，帮助学生了解想要保证产品的一致性，就必须按工艺规范进行安全文明作业，培养其尊重科学、遵守规则、敬畏生命的职业素养；同时在汽车检验操作环节中让学生实行自检、互检，培养学生细致观察、精益求精、追求卓越的工作作风。

模块小结

本模块主要介绍了汽车整车装配及检验过程的质量管理与控制，分为整车装配质量管理与控制和整车检验质量管理与控制两部分。

单元4.1介绍了整车总装过程的质量管理与控制方法。汽车总装是整车生产的最后一环，总装质量高低直接关系着整车质量的好坏。汽车总装配具有连接方式多样，配件的品种、数量繁多，装配关系复杂，装配位置多样，生产批量大等特点。总装生产过程中的质量控制可以从质量意识培养、管理控制规范制定、管理实施和持续改进四方面进行。

标准作业是指在节拍时间内，以有效的作业顺序，在同一条件下反复进行的操作，即以人的动作为中心、以高效的操作顺序有效地进行生产的作业方法。它由生产节拍、作业顺序、标准手持三要素组成。作业标准是指导作业者进行标准作业的基础。作业标准是对作业者的作业要求，强调的是作业的过程和结果，作业标准是每个作业者进行作业的基本行动准则。标准作业应满足作业标准的要求。

单元4.2介绍了整车检验质量管理与控制。整车装配完成下线之后，需要通过四轮定位、前照灯调节、电器检查和尾气排放等整车检查，通过之后再进行外观、静态功能以及动态功能检查，检查合格之后打印合格证，确认为合格车辆。

整车AUDIT评审是由经过专业训练的评审员独立地站在用户使用产品的立场上，按照整车质量评价的统一标准，以专业、全面的眼光，对已确认合格的整车进行随机抽样检查、评价的活动。通过AUDIT评审，致力于在"精致、美观、和谐、舒适、愉悦"等方面能够提供满足用户要求、激发用户购买欲望、提升品牌吸引力的整车产品。

整车常见的问题主要分为外观缺陷、静态功能缺陷和动态功能缺陷，这些不合格车辆需要进行返修。

习 题

1. 汽车总装过程中的连接，一般情况下除了焊接方式外几乎包含了所有的其他连接，但最多的连接是_____、_____和销连接。
2. _____是指为在一定的范围内获得最佳秩序，对实际的或潜在的问题制定共同的和重复使用的规则的活动。它包括制定、发布及实施标准的过程。
3. 整车质量检查即对所有整车外观、_____以及_____实行100%的全方位检查。
4. _____是站在顾客的立场上检查和评审产品质量的，_____主要是站在生产者的立场上给质量把关。
5. 汽车总装的常见的技术要求有哪些？
6. 简述标准作业和作业标准的区别。
7. 总装生产质量控制的主要措施有哪些？
8. 简述整车下线静态功能检验的主要项目。
9. 简述AUDIT评审和质量检验的区别。
10. 简述AUDIT评审缺陷等级的判定方法。

模块 5　汽车制造过程质量评估与管理

汽车生产过程是一个复杂多样的过程，它不仅包括零部件和车身的生产过程，也包括整车装配和检验等过程，甚至包括车辆的销售及售后服务过程。其中任何一个子过程出现异常，都会影响到整车产品的质量。因此，如何有效监测、评估、管理这些过程，已成为汽车生产制造的重要问题。

本模块共有 4 个单元，单元 5.1 为制造过程能力的评估，单元 5.2 为汽车制造的质量追溯，单元 5.3 为班组管理，单元 5.4 为现场 5S 管理。通过完成这 4 个单元的学习，能够对汽车生产过程的质量管理与控制有较进一步的认识和理解，为保持整车生产过程稳定性提供帮助。

单元 5.1　过程能力的评估

任务引入

小杜是某汽车零部件制造厂的一名质量管理人员，他在对某产品的长度进行统计分析时，发现该特性值分布并无异常，但是该产品存在很多不合格品，因此小杜非常困惑，找不到问题所在，大家可以帮他找到问题所在吗？

任务分析

衡量某生产过程能力的高低，可以通过分析过程的质量特性值，获得表征其离散程度的指标，如极差、标准偏差等，但是仅凭这些指标，无法全面地说明生产能力与产品技术要求之间的关系，因此还需要一个指标来反映过程能力满足产品技术要求（公差、规格等质量标准）的程度，它就是过程能力指数。过程能力指数的值越大，表明产品的离散程度相对于技术标准的公差范围越小，因而过程能力就越高；过程能力指数的值越小，表明产品的离散程度相对于公差范围越大，因而过程能力就越低。因此，可以从过程能力指数大小来判断过程能力的高低。但从经济和质量两方面的要求来看，过程能力指数也并非越大越好，而应在一个适当的范围内取值。因此，如何科学合理地评价过程能力就显得尤为重要。

学习目标

1. 能掌握过程能力的含义。
2. 能够计算并分析评价过程能力指数。
3. 能够区分过程能力指数和实际过程能力指数。
4. 能描述改善过程能力的方法。

知识学习

5.1.1 过程与过程能力

1. 过程

过程的本意为事物发展所经过的程序、阶段。在质量管理领域，GB/T 19000—2016 将过程定义为"利用输入实现预期结果的相互关联或相互作用的一组活动"。

过程的任务在于将输入转化为输出，转化的条件是资源，通常包括人、机、料、法、环及测。其具有以下 3 个特点：

1）过程的输入可以是有形的，如设备、原材料、人力资源、能源，也可以是无形的，如信息；可以是原始的，也可以是某种中间产品。

2）过程必须是一种增值的活动。增值是对过程的期望，为了获得稳定和最大化的增值，组织应当对过程进行策划，建立过程绩效测量指标和过程控制方法，并持续改进和创新。

3）过程的各种资源不是独立的，过程和过程之间也不是孤立的，而是相互联系的，一个过程的输出经常成为另一个过程的输入，如合同评审的输出是设计的输入，设计的输出是生产和采购的输入。只有对过程实施有效的管理，才能更高效地得到期望的结果。

2. 过程质量

过程质量是指过程满足明确和隐含需要的能力的特性总和。既然过程的基本功能是将输入转化为输出，那么过程质量一方面可以通过构成过程的要素（如投入的资源）和相关活动满足明确和隐含需要的程度来考虑，另一方面也可以通过过程输出（如产品和劳务等有形或无形产品）的质量好坏来间接地反映。

制造业过程质量中的过程不是指广义的过程，它所指的产品、零部件制造过程的基本环节，即工序。过程（工序）质量的高低主要反映在过程输出的合格率、废品率或返修率的高低上。

在对过程进行质量管理时要注意识别关键过程和特殊过程。其中，关键过程是指在产品质量形成中，起决定性作用的过程。这样的过程必然是与关键件、重要件有关的过程以及加工质量不稳定的过程，包括：

1）通过加工形成关键、重要特性的过程。

2）加工难度大、质量不稳定的过程。

3）外购的关键件、重要件验收过程。

特殊过程是对形成的产品是否合格不易或不能经济地进行验证的过程，是指通过检验和试验难以准确评定其质量的关键过程。

1）"通过检验和试验"既指对特殊过程加工的产品进行了通常的检验和试验，又指满足了通常的检验和试验的要求。

2）"难以准确评定其质量"是指产品通过了通常的检验和试验，但不一定就是合格品，可能有加工的内部缺陷未检验和试验出来，仅在使用后才能暴露出来。

3）"关键过程"明确给出特殊过程也是一种关键过程。

因此，特殊过程的根本特点是产品经加工后可能有未检验和试验出来的内部缺陷，故难以准确评定其质量。产生内部缺陷的起因可能是采用特种工艺（如焊接、热处理等）进行加工，可以说采用这些特种工艺进行加工决定了该加工过程是特殊过程。这才是特殊过程的实质。

3. 过程能力

过程能力在制造业中又称为工序能力，它是指工序中人、机、料、法、环、测等诸多因素均处于受控状态下，过程加工质量满足技术标准的能力，是对过程加工内在质量特性一致性的度量，是稳态下的最小波动。简单来说，过程能力是指处于统计稳定状态下过程的实际加工能力。

过程的统计稳定状态是指过程的某质量特性值服从于某个正态分布，且分布状态不随时间的变化而变化，如图5-1所示。

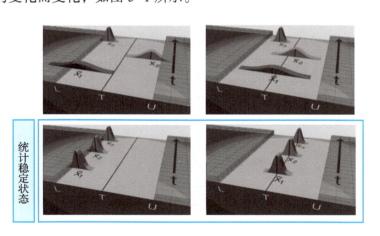

图5-1 过程的统计稳定状态

过程的实际加工能力是指过程加工质量方面的能力。过程稳定时，产品的质量特性 X 服从正态分布 $N(\mu, \sigma^2)$，其中，μ 为质量特性 X 的总体平均值，σ 为总体标准偏差，其大小表示过程的稳定程度。由于稳定过程的 99.73% 的产品质量特性值散布在区间 $[\mu-3\sigma, \mu+3\sigma]$ 内，该区间的宽度 6σ 越小，过程越稳定，过程能力就越强。因此，生产中常以 6σ 描述过程的实际加工能力，如图 5-2 所示。

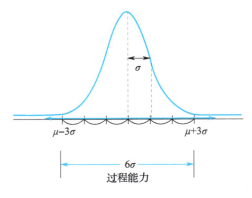

图 5-2 过程的实际加工能力

想要提高过程能力，首先应进行过程管理，使过程处于稳定状态，即进入统计稳定状态，然后再致力于减小过程的标准偏差 σ，从而提高过程能力。

5.1.2 过程能力指数

过程能力的高低不能完全决定过程产品的质量状况，通常情况下，过程不仅存在质量特性分散的情况，还存在着特性分布中心与期望值偏移的情况。

1. 过程能力指数

过程能力指数是用来度量一个过程满足顾客要求的程度。顾客的要求体现为规格界限（LSL，USL），其中点 M 称为规格中心，规格范围 T=USL−LSL，表示顾客要求的宽与严，如图 5-3 所示。

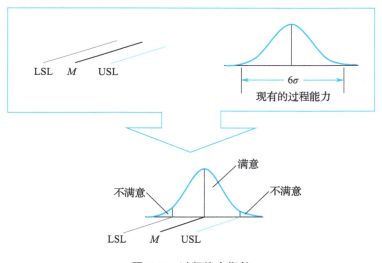

图 5-3 过程能力指数

若过程处于稳态，当规格中心 M 与过程能力中心 μ 重合时，过程能力指数为规格范围与过程能力的比值。一般用 C_p 表示。

$$C_p = \frac{顾客要求}{过程能力} = \frac{T}{6\sigma} \approx \frac{T}{6S} \tag{5-1}$$

式中，T 为规格范围；σ 为总体标准偏差；S 为总体标准偏差。

2. 双侧公差情况下的过程能力指数

对于双侧公差，过程能力指数 C_p 计算公式为

$$C_p = \frac{T}{6\sigma} = \frac{T_u - T_l}{B} \tag{5-2}$$

式中，T 为技术公差的幅度；T_u、T_l 分别为上下规格限；σ 为总体标准偏差。T 反映的是产品的技术要求，σ 反映过程加工的一致性，C_p 则反映了过程中加工质量满足产品技术要求的程度。

C_p 值越大，表明加工质量越高，同时意味着对人员操作的要求、对设备精准度等的要求也越高，从而生产成本就越大，所以，对 C_p 的选择需要综合考虑技术与成本。当 $T=6\sigma$，$C_p=1$ 时，从表面上看，似乎这既满足技术要求，又很经济，但由于过程总是波动的，分布中心一旦有偏移，不合格品率就会增加，因此，通常取 $C_p>1$。C_p 值与过程能力等级评定参考表见表 5–1。

表 5–1　过程能力等级评定参考表

C_p 值的范围	级别	过程能力的评价参考
$C_p \geq 1.67$	Ⅰ	过程能力过高（应视具体情况而定）
$1.67 > C_p \geq 1.33$	Ⅱ	过程能力充分，表示技术管理能力已很好，应继续维持
$1.33 > C_p \geq 1.0$	Ⅲ	过程能力充足，表示技术管理能力较勉强，应设法提高为Ⅱ级
$1.0 > C_p \geq 0.67$	Ⅳ	过程能力不足，表示技术管理能力已很差，应采取措施立即改善
$0.67 > C_p$	Ⅴ	过程能力严重不足，表示应采取紧急措施和全面检查，必要时可停工整顿

例如： 某零件的屈服强度界限设计要求为 480~520MPa，从 100 个样品中测得样本标准偏差 σ 为 6.2MPa，求该过程的过程能力指数。

解： 当过程处于稳定状态，其过程能力指数为：

$$C_p = \frac{T_u - T_l}{6\sigma} = \frac{520 - 480}{6 \times 6.2} = 1.075$$

因此，该过程的过程能力充足，技术管理能力较勉强，过程因素稍有变异即有

产生不良的危险，应利用各种资源及方法设法提高为Ⅱ级。

3. 单侧公差情况下的过程能力指数

若只有上限的要求而没有下限的要求，则过程能力指数计算公式为

$$C_{pu} = \frac{T_u - \mu}{3\sigma} \quad (\mu < T_u) \tag{5-3}$$

式中，C_{pu} 为上单侧过程能力指数。当 $\mu \geq T_u$ 时，$C_{pu}=0$。

若只有下限的要求而没有上限的要求，则过程能力指数计算公式为

$$C_{pl} = \frac{\mu - T_l}{3\sigma} \quad (\mu > T_u) \tag{5-4}$$

式中，C_{pl} 为下单侧过程能力指数。当 $\mu \leq T_l$ 时，$C_{pl}=0$。

4. 实际过程能力指数

当产品质量特性值分布的过程能力中心 μ 与规格中心 M 不重合（有偏移）时，不合格品率必然增大，所计算出来的过程能力指数不能反映有偏移的实际情况，需要加以修正。在实际中，μ 偏离 M 是常见的，此时用实际过程能力指数 C_{pk} 来评价过程能力，也称偏过程能力指数。

$$C_{pk} = \min[C_{pu}, C_{pl}] \tag{5-5}$$

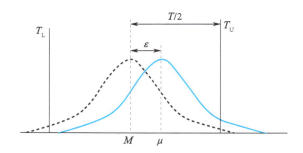

图 5-4 实际过程能力指数 μ 偏离 M

当过程能力中心 μ 与规格中心 M 的偏移 $\varepsilon = |M - \mu|$，定义 μ 相对于 M 的相对偏移 K 为

$$K = \frac{\varepsilon}{T/2} = \frac{2\varepsilon}{T} \quad (0 \leq K \leq 1) \tag{5-6}$$

则过程能力指数修正为

$$C_{pk} = (1-K)C_p = (1-K)\frac{T}{6\sigma} \tag{5-7}$$

当 $\mu=M$（过程能力中心 μ 与规格中心 M）时，$K=0$，$C_p=C_{pk}$。注意，C_p 也需在稳态下求得。

综上所述，无偏移情况下的 C_p 表示过程加工的一致性，即"质量能力"，C_p 越大，质量特性值的分布越集中，质量能力越强；有偏移情况下的 C_{pk} 不仅反映"质量能力"，还反映过程中心 μ 与规格中心 M 的偏离情况，即管理能力，C_{pk} 越大，表示偏离越小，过程中心对规格中心越"瞄准"，是过程的"质量能力"与"管理能力"二者综合的结果。由于 C_p 和 C_{pk} 二者的着重点不同，通常需要同时加以考虑。

5. 不同过程能力指数的工序处置措施

一般来说，过程能力指数越大，过程能力越强，产品的质量水平越高，但也意味着生产成本的增加，因此，从经济和质量两方面的要求来看，过程能力指数值也并非越大越好，而应在一个适当的范围内取值。

（1）$C_p \geq 1.67$

表示该工序能力过分充裕，有很大的贮备。这意味着"粗活细作"或用一般工艺方法可以加工的产品，采用了特别精密的工艺、设备或高级操作工人进行加工。这势必影响了生产效率，提高了产品成本。因此，这类工序可以采用的措施有：①合理经济地降低工序能力，如改用低精度的设备、工艺、技术和原材料，适当放宽检验或放宽管理等；②在保证产品质量和提高经济效益的前提下更改设计，加严规格要求；③合并或减少工序也是常用的方法之一。

（2）$1.67 > C_p \geq 1.33$

表示对精密加工而言，工序能力适宜；对一般加工来说工序能力仍比较充裕，有一定贮备。因此，这类工序允许小的外来波动；对于非关键工序可以适当放宽检验；工序控制的抽样间隔可适当放宽。

（3）$1.33 > C_p \geq 1.0$

表示对一般加工而言，工序能力适宜。因此，对这类工序的处理应当：①对工序进行严格控制，使生产过程处于良好的稳定、正常状态，并保证不降低工序的质量水平；②一旦发现工序有异常状态出现，立即采取相应措施，调整工艺过程，使之回到稳定、正常状态；③检查不能放宽。

（4）$1.0 > C_p \geq 0.67$

表示该工序能力不足，不合格品率较高。因此，对这类工序要通过提高设备精度、改进工艺方法、提高操作技术水平、改善原材料质量等措施提高工序能力；要加强检验，必要时实行全数检验。

（5）$0.67 > C_p$

表示该工序能力严重不足，产品质量水平很低，不合格品率很高。因此，对这类工序：①必须立即分析原因，采取措施，提高工序能力；②为了保证产品的出厂质量，应通过全数检查；③若更改设计、放宽规格要求不致影响产品质量或从经济性考虑更为合理时，也可以用更改设计的方法予以解决，但要慎重处理。

5.1.3 如何改善工序能力

工序能力能够反映生产过程稳定生产产品的能力，对工序能力的调查不仅为改善生产过程各道工序的能力提供了依据，也为工艺规程的设计和修订、设备的选用、产品检验方法以及对环境的要求等提供了可靠资料，同时也为设计工作中确定产品标准提供了重要资料，减少了产品设计的盲目性。因此，对生产过程中工序能力的把控就显得尤为重要。

1. 切实做好过程策划工作，提高工艺工作的准确性

过程策划是确保各产品质量形成过程按程序文件的规定和方法在受控状态下长期有效运行的一项重要工作。在产品质量形成过程中，应该：

1）以用户要求为基础，编制完整的产品开发计划。

2）对供应商质量能力进行审核，充分考虑人员、工装、设备、技术能力、物流、生产环境等方面的因素。

3）组织必要的工艺方案设计与评审，制订详细完整的工艺方案。

4）通过样品试制、小批试制、批量试制等验证过程有效地保证产品质量。

5）通过工艺验证、工装验证等过程控制手段持续地改进和提高产品质量。

2. 建立工序质量控制点，提高工序的质量能力

工序质量控制是过程质量控制的基本点，是现场质量控制的重要内容。在产品质量的形成过程中包括多个工序过程，分为3类：

1）一般工序：对产品形成质量起一般作用的工序。

2）关键工序：对产品形成质量，特别是可靠性质量起重要、关键作用的工序。

3）特殊工序：其结果不能通过后面的检验和试验，而只能通过使用后才能完全验证的工序。

对工序能力的管理应当建立工序质量控制点，在加强一般工序质量控制的同时，采取有效的控制方法，对关键工序和特殊工序进行重点控制，保证工序处于受控状

态。具体来说主要有：

1）确立工序质量控制点，编制关键工序控制点表，列出重要的控制参数和控制内容，并将关键工序和特殊工序标识清楚。

2）在生产现场设立标识牌，车间负责控制点的日常工作，工艺部门负责监督抽查。

3）编制工艺规程和作业指导书，对人员、工装、设备、操作方法、生产环境、过程参数等提出具体的技术要求。

4）工艺文件重要的过程参数和特性值必须经过工艺评定或工艺验证。

5）操作人员必须严格遵守工艺纪律，及时进行首检和自检，坚持做好生产原始记录，由控制点负责人检查确认。

6）检验人员严格按工艺规程和检验指导书进行检验，做好检验原始记录。

7）质量控制点负责人必须坚持进行日常检查和收集原始记录资料，运用调查表、控制图、因果图等统计技术进行统计分析与监控。

8）生产设备、检验及试验设备、工装器具、计量器具等必须处于完好状态和受控状态。

当发现工序质量控制点的控制方法不能满足工序能力要求时，控制点负责人应立即向工艺部门汇报，工艺部门应组织有关人员进行分析、改进和提高，保证工序处于受控状态，使工序能够长期稳定地生产合格产品。

3. 加强过程质量审核，提高工艺管理水平

过程质量审核是内部质量审核的重点，是为了验证影响生产过程的因素及其控制方法是否满足过程控制和工序能力的要求，及时发现存在的问题，并采取有效的纠正或预防措施进行改进和提高，确保过程质量处于稳定受控状态。

1）有计划地组织进行过程质量审核，规定审核的内容、时间、频次、人员等，每年一般不得少于2次。

2）审核现有人员的技术水平和业务能力是否符合过程质量控制的要求。

3）审查外购件、外协件、原材料的产品质量和分供方的质量能力，定期进行质量跟踪审查。

4）审查工艺规程、作业指导书的正确性、完整性和可操作性，过程控制的重要参数和特性值必须经过工艺评定或工艺验证。

5）原材料、半成品、产品的贮存、包装、搬运、标识必须符合程序文件的规定，不得有磕碰、损坏、变质的现象。

6）审查生产设备、检验及试验设备、工装器具、计量器具的完好率、专管率、

周期检验率等是否满足过程控制的质量要求。

7）重点审查工序质量控制点的工序质量能力、质量记录和统计分析结果。

8）审查各接口部门的工作质量，接口部门之间的衔接应具有连续性和稳定性。

9）运用数理统计技术、过程 FMEA、工艺 FMEA 进行过程能力分析和缺陷分析，找出过程质量控制存在的问题，采取有效的纠正或预防措施，不断地改进和提高过程质量能力。

思政育人

本节通过对过程能力分析的学习，旨在帮助学生树立科学的思维方式，学会利用统计技术和计算机技术对生产过程进行准确把控，只有对过程有准确、全面、深刻的认识，才能作出正确的判断，从而确保产品质量，潜移默化的培养学生的判断能力以及对质量问题的分析评价能力，提高其学习的主动性。

单元 5.2　质量追溯

任务引入

小钟是某汽车制造企业调试车间的一名技术人员，他负责汽车前照灯的检验与调试工作，某天他在检车时发现某车辆右侧的前照灯灯罩上有明显裂痕，该部件直接关系到汽车行车安全，必须立刻对同批次产品进行质量追溯，以确保不良车辆不流出厂外，请问他应该怎样做好质量追溯工作？

任务分析

质量追溯是在产品生产过程中，每完成一个工序或一项工作，都要记录其检验结果及存在的问题，记录操作者及检验者的姓名、时间、地点及情况分析，在产品的适当部位做出相应的质量状态标志，这些记录与带标志的产品同步流转。当需要时，可以很容易搞清责任者的姓名、时间和地点，职责分明，查处有据，不仅可以加强员工或供方的责任感，而且还可以及时发现问题，有效进行质量改进，提高客户的满意度。总之，做好质量追溯工作，可以帮助企业更加实时、高效、准确、可靠地进行生产过程和质量管理。

学习目标

1. 能描述质量追溯的意义。

2. 能掌握汽车制造质量追溯的特点。

3. 能描述汽车生产质量追溯的要点。

知识学习

5.2.1 质量追溯概述

质量追溯是汽车产品生产过程中的重要环节，自 2013 年 1 月 1 日起，由国家质检总局、国家发改委、商务部和海关总署共同制定的《缺陷汽车产品召回管理规定》（以下简称《规定》）正式实施，按照《规定》的要求，应当建立从关键零部件总成供方至整车出厂的完整的产品追溯性体系。

1）当产品质量、安全、环保、节能等方面发生重大共性问题时，应能迅速查明原因，确定召回范围，并采取必要措施。

2）当顾客需要维修备件时，应当能迅速确定所需备件的技术状态。

3）当发生缺陷，产品召回时，追溯不合格的源头并且判断受影响批次中剩余产品所处的位置，精确地确定问题或可疑产品的范围，减少召回造成的损失。

1. 质量追溯的意义

汽车产品由许多零部件组装而成，只要有一个零部件出现质量问题，或者一个工艺过程出现疏漏，就有可能导致质量缺陷，根据质量风险的传导，最终都会传导至最终消费者，因此，这些小小的质量问题都有可能成为汽车召回的导火索。售后质量问题往往是企业召回的源头，消费者索赔的问题经过分析后，被锁定为存在批量风险，就将进入是否采取市场行动和召回的评估阶段。质量追溯能够精确确定缺陷车辆的范围，以便作出正确的决策，快速地响应质量问题，提高消费者满意度，维护品牌的口碑和美誉度。因此，企业应当建立完善的车辆信息追溯系统。

如汽车制造企业无法追溯车辆关键零部件和关键制造工艺的信息，车辆相关信息保存在相互独立的不同部门的系统中，需采取纯手工方式从各独立系统反复查询记录，不但时间和流程较慢，效率低下，而且容易出错，也无法为追查质量问题原因分析提供足够的车辆信息作为判断依据，从而直接影响质量问题批量溢出时的响应速度。

通过建立车辆追溯系统，可以进一步完善车辆质量信息追溯性，为准确决策提供有效的数据保证，并缩短质量跟踪和管理的响应时间，避免信息错误加大质量溢出问题造成的重大经济损失。

车辆追溯系统最大化地利用现有信息，提前发现质量问题，及时制止问题溢出，提高工作效率，迅速找到可疑车辆，将滞留资金减少到最低，有效缩小可疑车辆范围，减少召回损失，为追查问题根本原因提供依据。

2. 质量追溯常见名词

下面介绍 4 个质量追溯过程中常见的名词解释。

（1）可追溯性

可追溯性就是追溯所考虑对象的历史、应用情况和所处的位置的能力。如：原材料和零件的来源、加工的历史、产品或服务交付后的分布和所处的位置等。它能为企业落实质量责任制提供可靠的依据，还能分析找出产品质量的潜在缺陷点，对造成缺陷点的技术不稳定因素、人为因素或管理因素加以控制和调整，不断提高产品质量。

（2）批次管理

产品从原材料投入到交付出厂的整个生产制造过程中，实行严格按批次进行的科学管理，它贯穿于产品生产制造的全过程。一般，在大规模批量化生产过程中，为了对产品品种、产品质量、产量、成本、生产周期等进行有效控制而采取的一种管理方法。

（3）追溯零部件

追溯零部件是对整车性能起关键作用或危及顾客人身、财产安全的汽车零部件。

（4）追溯性标识

追溯性标识是用文字和（或）条形码记录零部件生产厂家代码、零部件名称、零件号、生产批次号（或序号）等信息的卡片，一般通过铸造、雕刻、打印、粘贴、铆接等方法加工在零件上，如图 5-5 所示。

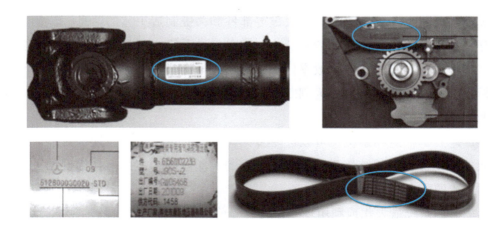

图 5-5　零部件的追溯性标识

随着科技的发展，对零部件的追溯也产生了新形态，部分零部件可以采用内置芯片追溯。零部件内置芯片追溯分为 2 个步骤，首先是在生产过程中将追溯信息写入零件，然后是后期的信息读取和存储。

1）将追溯信息写入零件阶段。利用电子模块类零件自带芯片的特点，在供应商的生产过程中直接将零件生产制造、质量控制、工艺参数等信息写入电子模块类零件自带的可读写芯片中，并按统一的编码规则进行编码，形成包含了生产线号、模具号、班次号、生产日期、序列号等信息的追溯号。

2）后期追溯信息读取和存储阶段。零件到达汽车制造企业装配完成后，在动态测试时将车辆与零件信息进行一一对应匹配，读取各个模块芯片内存储的追溯编码，解析追溯编码后就可将编码内的相关追溯信息存储到动态测试设备中，最终通过生产系统上传到追溯信息查询系统，进行信息存储和用户使用。

内置芯片追溯方式利用自带芯片，投入成本低，可以大大提高电子模块类零件的追溯数量，从而在这些零件发生质量问题需要进行追溯及市场行动时，精确锁定可疑车辆范围，从而大大降低追溯及市场行动成本，同时提升品牌形象。

5.2.2　汽车制造质量追溯的特点

汽车整车生产主要包括冲压、焊接、涂装、总装和检测等主要过程，在生产过程中由于各种原因会导致产品出现质量问题，问题的来源是偶发因素还是系统原因？是原材料因素还是装配工艺因素？确认的依据来源于产品追溯过程。因此，产品追溯处理在汽车零部件生产过程中非常重要。对于汽车整车生产来说，其质量追溯的特点包括：

（1）物流正向追溯和质量逆向追溯相结合

物流的正向追溯是按照确定的要求根据标识追溯由其组成或加工成的所有零部件直至最终产品。质量逆向追溯是指对于发生同一性质故障的汽车零件，找出产生故障的根本原因及相关的缺陷零部件，通过标识追踪其原始状态、生产过程和使用情况，追溯因该原因而加工的所有原始零部件。

（2）批次追溯为主，精确追溯为辅

对于汽车制造企业来说，如果是由于设计和制造过程的原因引起的追溯，往往以生产时间作为追溯依据，根据不同企业的管理状况，可以按生产时间划分为不同的生产批次。对那些数量多、价值小的零件按照配套厂家提供的批次信息来进行管理，而对汽车零部件产品中一些价值高、具有唯一标识的关键部件，如发动机凸轮轴、后桥壳体、转向轴等，整车厂要求零部件企业按唯一信息进行精确控制。

5.2.3 如何做好汽车制造过程的质量追溯

想要做好汽车制造过程的质量追溯工作，一般要从产品批次号的生成、各车间确定质量控制点及数据采集方法、数据采集、采集的数据与批次号的匹配和质量追溯内容 5 个方面进行。

（1）批次号的生成

批次号或顺序号等同于汽车的 VIN，是对汽车零部件产品进行追溯的核心数据，各种需要追溯的数据都要和批次号或条形码关联。顺序号主要针对汽车零部件中体积比较大的关键件、重要件，不适合采用批次管理的零部件，可以根据生产时间顺序生成一个唯一识别该零部件的代码。

同一批次是指企业将同一批投料、同一条生产线、同一班次的产品定为一个生产批次。而在整车企业制造过程中，主要是以生产的时间段及车型作为一个批次，VIN 的生成是通过系统根据主生产计划自动形成的。

（2）各车间确定质量控制点及数据采集方法

各个车间的生产工艺不同，其质量控制点也不同，因此，每个车间都应确定其质量控制的要点及数据采集的方式。

1）冲压车间质量控制点。破裂、起皱、扭曲、划伤等缺陷记录、统计与分析，包括检查类型、缺陷名称、位置、严重程度、加工设备、发生岗位等内容；抽检的冲压件尺寸、形状和位置精度；设备在各作业步骤的压力、时间等工艺参数。

2）焊装车间质量控制点。变形、烧穿、未焊透、漏焊等焊接缺陷及其他不良的记录、统计与分析，包括检查类型、缺陷名称、位置、严重程度、加工设备、发生岗位等内容；尺寸、形状和位置精度；焊接设备的工艺参数等。

3）涂装车间质量控制点。前处理的槽液温度；电泳的电压、温度、电导率；烘炉的温度、压力；喷漆的液位、漆温等的记录及相关质量参数的控制、统计与分析；变色、漆包、少漆、印痕等缺陷记录、统计与分析。

4）总装车间质量控制点。现场加注设备的数据采集；检测线设备数据的自动采集；定值拧紧机的数据自动采集；条码系统的数据自动采集；其他需要自动采集的检测设备或运行于工厂的其他相关系统的数据采集交换；条码系统的录入和缺陷数据收集等。

（3）数据采集

对于冲压、焊接和涂装车间的数据采集主要是在每条生产线设置多个质量控制检测点，对控制过程的一些关键参数主要采用抽检或全检方式，同时记录测量结果进行过程质量的统计与控制。

总装车间的数据采集主要有：

1）自动仪器和设备数据采集。主要包括拧紧机的数据采集与录入；对车桥、车轮等总成力矩自检或巡检的数据的采集与录入；检测线系统（四轮定位、灯光、侧滑等）数据采集通过系统自动采集的方式导入质量管理系统；生产线上其他带数据输出接口的检测设备的数据读取与采集。

2）关键部件数据采集。对于重要的安全和关键部件，一般需要通过条形码、二维码扫描方式将部件编码录入系统，并和车身号建立对应。比如前后桥、转向系统、发动机进气系统等装配过程与调试过程中关键质量特性的采集与录入；车桥、车架、发动机、变速器、驾驶舱等总成件、重要件、配套件、安保件的批次编码信息数据读取。

3）缺陷数据采集。外观和内饰方面通过条形码管理系统进行缺陷的采集；性能类缺陷方面通过输入选择项目和缺陷内容进行采集。

（4）采集的数据与批次（VIN）的匹配

生产开始时应先在系统中录入车型信息，并与车身 VIN 匹配，建立车身条形码；根据车身条形码在每个工位自动识别车型、装配信息，确保混流生产；建立工位缺陷编码，录入重要工位的缺陷信息，并进行缺陷统计分析；对重要件、安全件与车身条形码建立对应关系，并对相关质量信息进行录入，保证质量追溯；对每个工位的缺陷信息进行及时分析和报警，若有异常趋势和不良现象应及时通知；重要工位的缺陷信息通过条形码录入，同一台车有几个缺陷时，可以在同一个界面中重复输入不良项目，逐条显示此车的不良；记录操作修改的工位及时间，允许操作者确认警告、记录报警的历史数据；过程的异常能够记录原因和改善措施，并进行异常、改善等多种分析，例如根据时间、工位、车型等不同条件分析产品的缺陷信息，根据车身编号、责任单位、车型等条件显示车辆在生产过程中不同工位的全部质量缺陷信息；通过分析各种控制图，计算过程能力指数，生成各类质量报表，帮助质量管理人员随时了解产品的质量状况。

（5）质量追溯内容

根据车身编号或车身 VIN，可以：

1）查询该车在总装车间的关键工位生产制造信息，如时间、人员等，并了解制造流程的信息，如返修等。

2）查询该车在重要工位的质量信息，包括缺陷数据和计量数据，以及工位的过程能力等各类数据。

3）追溯该车重要件和安全件的质量信息，安装的具体细节等相关信息。

4）根据产品信息可以追溯到产品批次和关键部件批次等信息。

总之，汽车整车制造质量追溯全过程主要从整车厂全系统方面考虑质量及追溯的要求，将冲压、焊接、涂装及总装各零部件工艺参数、生产过程中质量缺陷及整改、操作工人权限及当班工人的情况、运行材料的加注等各种方面的基础数据输入到系统中，形成批次信息，并和整车 VIN 相匹配，通过系统处理，在追溯时很容易精确找到所需要的信息，为整车缺陷产品质量追溯提供扎实准确的基础数据。

思政育人

本节结合质量追溯案例，帮助学生了解产品质量问题的产生，是各个生产要素环环相扣、互相影响的结果，一定要从根本上找到问题来源，实时、高效、准确、可靠地避免质量问题的扩大。工作中应更加谨慎细致，避免质量问题的出现，从而培养学生严谨细致的工作态度和团队作战的良好品质。

单元 5.3 生产班组管理

任务引入

小秦是某汽车制造企业的一名技术能手，经公司层层选拔推荐，他晋升为某生产班组组长，他非常开心，但是同时也有些忐忑，他觉得自己对班组管理工作有些迷茫，不清楚班组长的责任有哪些？如何才能开展好班组管理工作，大家能帮他尽快了解班组管理的内容吗？

任务分析

班组是企业生产经营活动的基本单元，班组工作的好坏直接关系着企业的生产安全和产品质量。在很多企业里，班组长不算"干部"，但实际上，班组长基本具备了"干部"的管理职能。因此，班组长也被称为"兵头将尾"。对于班组管理工作要从组织与技术两方面着手，从防止未遂、异常等一点一滴做起，从而保证产品质量；同时班组管理也要重视沟通，遇到问题，可以在班组内部集思广益，整合各种意见，做好产品，增强班组凝聚力。

学习目标

1. 能掌握班组长及班组成员的职责。
2. 能描述生产班组质量管理的主要内容。

知识学习

5.3.1 生产班组概述

班组是在劳动分工的基础上，为了共同完成某项生产（工作）任务，而由一定数量的操作（工作）人员在有统一指挥、明确分工和密切配合的基础上所组成的一个工作集体。企业的生产活动主要是通过班组实现的。班组是企业组织的基本单位，是一切工作的落脚点，是企业管理的基础，是生产产品、创造效益的现场，是培养员工的基地，是持续提升企业员工能力和素养的场所，也是形成、建设、培育并体现企业文化的场所。

一般来说，一个生产班组由多名人员组成，包括一名班组长，若干个班组成员，他们都有自己的质量职责。

（1）班组长的质量职责

班组长是指在生产现场直接管理一线员工（作业层员工），对本班组工作结果负责的人。班组管理中，班组长的作用至关重要，班组长影响着决策的实施，或者说他影响着企业目标的最终实现，因此，对班组长的能力要有一定要求。

1）专业技术能力。班组长作为一线指挥官，应具有良好的生产作业技术能力，包括基础理论知识和操作技能。

2）组织管理能力。班组长要有对生产活动要素的协调能力，包括班组内部、班组与班组之间、与组织的各部门之间的协调。

3）社会能力。班组长作为承上启下的桥梁，是员工与领导的纽带，应具有良好的陈述、沟通交流能力。

4）职业素养。班组长应具有良好的职业精神、责任担当以及积极端正的工作态度。

5）执行能力。班组长应具有很强的执行能力，他的管理工作最具有现场、现物、现实的"三现"特点。

就质量管理而言，班组长的质量职责如下：

1）对本班组的员工进行质量教育，提高全员质量意识，树立"下道工序就是顾客"的思想。

2）领导本班组成员理解并实施本班组的质量目标，并分解到岗位。

3）严格执行工艺纪律检查。

4）组织自检、互检、巡检，做好过程管理，保证不合格品不流出班组。

5）落实质量活动，实施和配合对控制点的管理。

6）开展 5S 活动，创造整洁有序的工作环境。

7）针对本组生产关键，组织开展质量改进活动及合理化建议活动。

（2）班组成员的质量职责

班组中的各个成员有些是负责现场安全管理的，有些是负责现场质量检查的，有些是完成现场操作任务的。具体来说，班组成员的质量职责如下：

1）正确理解和掌握本岗位的职责及质量目标。

2）严格遵守工艺纪律，做到按照作业指导书的要求操作，按照标准进行生产，确保产品质量。

3）掌握本岗位的质量要求和检测方法。

4）做好过程监控和记录，确保记录的及时性、完整性、真实性。

5）做好制造过程中零部件的搬运、存储及防护工作。

6）积极参加培训或劳动竞赛，提高自身业务水平。

7）做好现场文明生产及5S管理活动，保证良好的工作环境。

8）配合班组长完成其他工作。

5.3.2 生产班组的质量管理

班组的质量管理是产品生产过程中最重要的一个环节，班组管理的好坏直接影响着产品的生产进度和产品质量。一般来说，班组质量管理的主要内容有：

（1）质量信息目视化

目视化管理是利用形象、直观、色彩适宜的各种视觉感知信息来组织现场生产活动，达到提高劳动生产率目标的一种管理方式。

班组的质量信息要及时展示在目视板上，以便班组人员及时了解产品的状态。目视化内容通常包括质量目标、缺陷统计分析表、重点问题分析表、解决措施表等，如图5-6所示。

图5-6 班组的目视化管理

（2）末车点检和批量首车确认制

班组工作要严格执行首检、末检、中间抽检制度，强调记录的重要性，确保检查成效。班组对所收集的首、末件检查记录进行统计，确定出重点问题进行分析，持续进行质量改进，提高产品质量。

（3）重视四检制和问题的排除

四检即自检、互检、专检和终检。在整车生产过程中，自检是班组员工对本岗位的装配内容进行 100% 质量确认；互检是班组内操作者下道工序对上道工序工作内容的质量确认，确认正确后，方能进行本工位装配；专检是对产品生产的关键项和安全项进行 100% 质量确认，从而保证整车关键项、安全项的装配质量；终检则是在作业区内，对整车下线前的质量确认。

对于四检过程中发现的问题，班组应及时填写《缺陷收集卡》，每日进行汇总、每周利用排列图进行分析，确定问题点，从而采取相应的纠正措施排除问题。

（4）变化点管理

变化点管理是质量缺陷预防的有效措施，班组通过对人员、设备、材料、工艺方法的变化进行有效的跟踪、控制、管理，可以减少由于现场相关因素的变化而产生的质量缺陷，从而提升班组质量的防控能力。表 5-2 所列为某班组变化点管理内容。

表 5-2　某班组变化点管理内容

晨会指示事项	生产计划调整、在 ××× 发动机后面增加 10 台 ××× 发动机，要产品、工艺、质量物流人员全程跟线					在线检查人
人	操作者	替换者	指示事项	结果	班组长	其他
	王××	张×	确认技能矩阵表是否熟练以上	○	沈×	出勤率：95%
	/	/				
	/	/				
材料	变化内容		指示事项		是否按指示落实	
	上线一批让步接收（漏气）的气缸盖罩		1. 按《临时工艺措施单》4192-4E137 执行 2. 工艺、质量工程师、班组长跟踪前 3 台发动机 3. OP400 员工记录发动机号码		○	
设备	变化内容		指示事项		是否按指示落实	
	下午 3:00 至 4:00 变空压机维修		1. 开始停线前每个工位必须是完工状态 2. 重新开始对气压进行确认，同时对设备是否复位进行确认		OP090-1 工序作业员在停气后未检查设备气压，结果首件前油封损坏	

（续）

方法	变化内容		指示事项	是否按指示落实	
	一台新发动机改制×××发动机		检查、工艺、质量跟踪	○	
签字确认	班组长		现场工程师		车间主任	
	工艺工程师		质量工程师		设备工程师	

（5）群众性质量管理活动

班组针对生产中出现的各类问题，定期举办质量改善活动（如QC质量改进活动等），有效提升班组成员发现问题、解决问题的意识和团队精神，提高现场的活性。

员工提案，又称合理化建议，是班组自主解决问题、改善现场质量的一种模式，通过在班组质量目视板中建立员工提案目视板，将班组成员的提案状态目视化、优秀案例目视化，提高员工提案的积极性，如图5-7所示。

图5-7　班组的合理化建议展示墙

思政育人

班组是企业的最小生产单位，也是一切工作的落脚点，本节结合学生校企合作、工学交替的经历，帮助学生树立正确的职业观，在班组工作中，全员应同心协力、团结一致、努力向上，成员间应真诚相待、互帮互助，不断提升超越自己，与班组一起成长。

单元 5.4　5S 管理

任务引入

小王在对某汽车制造厂的生产车间进行5S检查的时候，发现该车间物品摆放凌乱，地面也有油渍，小王对车间负责人进行劝告考核时，遭到了对方的质疑，认为5S工作增加了现场工人的工作量，不利于生产，请问小李应该怎样说明5S工作的重要性，提高员工的质量意识呢？

任务分析

5S 管理是现代企业管理非常重要的环节，它不仅可以帮助企业保持干净整洁的工作环境，而且可以使企业的安全、效率、品质及成本等得到较大的改善。在那些 5S 工作执行有效的企业中，清爽明朗洁净的工作环境，不仅能提高企业的形象，还会吸引优秀的人才到这样的工厂工作；不仅可以降低很多不必要的材料以及工具的浪费，也可以降低订购时间，节省工作场所；不仅员工能遵守作业标准，还可以通过目视管理的运用，防止问题的发生；不仅员工的质量意识慢慢改变，而且人与人之间、部门和部门之间均有良好的互动关系。

学习目标

1. 能掌握 5S 的含义。
2. 能描述现场开展 5S 活动的要点。

知识学习

5.4.1　5S 概述

1. 5S 的起源及发展

5S 起源于日本，是指在生产现场对人员、机器、材料、方法等生产要素进行有效管理，这是日本企业独特的一种管理办法。1955 年，日本的 5S 的宣传口号为"安全始于整理，终于整理整顿"，当时只推行了前两个 S，其目的仅为了确保作业空间和安全，后因生产和品质控制的需要而又逐步提出了 3S，也就是清扫、清洁、素养，从而使应用空间及适用范围进一步拓展。到了 1986 年，日本关于 5S 的著作逐渐问世，从而对整个现场管理模式起到了冲击作用，并由此掀起了 5S 管理的热潮。

日本企业将 5S 运动作为管理工作的基础，推行各种品质的管理手法，第二次世界大战后产品品质得以迅速地提升，奠定了经济大国的地位，而在丰田公司的倡导推行下，5S 对于企业的形象、降低成本、准时交货、安全生产、高度的标准化、创造令人心旷神怡的工作场所及现场改善等方面发挥了巨大作用，逐渐被各国的管理界所认识，随着世界经济的发展，5S 已经成工厂管理的新潮流，现在不断有人提出 6S、7S 甚至 8S，但其宗旨是一致的，只是不同的企业，有不同的强调重点。

5S 是指整理、整顿、清扫、清洁和素养。这五个日语单词用罗马字母拼写时为 Seiri、Seiton、Seiso、Seiketsu、Shitsuke，其首字母都是 S，所以简称为 5S。

2. 5S 的含义

（1）整理

整理是指明确区分需要的和不需要的物品，在生产现场保留需要的，清除不必要的物品。整理不是仅仅将物品打扫干净后整齐摆放，而是"处理"所有持怀疑态度的物品，根据现场物品处理原则，只留下需要的物品、需要的数量及需要的时间，见表 5-3。它可以有效地避免工厂变得愈加拥挤，箱子、料架、杂物等堆积成山，阻碍员工交流，浪费时间寻找零件和工具，过多的现场物品隐藏了其他生产问题，不需要的零件和设备使得正常生产发生困难，对于客户的响应慢等问题。非必需物品的处理方法如图 5-8 所示。

表 5-3 需要和不要的基准

类别		基准分类
要		1）使用的机器设备、电器装置；2）工作台、材料架、板凳；3）使用的工装、模具、夹具等；4）原材料、半成品、成品等；5）栈板、周转箱、防尘用具；6）办公用品、文具等；7）使用中的看板、海报等；8）各种清洁用具、用品等；9）文件和资料、图纸、表单、记录、档案等；10）作业指导书、作业标准书、检验用的样品等
不要	A. 地板上	1）杂物、灰尘、纸屑、油污等；2）不再使用的工装、模具、夹具等；3）不再使用的办公用品；4）破烂的垃圾桶、周转箱、纸箱等；5）呆滞物料等
	B. 工作台	1）过时的报表、资料；2）损坏的工具、样品等；3）多余的材料等；4）私人用品
	C. 墙上	1）蜘蛛网；2）老旧无用的标准书；3）老旧的海报标语
	D. 空中	1）不再使用的各种挂具；2）无用的各种管线；3）无效的标牌、指示牌等

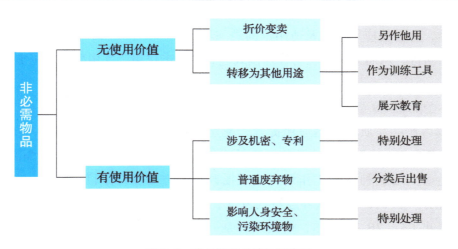

图 5-8 非必需物品的处理方法

总之，做好整理，清理"不要"的东西，可使员工不必每天反复整理、整顿、清扫不必要的东西而形成无价值的时间，造成资金成本、人力成本的浪费。5S 活动中的整理工作比较难，要克服一种舍不得丢弃而实际又用不成的观念。

（2）整顿

整顿是指对所需物品有条理地定置摆放，这些物品始终放于任何人都能放置的位置。其目的就是消除寻找物品的时间，既缩短准备的时间，又可随时保持立即可取的状态，创造一目了然的工作场所，井井有条的工作秩序。

整顿的重点在于放置物品标准化，使任何人立即能找到所需要的物品，减少"寻找"时间上的浪费，它可以避免材料移动的浪费、动作的浪费、寻找的浪费、次品的浪费、不安全的环境等。

想要做好整顿工作，要重视物品的放置场所、放置方法和标识方法。物品的放置场所可以根据物品的使用频率，选择合适的放置区域，具体可见表5-4；放置方法应使物品的放置易取、易归位、避免碰撞而且不怕放错位，重视形迹定位管理的使用，如图5-9所示；标识方法也很重要，如果标识没有统一的标准，会有一种眼乱心烦的感觉，而且标识会随着时间的变迁而氧化，字迹、颜色和粘贴的胶水等也会脱落。因此，标识的文字最好是使用打印的方式，不但易于统一字体和大小规格，而且比较标准和美观。颜色要比文字来得悦目，所以标识的颜色要使用恰当，必须要统一。标识一定要贴好，特别是一些危险、警告、不良等标识，并且要经常检查是否有脱落现象，避免因标识脱落导致严重的错误发生。

表5-4 物品放置场所参考表

使用频率		处理方法	建议场所
不用	全年一次也未用	废弃或特别处理	待处理区
少用	平均2个月～1年用1次	分类管理	集中场所（工具室/仓库）
普通	1～2个月使用1次或以上	置于车间内	各摆放区
常用	1周使用数次、1日使用数次或每小时都使用	置于工作区内随手可得	如机台旁、流水线旁、个人工具箱

图5-9 物品有条理地定置摆放

整顿的步骤主要包括：

1）撤除不用的东西，按照"整理"项所述要领推行。

2）整备放置空间，整理后腾出来的料盒、货架、桌子等，工具柜须加以重新配用，如还需增加空间时应在最低限度内添加相关设备。

3）规划放置空间，最常用的东西放在最近的地方，其放置适当高度最好在肩膀和膝盖之间，不常用的东西可另换位置。

4）放置标志，包括所在标志和品种标志。所在标志即货架、料盒和地面放置场所的区域编号，以便取用目的物时，一看即知所放位置。品种标志则是决定放在货架、料盒或地面上的物品，务必将品种的名称或号码标明清楚，以便使用后再放回原处。

5）放置物品本身也应有标志，如工夹具，将其对象物的编号写在该工夹具上，这是为确认放置的目的物，即使用者想取用时所需要的东西。

6）指示书上应明确表明放置场所、名称、图号、场所，这样可以避免重复指示，从而正确搜集所要的目的物。

整顿是放置物品标准化，不是简单的陈列，是要把有用的东西以最简便的方式放好，使任何人立即能找到所需要的东西，减少"寻找"时间上的浪费。执行整顿的意义不仅可以防止缺料、缺零件，而且可以"控制库存"，防止资金积压。

（3）清扫

清扫是指生产现场始终处于无垃圾、无灰尘的整洁状态，即去除所有的灰尘、污垢和油渍，并保持处处都是清洁的，让员工保持良好的工作情绪，产品品质稳定，达到零故障、零损耗的目标。清洁的环境还能早期发现设备的异常、松动等，以达到全员预防保养的目的。清扫工作的开展可以将清扫区域以平面图的形式，把职场的清扫范围划分至各个小组，再由各个小组划分至个人，公共区域利用轮值的方式进行，以确保整个工作场所的干净整洁，如图5-10所示，见表5-5。

表5-5　清扫责任划分

责任区域	责任人	色别
A区	班长	红色
B区	小王	黄色
C区	小陆	绿色
D区	小兰	蓝色

清扫分5个阶段来实施：将地面、墙壁和窗户打扫干净、画出表示整顿位置的

区域和界线、将可能产生污染的污染源清理干净、对设备进行清扫润滑、对电器和操作系统进行彻底检修，制定作业现场的清扫规程并实施。

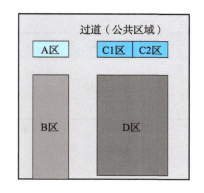

图 5-10　清扫责任划分图

1）打扫地面、墙壁和窗户。清扫地面，擦拭墙壁、窗户，清除灰尘、垃圾和油污，保持作业环境清清爽爽，让作业者每天都以愉快的心情投入工作。

2）标识区域和界线。清扫后，要处理好美观和高效的矛盾，主要是按整理、整顿阶段的规定，划分作业的场地和通道，标识物品放置位置。对空闲区域、小件物品区域、危险和贵重物品区域等也要设法用颜色予以区别。

3）杜绝污染源。最有效的清扫是杜绝污染源。发现和清除污染源须用手摸、眼看、耳听、鼻闻，要动脑筋、想办法才能做到。污染大部分是外来的，如刮大风时带来的灰尘或砂粒，搬运散装物品时出现的泄漏等。为杜绝外来污染，首先要将窗户密封，不留缝隙；在搬运切屑和废弃物时不要撒落；在运送水和油料等液体时，要准备合适的容器；在作业现场，要常检查各种管道以防止泄漏；对擦拭用的棉纱、脏的材料、工具等，要定点放置。

4）设备的清扫。设备被污染后容易出故障，并缩短使用寿命。为此，要定期清扫、检查设备和工具。现代化大生产中，设备越大、自动化程度越高，清扫和检修所花费的时间就越多。

总之，清扫工作除了能消除污秽，确保员工的健康、安全卫生外，还能早期发现设备的异常、松动等，以达到全员预防保养的目的。

（4）清洁

清洁是指经常进行整理、整顿和清扫，始终使现场保持整洁的状态，其中包括个人清洁和环境清洁。它是用来维护 5S 成果的方法，是建立在前面 3 个 S 正确实施的基础上的，是制定并规范行动的标准，见表 5-6。

表 5-6　5S 规范行动的标准

5S 水平	具体项目
优秀	公司上下都散发着努力改进的气氛； 一进入工厂，能感觉到大家都在亲自动手进行各种改善
合格	过道和现场无乱摆放现象，非常整洁； 员工积极提出改进方法，其他岗位的员工也都效仿； 工具等整齐地放回原位

（续）

5S 水平	具体项目
小有成绩	开始出现整洁的工作岗位； 所有物品的放置场所都已规定； 开始具有直角、平行意识
继续努力	能拿到工具箱的钥匙，但物品常常找不到； 通道和作业区已经区分； 相似的物品被集中摆放，没有明确的区分
开始奋斗	工具箱被锁上，拿不到所需要的物品； 一知道有客人来，急忙打扫； 进入工厂，鞋子会粘上铁屑

总之，为机器、设备清除油垢、尘埃，谓之"清扫"，而"长期保持"这种状态就是"清洁"，将设备"漏水、漏油"现象设法找出原因，彻底解决，这也是"清洁"，是根除不良和脏乱的源头，也是标准化制度化的基础，更是企业文化形成的源头。

（5）素养

素养是指自觉执行工厂的规定和规则，养成良好的习惯，让员工遵守规章制度，养成良好的素质习惯，铸造团队精神。素养强调的是持续保持良好的习惯。公司应向每一位员工灌输遵守规章制度、工作纪律的意识；此外，还要强调创造一个良好风气的工作场所的意义，如果绝大多数员工对以上要求会付诸行动，个别员工和新人就会抛弃坏的习惯，转而向好的方面发展，此过程有助于人们养成制定和遵守规章制度的习惯，促进企业文化的形成。

要做到良好素养，必须做好以下 3 方面工作：

1）经常积极参与整理、整顿、清扫活动。

2）认真贯彻整理、整顿、清扫、清洁状态的标准。

3）养成遵守作业指导书、手册和规则的习惯。

素养所包含的内容有很多，但最基本的是养成良好的习惯，做到按规章办事和自我规范行为，进而延伸到仪表美、行为美等。在素养养成过程中可以灵活运用一些工具，如标语、醒目的标志、值班图表、进度管理、照片、录像、新闻、手册和表格等。

如图 5-11 所示，整理是整顿的基础，整顿又是整理的巩固，清扫是显现整理、整顿的效果，而通过清洁和素养，则使组织形成一个所谓整体的改善。只有整理没有整顿，物品真难找得到；只有整顿没有整理，无法取舍乱糟糟；只有整理、整顿没清扫，物品使用不可靠；3S 效果怎么保证，清洁出来献一招；标准作业练素养，组织管理水平高。

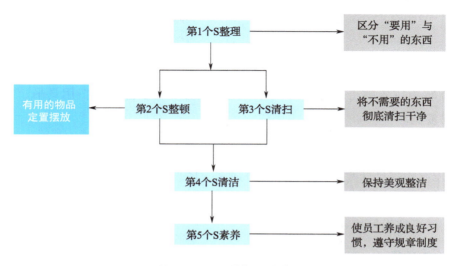

图 5-11　5S 的相互关联图

5.4.2　开展 5S 活动的方法

随着 5S 活动在企业的广泛推行，它在工作质量、工作效率及工作环境方面带来的好处已经让各大企业受益匪浅，因此，如何开展 5S 活动也成为企业关注的主要问题。现场开展 5S 活动可以从以下 10 个方面入手：

（1）依据使用频率决定放置场所

1）常近少远，依使用频率来决定放置场所和位置。

2）清楚什么物品，在哪里、有多少。

3）在需要的时候能立即找到需要的物品。

（2）画线定位，规定区域

在现场根据区域作用的不同，可以用鲜亮的颜色，划分出通道线、斑马线、止步线、停放线、隔离线等，以便于识别。

（3）调整位置，单向流动

现场工位的布置可以调整位置，按工序顺序流动，让关键工序先行，避免往复迂回式的运输，做到先进先出。

（4）定置管理

1）定置。箱、柜、框、桌、椅位置不动。

2）定位。回转箱车、工件、材料位置固定。

3）定量。不多不少、按规定数量盛放。

4）定点。货架上、箱柜内物品定点放置。

（5）形迹管理

形迹管理，取之明白，归之了然；按原物的大小形状画出，取之可知，归放就位；将周转箱位置画出，使"出"与"入"位置一目了然；清扫用具吊、挂、架，用完容易复位。

（6）四号定位，五五码放

1）库存物资尽量按库、架、层、位或区、场、堆、点四位编号。

2）物资摆放尽可能做到五五成方、五五成堆；带孔的五五成串，带腿的五五成捆；取用时可按编号找寻，过目知数。

（7）色彩管理，直观透明

现场各区域可以通过鲜明的色彩进行区分管理，比如主通道用暗红色，废品区用大红色，运输设施用橘黄色，起重设施用黄黑相间，自来水管用黑色色环，煤气管道用中黄色环，蒸气管道用大红色环，暖气管道用银灰色环。

（8）工具物料拿取方便

采用"愚巧化"设计来改善工具，使"愚人"能像"巧匠"一样工作。比如手工配钥匙需要很高的技巧，用一台仿形机任何人都能把它做得又快又好；用手数小螺钉又慢又差，做一个定数器就能数得又快又好。

（9）看板管理

看板管理的目的在于让所有人一看就知道怎样做，提高人的工作效率，不同的看板有不同的作用，常见的看板类型有：

1）公示类。用来说明岗位职责、人员配置、安全规程等。

2）作业类。用来说明工艺流程、交货期限、生产进程等。

3）设备类。用来公示车间平面布置、设备点检要求、维修保养记录等。

4）品质类。用来公布产品质量统计、不良品的处理、成品的等级等信息。

5）事务类。用来公布员工去向显示、公司的通知通告、文体娱乐活动信息等。

（10）寻找和清除"六源"

"六源"即缺陷源、浪费源、污染源、死角源、故障源及危险源。在生产现场要致力于排查这六大源，清除潜在安全隐患，确保生产的稳步进行，见表5-7。

表 5-7 寻找六源及建议对策参考表

序号	六大源	现场现状	建议与对策
1	缺陷源	1. 人员培训无计划…… 2. 设备维护无计划…… 3. 现场无定置管理…… 4. 工业指标不清楚…… 5. 问题点照明不足…… 6. ……	
2	浪费源		
3	污染源		
4	死角源		
5	故障源		
6	危险源		

5.4.3 生产现场 5S 管理的图例集

（1）地面 5S

地面都有明显标识，一般红色表示禁止、停止、消防和危险；黄色表示注意和警告；蓝色则表示指令和必须遵守的规定；绿色表示通行、安全；黄黑条纹表示需特别注意。

图 5-12 所示为红色地标使用区域，例如灭火器和消火栓，用 50mm 红色胶带围

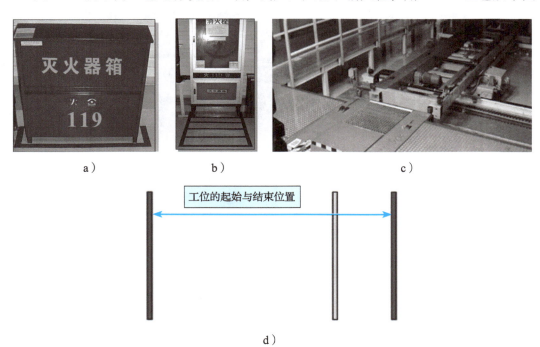

图 5-12 红色地标使用区域
a）灭火器箱　b）消火栓　c）禁止通行　d）工位的起始与结束位置

成实心线区域（图 5-12a）；消火栓开门处 1m 内应无障碍物，并用 25cm 红色胶带分成 4 格（图 5-12b）；禁止通行和工位的起始与结束位置也用 50mm 红色胶带分割出实心线（图 5-12c、d）。

图 5-13 所示为黄色地标使用区域，例如楼梯的第一和最后一级（图 5-13a），车间的道路等用 50mm 黄色胶带围成实心线区域（图 5-12b）。

a) b)

图 5-13 黄色地标使用区域

a）楼梯的第一和最后一级　b）车间道路

图 5-14 所示为蓝色地标使用区域，例如物品的固定位置等用 50mm 蓝色胶带围成实心线区域。

图 5-14 蓝色地标使用区域

图 5-15 所示为绿色地标使用区域。

图 5-16 所示为黄黑条纹地标使用区域，楼梯和地面凸台处的黄黑条纹可以提示人员注意磕碰。

图 5-15　绿色地标使用区域

图 5-16　黄黑条纹地标使用区域

（2）工具工装的 5S

图 5-17 所示为工具工装的 5S 管理图示。

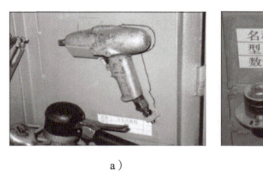

a）　　　　　　　　　　b）

c）　　　　　　　　　　d）

图 5-17　工具工装的 5S 管理

a）风炮的放置　b）套筒的放置　c）扳手的放置　d）装配工具的放置

（3）零件摆放的 5S

图 5-18 所示为零件摆放的 5S 管理图示。工位上的不合格零件要有明显标识，一般放置在指定的料箱或料架上。

图 5-18 零件的 5S 管理

（4）库房的 5S

图 5-19 所示为库房的 5S 管理图示，库房门上要有入口编号、库房位置、开启方向及人员通行标识及警告信息。库房墙面和地面上要标明物料存放相关信息。

a)   b)

图 5-19 库房的 5S 管理

a）库房门   b）库房墙面和地面上

（5）目视墙的 5S

图 5-20 所示为目视墙的 5S 管理图示。

图 5-20 目视墙的 5S 管理

（6）办公区域的 5S

图 5-21 所示为办公区域的 5S 管理图示。

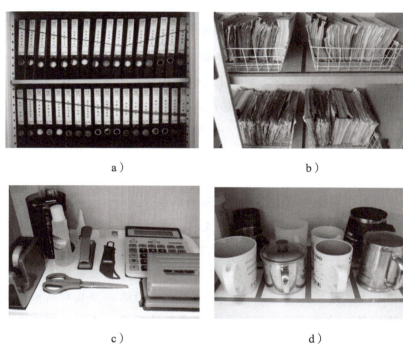

图 5-21　办公区域的 5S 管理

a）文件夹的放置　b）文件的放置　c）办公用品的放置　d）个人物品的放置

思政育人

5S 现场管理是企业改善生产环境、提高生产效率、鼓舞员工士气、改善产品品质的有效手段，本节通过对 5S 管理案例说明和实践环节，帮助学生了解 5S 对企业生产和个人发展的推动作用，培养学生重视文明礼貌，养成严格遵守规章制度的习惯和重视归纳整理、持之以恒的职业素养。

模块小结

本模块主要介绍了汽车生产过程质量分析与管理，共分为4个单元进行介绍。

单元5.1介绍了过程能力的评估。过程能力是指处于统计稳定状态下过程的实际加工能力。过程能力指数是反映过程能力满足产品技术要求（公差、规格等质量标准）的程度。过程能力指数的值越大，表明产品的离散程度相对于技术标准的公差范围越小，因而过程能力就越高；过程能力指数的值越小，表明产品的离散程度相对于公差范围越大，因而过程能力就越低。生产过程中要综合经济和质量两方面的要求，让过程能力指数值在一个适当的范围内取值。

单元5.2介绍了汽车生产过程的质量追溯。建立完善的质量追溯体系可以保证当产品质量、安全、环保、节能等方面发生重大共性问题时，应能迅速查明原因，确定召回范围，并采取必要措施。当顾客需要维修备件时，应当能迅速确定所需备件的技术状态；当发生缺陷产品召回时，追溯不合格的源头并且判断受影响批次中剩余产品所处的位置，精确地确定问题或可疑产品的范围，减少召回造成的损失。对于汽车生产来说，其质量追溯体系采用物流正向追溯和质量逆向追溯结合、批次追溯为主，精确追溯为辅的方法。

单元5.3介绍了班组管理。班组是在劳动分工的基础上，为了共同完成某项生产（工作）任务，由一定数量的操作（工作）人员在统一指挥、明确分工和密切配合的基础上所组成的一个工作集体。企业的生产活动主要是通过班组实现的。班组是企业组织的基本单位，是一切工作的落脚点，是企业管理的基础，是生产产品、创造效益的现场，是培养员工的基地，是持续提升企业员工能力和素养的场所，也是形成、建设、培育并体现组织文化的场所。班组管理中，班组长作为"兵头将尾"，其重要性不言而喻，班组长影响着决策的实施或者企业目标的最终实现。班组成员也要积极配合班组长工作，完成班组工作任务。

单元5.4介绍了现场5S管理。5S管理起源于日本，是指整理、整顿、清扫、清洁和素养的简称。5S管理的每个环节都很重要，整理是整顿的基础，整顿又是整理的巩固，清扫是显现整理、整顿的效果，而通过清洁和素养，则使组织形成一个所谓整体的改善。只有整理没有整顿，物品真难找得到；只有整顿没有整理，无法取舍乱糟糟；只有整理、整顿没清扫，物品使用不可靠；3S之效果怎保证，清洁出来献一招；标准作业练修养，组织管理水平高。

习 题

1. _____是指过程满足明确和隐含需要的能力的特性总和。
2. _____特殊过程是对形成的产品是否合格不易或不能经济地进行验证的过程,是指通过检验和试验难以准确评定其质量的关键过程。
3. 过程能力是指处于_____下过程的_____。
4. 在实际中,μ 偏离 M 是常见的,此时用_____来评价过程能力。
5. _____就是追溯所考虑对象的历史、应用情况和所处的位置的能力。
6. _____是用文字和(或)条形码记录零部件生产厂家代码、零部件名称、零件号、生产批次号(或序号)等信息的卡片,一般通过铸造、雕刻、打印、粘贴、铆接等方法加工在零件上。
7. _____是指对于发生同一性质故障的汽车零件,找出产生故障的根本原因及相关的缺陷零部件,通过标识追踪其原始状态、生产过程和使用情况,追溯因该原因而加工的所有原始零部件。
8. _____是在劳动分工的基础上,为了共同完成某项生产(工作)任务,而由一定数量的操作人员在有统一指挥、明确分工和密切配合的基础上所组成的一个工作集体。
9. _____是利用形象、直观、色彩适宜的各种视觉感知信息来组织现场生产活动,达到提高劳动生产率目标的一种管理方式。
10. _____是指明确区分需要的和不需要的物品,在生产现场保留需要的,清除不必要的物品。
11. _____的目的是消除寻找物品的时间,既缩短准备的时间,又可随时保持立即可取的状态,创造一目了然的工作场所,井井有条的工作秩序。
12. 如何提高工序的过程能力?
13. 汽车生产的过程中如何建立并完善质量追溯系统?
14. 生产班组的质量职责及管理内容有哪些?
15. 企业应该如何开展 5S 管理?

模块 6　质量改进

质量改进贯穿于整个质量管理过程。在企业或组织内部怎样进行质量改进呢？质量改进如何推行实施？本模块主要学习质量改进的内涵，介绍质量管理小组、8D方法的适用范围及实施步骤。

本模块共有 3 个单元，单元 6.1 为质量改进的内涵及开展质量改进的步骤，单元 6.2 为如何开展质量管理小组活动，单元 6.3 为如何利用 8D 进行质量改进。通过完成这 3 个单元的学习，能够对汽车制造质量改进活动的开展有一个较全面的认识和理解，了解不同的质量改进方法及步骤，更好地开展质量改进活动。

单元 6.1　质量改进

任务引入

某汽车制造厂在对产品进行质量评审的过程中，发现产品存在较多的质量缺陷，严重影响了企业的生产进度。为了提高产品质量，减轻企业的生产压力，想要通过质量改进提高产品质量，请问应如何开展质量改进？

任务分析

产品的质量是企业生存的根本保证。企业要想在市场竞争中立于不败之地，就要不断地进行质量改进，不断提高产品质量，这样不仅可以保证产品品质，同时也可以提高企业的生产率，节约能源，降低成本。因此，如何开展好质量改进活动是企业产品质量提升的关键。只有用科学的方法才能更有效地开展质量改进活动。

学习目标

1. 能描述 PDCA 循环的含义及特点。
2. 能掌握质量改进的基本步骤。
3. 能描述质量改进的组织与推进。

知识学习

6.1.1 质量改进概述

随着社会与经济的不断发展，市场竞争越来越激烈，人们对产品和服务的质量要求也越来越高，质量已成为企业赖以生存的根本保证。因此，企业唯有不断地改进质量，提升产品品质，才能在优胜劣汰的环境中提高自身的竞争力，使企业发展壮大。

1. 质量改进的概念

质量改进是质量管理的一部分，它致力于提高满足质量要求的能力。质量改进是通过采取各项有效措施提高产品、体系或过程满足要求的能力，使质量达到一个新的水平、新的高度。它通过不断采取纠正和预防措施来增强企业的质量管理，不仅对产品的质量加以提高，而且使整个企业的质量管理水平达到一个新的高度。

质量改进建立在一些基本过程的基础上，要弄清楚质量改进的概念，首先应该了解质量改进与质量控制和质量突破之间的关系。

（1）质量改进与质量控制的关系

质量改进同质量控制一样，都是质量管理的一部分，它们互有区别又彼此联系。

1）定义的区别。质量控制是消除偶发性问题，致力于满足质量要求，使产品保持已有的质量水平不下降。而质量改进是消除系统性问题，致力于增强满足质量要求的能力，是对现有的质量水平在控制的基础上加以提高，使质量达到一个新的水平或新的高度。

2）实现手段的区别。质量改进是通过不断采取纠正和预防措施来增强企业的质量管理水平，使产品的质量不断提高；而质量控制主要是通过日常的检验、试验和配备必要的资源使产品质量继续维持在一定的水平。

3）两者的联系。质量控制与质量改进是互相联系的。质量控制的重点是防止异常质量变异的发生，充分发挥过程应有的能力，而质量改进的重点是提高满足质量要求的能力，使正常质量变异的幅度达到满足顾客质量要求的程度。首先要做好质量控制，充分发挥现有控制系统的能力，使全过程处于受控状态，然后在控制的基础上进行质量改进，使产品从产生、形成到最终实现的全过程都能满足顾客要求，达到一个新水平。没有稳定的质量控制，质量改进也无法取得良好的效果。

（2）质量改进与质量突破的关系

质量改进与质量突破密不可分，没有改进就不能实现突破，两者之间既有联系，又有区别，主要表现在以下3个方面：

1）质量突破与质量改进的目的相同。质量突破是通过消灭工作水平低劣的长期性原因（包括思想上的和管理上的），使现在的工作提升到一个较高的水平，从而使产品质量也达到一个较高的水平。质量改进也是为了实现质量水平的提高。

2）质量突破是质量改进的结果。质量突破表明产品的质量水平得到了提高，它是通过日常许多大大小小的质量改进来实现的。只有不断实施持续的质量改进，才能使产品质量水平提高，才能实现质量突破。

3）质量改进侧重过程，质量突破侧重结果。质量改进是一个过程，由于种种原因，每次改进不一定都能取得好的效果，产品的质量水平不一定得到提高，但质量突破则表明产品的质量水平一定得到了提高，并取得了良好的效果。

如果说质量控制的目的在于维持已有的质量水平，那么，质量改进则是为了实现质量突破，即突破现有水平。

2. 质量改进的意义

组织通过质量改进可以提高产品质量，提高顾客的满意程度，同时可以节能降本，提高市场竞争力，因此质量改进具有很大的必要性和十分重要的意义。

（1）质量改进的必要性

质量改进的必要性体现在以下4个方面：

1）新技术、新工艺、新材料的发展，对原有的技术提出了改进要求。

2）技术与不同企业的各种资源之间的最佳匹配问题，要求技术必须不断改进。

3）优秀的工程技术人员也需要不断学习新知识，增加对过程中一系列因果关系的了解。

4）技术再先进，方法不当、程序不对也无法达到预期目的。在关键环节，即使一次质量改进的效果不明显，但是日积月累，也会取得意想不到的效果。

此外，如果从生产设备、工艺装备、检测装置、人力资源等不同角度考虑，结合顾客要求的不同，质量改进同样是必要的。

（2）质量改进的意义

质量改进的意义包括以下6个方面：

1）质量改进强调的是突破和发展，不断提高质量水平，其追求的是卓越、零缺陷和一次成功的目标，坚持不懈地持续质量改进，比如为企业带来经济效益，因而质量改进是一种"有利可图"的创造性变革。

2）可以促进新产品开发，改进产品性能，延长产品的寿命周期。

3）通过对产品设计和生产工艺的改进，更加合理、有效地使用资金和技术力量，充分挖掘组织的潜力。

4）提高产品的制造质量，减少不合格品的出现，实现增产增效的目的。

5）通过提高产品的适应性，从而提高组织产品的市场竞争力。

6）有利于发挥各部门的质量职能，提高工作质量，为产品质量提供强有力的保证。

6.1.2 质量改进的步骤及内容

1. 质量改进的基本过程

质量改进是一个过程，质量改进活动须按照一定的科学程序来进行，否则会影响改进的成效。质量改进的基本方法为PDCA循环法，任何一个质量活动都要经过计划（P）、实施（D）、检查（C）和处理（A）4个阶段不断循环下去，故称为PDCA循环。PDCA循环的过程就是企业在认识问题和解决问题中使质量和质量管理水平不断呈阶梯状上升的过程，如图6-1所示。

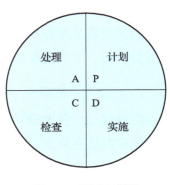

图6-1 PDCA循环

(1) PDCA 的内容

1）第一阶段计划 P（Plan），包括方针和目标的确定以及活动计划的制订等。

2）第二阶段实施 D（Do），就是具体运作，实现计划中的内容。

3）第三阶段检查 C（Check），就是要评价实施计划的结果，分清哪些对了，哪些错了，明确效果，找出问题。

4）第四阶段处理 A（Action），对总结检查的结果进行处理，对成功的经验加以肯定，并予以标准化，便于以后工作时遵循；对于失败的教训也要总结，以免重现。对于没有解决的问题，应提给下一个 PDCA 循环中去解决。

以上四个阶段不是运行一次就结束的，而是周而复始地进行，一个循环完了，解决一些问题，未解决的问题进入下一个循环，这样阶梯式上升。

(2) PDCA 的特点

1）四个阶段一个也不能少。

2）大环套小环，例如，在 D 阶段也会存在制订实施计划、落实计划、检查计划的实施进度和处理的小 PDCA 循环，如图6-2所示。

3）每循环一次，产品质量、工序质量或工作质量就提高一步，PDCA 是不断上升的循环，如图6-3所示。

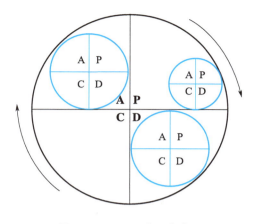

图 6-2　PDCA 大环套小环

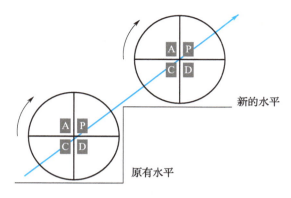

图 6-3　PDCA 阶梯上升

2. 质量改进的步骤

质量改进的过程是一个 PDCA 循环，这 4 个阶段可以分成 8 个步骤来完成，如图 6-4 所示。

（1）P（计划）阶段

步骤 1：分析现状，找出存在的质量问题。

步骤 2：分析产生质量问题的各种原因或影响因素。

步骤 3：找出影响质量的主要因素。

步骤 4：针对质量问题的主要因素，制订措施，提出行动计划。

（2）D（实施）阶段

步骤 5：实施行动计划与措施。

（3）C（检查）阶段

步骤 6：评估结果（分析数据）。

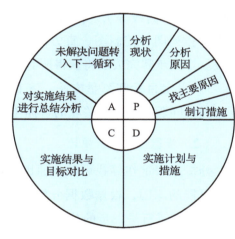

图 6-4　PDCA 改进过程

（4）A（处理）阶段

步骤 7：标准化和进一步推广。

步骤 8：提出这一循环尚未解决的问题，把它们转到下一个 PDCA 循环。

3. 质量改进的内容及注意事项

在质量改进过程中，在具体进行每个步骤时，会有一些具体的注意事项，具体如下：

（1）步骤1：分析现状，找出存在的质量问题

1）明确问题。其目的在于对问题进行切实可行的定义，一般是管理层设定和提出的最初的问题。先要对过程的要素进行评估，包括：

①评审现有的描述问题的数据。

②收集团队的反馈。

③如果可能，先初步调查一下问题情况。

④完整的描述问题（何事/何地/何人/何时/如何）。

⑤确认如果问题得到解决，情况会有什么变化。

在此过程中，要注意不要将问题表述成原因，避免问题式或方案式的表述，尽可能用事实去定义问题，确定其是不是急待解决的或实际存在的问题。

2）收集和组织数据。其目的是收集数据以便更好地理解问题，可以采用头脑风暴法收集所需要的数据，画流程图、准备数据收集计划，用直观的形式组织数据（如：图表、曲线等），分析组织好的数据。在此过程中，会用到数据收集计划、调查表、排列图、控制图、直方图、流程图等质量管理工具，但要避免无目的地滥用图表。本次步骤完成后将获得所有描述问题的图表以及对问题完整的描述。

3）设定目标和测量方法。其目的是清晰地界定和确认改进目标，根据数据分析，确认问题陈述和相关联的目标（如时间、成本、质量）和测量方法。

（2）步骤2：分析原因

分析原因重在寻找可能的原因和确认根本原因。可以采用头脑风暴等方法找出所有可能的原因，根据数据分析（如排列图）确定2~3个主要原因，再通过因果图对主要原因进行进一步的分析，最终得出经过确认和测量的问题的原因。

（3）步骤3：找出影响质量的主要因素

这一步重在比较所有可能的因素，然后辨认对质量问题有直接影响的主要因素。利用排列图、散布图、关联图等收集所有的影响因素，逐条确认评估这些因素是否可控，找出真正影响问题的主要原因。

（4）步骤4：制订措施，提出行动计划

1）寻找可能的解决方法。通过头脑风暴和投票法，确认所有可能的解决方法，以及简单、快速地验证这些方法的可能性。首先，用头脑风暴法获得所有的解决方法，再针对主要原因验证所建议的解决方法，选择其中最佳的方法，并明确描述如何解决。一般这些解决方法限制在10个以内。

2）测试和选择。旨在根据以上分析，选择将要实施的最终解决方法。对以上分析得到的解决方法进行简便验证，确认验证结果，并作出最终选择。本步骤完成后会得到按优先顺序排列的经挑选的方法排序。

3）提出行动计划和相应的资源。利用行动计划表或甘特图等工具，对每一个解决方案落实界定：做什么、谁去做、何时完成、需要哪些资源、预期结果是什么，从而建立有效的和可操作的行动计划。

在此过程中，一定要确保必要的协调，以免各项任务间的冗余，如果行动责任人不是小组成员，应和该责任人分享相关信息，以保证行动计划的顺利进行。

（5）步骤5：实施行动计划

根据已经制订的行动计划，实施培训，在实验的基础上实施措施。在具体实施过程中，一定要检查确保所有措施都要按计划完成。

（6）步骤6：评估结果

旨在确认措施是否产生预期的结果，检查目标是否得到满足。在评估结果时，要收集实施过程的数据并审核相关区域或流程，用有效的形式（如：图表、曲线等工具）组织数据，分析信息，判断结果是否确实体现出改进，结果同目标是否相同，分析差距，并决定后续步骤。如果结果满意或可接收，转到步骤7，如果结果不满意，则返回步骤2，再次分析原因制订计划，重新实施并评估。

（7）步骤7：标准化和进一步推广

旨在保持改进，建立新的标准，在类似区域内传播、分享知识和方法，有准备地进行新的PDCA循环。根据新的措施，重新定义所需的标准和指标，设立相关联的测量手段，更新操作指示，设置要点和程序，确保针对新操作的活动可以推广应用，列出其他也可以应用新措施方案的地方，并向管理层展示小组的质量改进过程、措施的实施和标准化情况，建议类似的措施在哪些地方也可以应用等。

（8）步骤8：提出这一循环尚未解决的问题，转到下一个PDCA循环

总结未能解决的问题，不要期望在一次PDCA循环中就能解决所有的问题，在下一个PDCA循环中考虑未解决的问题。

总结阶段的工作可以从以下3个方面着手：

1）找出遗留问题。

2）考虑要解决这些遗留问题，下一步该怎么做。

3）总结本次改进活动过程中，哪些问题得到了解决，哪些问题尚未解决。

6.1.3 质量改进的组织与推进

1. 成立质量改进的组织

建立质量改进的组织分为 2 个层次：①成立能为质量改进项目调动资源的上层机构，即质量委员会；②组建能实施质量改进活动的质量改进团队。

（1）质量委员会

质量委员会（或其他类似名称）的基本职责是领导推动质量改进工作并使其制度化。质量委员会的主要职责为：

1）制定质量改进方针，确定大的质量改进项目。

2）制定质量改进活动激励政策。

3）为质量改进活动提供人力、物力、财力资源。

4）对主要的质量改进成绩进行评估与认可。

（2）质量改进团队

质量改进团队有各种名称，如 QC 小组、质量改进小组、提案活动小组等，但其基本组织结构和方式大致相同。各类质量改进小组，其基本职责都是按照前文所述的 PDCA 循环的 4 个阶段 8 个步骤，认真开展好质量改进活动。

2. 增强问题意识，选好质量改进课题

质量改进的前提是意识到存在问题和对现状的不满足。只有组织的领导和广大员工有强烈的质量改进、锐意进取的意识，质量改进才能作为一项经常性的工作，有计划地进行。质量改进的第一步是善于发现问题，敏锐地发现问题。生产现场一般可以从以下 9 个方面加以研究或提出问题：

1）调查下一道工序的需要和建议，研究改进本岗位产品加工中的不足。

2）通过与国内外同行业、同工种的先进水平对比，发现差距与存在的问题。

3）在产品"升级""创优"中找出本岗位的问题。

4）分析现场加工中存在的主要质量问题。

5）研究提高本班组、本岗位产品加工的一等品率、优等品率的可能性及存在的问题。

6）研究降低废品率、次品率、返修率和降低消耗的可能性及其存在的问题。

7）质量检验、质量审核和质量成本中反映出来的问题。

8）现场生产中质量不稳定的问题。

9）进一步提高本班组质量保证能力，改善工序管理中的问题。

3. 消除质量改进的障碍

虽然质量改进有严密的组织、有一定的实施步骤，并在一些企业中取得了成果，但多数组织的情况并不尽如人意。有的是由于不知道如何去改进，有的是由于某些内在因素阻碍了改进的进行，因此一定要努力消除改进的障碍。

（1）对质量水平的错误认识

合理评估企业质量水平，包括实物质量水平还是质量管理水平，要与世界上质量管理做得好的企业相比，不能故步自封，认为自身质量水平已经不错，这种错误认识成为质量改进的最大障碍。

（2）对失败缺乏正确的认识

由于失败的经历就认为改进注定会失败，质量改进遥不可及，这种想法是错误的。要关注成功的企业如何取得这些成果的过程，获得可借鉴的经验。

（3）"高质量意味着高成本"的错误认识

有一种错误的认识即"提高质量要以增加成本为代价"。提高质量不是只能靠增强检验、使用价格更昂贵的原材料、购进精度更高的设备。如果质量的提高是基于产品特性的改进，则确实会造成成本的增加，因为改进产品特性通常是需要投入资本的。但如果质量的提高是基于长期浪费的减少，则成本通常会降低。

（4）对权力下放的错误理解

有些企业的管理者试图将自己的这份工作全部交给下属来做；也有一些管理者对下级或基层员工的能力信任度不够，从而在改进的支持和资源保障方面缺乏力度，使质量改进活动难以正常进行。实际上，每一个管理者都应负责改进的决策工作，并亲自担负某些不能下放的职责，这样才能保证质量改进工作能很好地进行。

（5）员工的顾虑

企业在改进时，要认识到员工的顾虑，而员工更要认识到改进是企业生存和发展的需要，也是企业每一个员工获得长久利益的需要。

4. 进行持续的质量改进

社会的发展和科技的进步要求不断提高质量水平。企业要生存与发展下去，必须不断适应市场要求，实施持续的质量改进活动。要做到持续的质量改进需做好以下4个方面的工作：

（1）质量改进制度化

1）将质量改进活动项目与目标列入企业年度计划，并使质量改进活动成为员工岗位职责的一部分。

2）实施上层管理者审核制度，即 ISO 9000 质量管理体系中要求的管理评审，把质量改进进度列为审核内容之一。

3）在技术评定工资制度中要考核质量改进的绩效。

4）建立质量改进成果表彰制度。

（2）上层管理者履行自己的职责

上层管理者参与质量改进活动有自己应尽的职责，以下这些职责是不宜下放的：

1）参与质量委员会，领导质量改进工作。

2）审批质量目标和方针。

3）为质量改进提供必要的人、财、物资源。

4）制定奖励制度，参与表彰活动。

（3）加强检查

有计划的检查是持续质量改进活动的保障。检查不要只注重进度和绩效，更应注意发现并及时解决问题。检查的大部分数据来自质量改进团队的报告，通常要求明确下列内容：

1）改进前的废品损失总量。

2）如果项目成功，预计可减少的成本。

3）实际所减少的成本。

4）资本投入。

5）利润。

（4）重视教育培训

通过培训增强员工的质量意识，提升员工自发、主动解决质量问题的能力。

5. 作业人员要积极参加质量改进

在生产要素中，人是最活跃的因素。质量改进活动中，作业人员的积极参与至关重要。

（1）作业人员参与质量改进的必要性

1）作业人员参与质量改进是质量改进本身的客观要求。质量改进涉及企业活动的方方面面，不是一个人能办到的，必须全员参与，同时全员参与也是全面质量管理的基本要求。

2）作业人员参与质量改进是企业发展的需要。质量改进的过程是发现问题、解决问题的过程，而作业人员的参与有助于提高其自身的素质，只有整体员工的素质提高了，企业才能发展。

3）作业人员参与质量改进是企业文化发展的需要。作业人员在质量改进过程中通过解决问题，可以树立自信心，从而激发投身企业管理的积极性。

（2）作业人员参与质量改进的优势

1）通常质量改进的问题都发生在作业人员操作的过程中，作业人员最熟悉问题产生的原因。因此作业人员往往容易找到问题的根本所在，从而达到事半功倍的效果。

2）作业人员有许多生产实践经验，通常具有解决问题的能力。

思政育人

本节通过汽车产品质量改进案例，说明今日汽车制造业的蓬勃发展与先辈们的坚持奋斗、不断改进是分不开的，帮助学生树立持续改进是产品质量管理核心内容的思想，培养学生在工作岗位中善于思考，勇于探索，面对失败和挫折，乐观自信，永不言败，坚定有志者事竟成的必胜信念，用自己的智慧、努力和勤奋，为我国汽车制造业的发展添砖加瓦。

单元 6.2　如何开展质量管理小组活动

任务引入

小王是某汽车厂某工段生产班组的组长，在生产过程中该工段频频出现质量问题，请思考小王可以进行质量改进工作吗？他要怎样开展质量改进活动？

任务分析

在生产过程中常常会遇到很多质量问题，这些质量问题有大有小，有简单的也有复杂的，无论哪种质量问题，若得不到妥善解决，都会对产品的品质、企业的成本等造成较大的损害，企业要想长期发展，必须重视产品质量的提升和改进。而质量管理小组活动是员工自愿参加的质量改进活动，对提高产品质量，提高员工的质量意识和水平具有重要意义。

学习目标

1. 能描述质量管理小组的特点。

2. 能描述质量管理小组的组建程序。

3. 能掌握质量管理小组活动的开展步骤。

4. 能够掌握质量管理常用工具的使用方法。

知识学习

6.2.1 质量管理小组活动概述

质量管理小组，又称 QC 小组，是员工参与全面质量管理和质量改进活动的一种非常重要的组织形式。开展 QC 小组活动能够体现现代管理以人为本的精神，调动全体员工参与质量管理、质量改进的积极性和创造性，可为企业提高质量、降低成本、创造效益，通过小组成员共同学习、互相切磋，有助于提高员工的素质，塑造充满生机和活力的企业文化。

1. QC 小组活动的产生和发展

QC 小组活动最先在日本出现，开始只着眼于解决常见的并容易被人们忽略的质量问题，后来又发展到解决较难的关键质量问题，并扩展到质量成本、安全和生产率等更广泛的领域。继日本之后，70 多个国家和地区先后开展了 QC 小组活动，形成了国际潮流。1978 年 9 月，北京内燃机总厂开始学习日本全面质量管理经验，并于当年 12 月召开了第一次 QC 小组成果发表会。从此，QC 小组活动随着全面质量管理的推广在全国很快展开。到目前为止，我国每年有 1000 多万名员工参加 QC 小组活动，并在不断地取得更新的成绩。

1997 年 3 月 20 日，国家经济贸易委员会、财政部、中国科学技术协会、中华全国总工会、共青团中央委员会、中国质量管理协会联合发出了《关于推进企业质量管理小组活动意见》，指出质量管理小组（QC 小组）是在生产或工作岗位上从事各种劳动的员工围绕企业的经营战略、方针目标和现场存在的问题，以改进质量、降低消耗、提高人的素质和经济效益为目的组织起来，运用质量管理的理论和方法开展活动的小组。这个概念包含了 4 层意思：

1）参加 QC 小组的人员可以是企业的全体员工，不论是高层领导，还是一般管理者、技术人员、工人、服务人员，都可以组织 QC 小组。

2）QC 小组活动可以围绕企业的经营战略、方针目标和现场存在的问题来选题，活动内容广泛。

3）QC 小组活动的目的是提高人的素质，发挥人的积极性和创造性，改进质量、降低消耗，提高经济效益。

4）QC 小组活动强调运用质量管理的理论和方法开展活动，具有突出的科学性。

2. QC 小组活动的性质和特点

（1）QC 小组的性质

QC 小组是组织中全员参与质量管理活动的一种有效的组织形式。QC 小组的性质主要表现在自主性、科学性和目的性 3 个方面。

自主性是 QC 小组最主要的特性。QC 小组不同于作为企业基层组织的行政班组，它的建立无需行政命令，而强调自愿结合、自主管理，充分尊重员工的主观能动性。

科学性是指 QC 小组要遵循 PDCA 工作程序，运用全面质量管理的理论和方法开展活动。

QC 小组建立和活动的主要目的是运用全面质量管理的理论和方法，科学地解决实际质量问题，因此，QC 小组具有明确的目的性。

（2）QC 小组的特点

QC 小组活动具有以下 4 个主要特点：

1）明显的自主性。QC 小组以员工自愿参加为基础，实行自主管理、自我教育、互相启发、共同提高，充分发挥小组成员的聪明才智和积极性、创造性。

2）广泛的群众性。QC 小组是吸引广大员工积极参与质量管理的有效组织形式，不仅包括领导人员、技术人员、管理人员而且更注重吸引在生产、服务工作第一线的操作人员参加。广大员工在 QC 小组活动中学技术、学管理，群策群力地分析问题、解决问题。

3）高度的民主性。QC 小组的组长可以民主推选，QC 小组成员可以轮流担任课题小组长，人人都有发挥才智和锻炼的机会；内部讨论问题、解决问题时，小组成员不分职位与技术等级高低，各抒己见，互相启发，集思广益，高度发扬民主精神，以保证既定目标的实现。

4）严密的科学性。QC 小组在活动中应遵循科学的工作程序，步步深入地分析问题，解决问题。在活动中坚持用数据说明事实，用科学的方法来分析与解决问题，而不是凭"想当然"或个人经验。

（3）QC 小组的宗旨

被誉为 QC 小组之父的日本教授石川馨指出，QC 小组的宗旨是调动人的积极性，充分发挥人的无限能力，创造尊重人、充满生气和活力的工作环境，有助于改善和提高企业素质。根据一些世界知名质量管理专家和企业家对 QC 小组活动的共识，QC 小组活动的宗旨归纳为以下 4 点：

1）尊重人，创造愉快的环境。

2）激发员工的积极性和创造性，开发无限的人力资源。

3）提高员工素质，为企业和社会作出贡献。

4）发扬自主管理和民主精神。

6.2.2 质量管理小组的组建

1. QC 小组的组建原则

（1）自愿参加，自由结合

是指在组建 QC 小组时，小组成员不是靠行政命令，而是自愿结合在一起，自主地提出开展活动的要求。

（2）灵活多样，不拘一格

QC 小组的建立和活动可不拘于几种模式，而应该多种多样，丰富多彩。如按参加人员和任务的不同，QC 小组可分为现场型 QC 小组、服务型 QC 小组、管理型 QC 小组、技术攻关型 QC 小组等。

（3）实事求是，联系实际

QC 小组的组建要循序渐进，开始可先组建少量能解决一些实际问题的 QC 小组，使员工增加感性认识，逐步诱发其参与的愿望，然后再展开发展 QC 小组。切不可操之过急，更应避免中途夭折。

（4）自上而下，上下结合

自上而下是组建 QC 小组的过程，上下结合是组建 QC 小组的基础。"上"是指主管质量工作的人员或比较了解实际质量问题的人员对 QC 小组的成立可以起到引发、指导和协调作用。自上而下、上下结合是组建 QC 小组的成功途径。

2. QC 小组成员的职责

QC 小组由组长和组员组成，通常以组长 1 人，成员 10 人左右为宜。

QC 小组组长是 QC 小组的核心人物，应由热爱本职工作、业务知识丰富且具有一定组织能力的优秀员工担任，但并不受行政职务的影响。组长的职责和任务包括以下 4 点：

（1）组织领导

组长是 QC 小组的组织者和领导者，负责组织小组成员制订活动计划，带领组员有效地开展活动。

（2）指导推进

组长应对全面质量管理知识掌握较好，又具有相当的经验，组长的重要任务是指导组员学好全面质量管理的理论和方法，并有效地运用于实践。

（3）联络协调

QC小组活动经常涉及班组工作现场问题，有时又和其他部门有紧密的关系，为取得有关方面的支持和帮助，QC小组组长要经常及时地和有关部门取得联系，并进行必要的协调。

（4）日常管理

组长要经常组织全组成员开展质量活动，并做好活动记录，组织交流和整理成果及发表奖励等工作。

QC小组组长可以自荐，经组员认可，或由小组成员推举产生。

QC小组成员可以由与所选课题有关的人员组成，也可以由一些工作岗位相近、兴趣爱好相投的人员组成。小组成员应做到以下4点：

1）按时参加活动。QC小组为自愿参加，但一旦成为小组成员，就应坚持经常参加小组活动，积极发挥自己的聪明才智，努力去发现问题，解决问题。

2）按时完成任务。QC小组的课题需要由全体成员分担，每个成员必须努力完成自己分担的任务，才能保证全组课题的进度和效果。

3）支持组长工作。在安排小组活动时，每个小组成员都应以全组活动为主，服从组长领导，并积极配合组长工作。

4）配合其他组员工作。在共同活动中，组员之间必须互相沟通，互相帮助，传递必要的信息，共同创造协调、融洽的工作环境。

3. QC小组的组建程序及注册登记

因企业和行业特点不同，QC小组组建的程序也各异，主要有以下3种情况：

（1）自上而下的组建程序

一般说来，质量主管部门和管理人员比较了解质量问题，对全企业的质量活动会有整体的设想，通过与基层部门和领导协商，达成共识，然后根据需要选择课题及合适人选组成QC小组。这种组建程序对QC小组活动有指导性，容易抓住关键课题，密切结合生产实践，对企业和基层员工都会带来直接效益。这种组建程序常被"三结合"的技术攻关小组采用。

（2）自下而上的组建程序

自下而上的组建是指由基层员工提出申请，由QC小组管理部门审核其选题和人员及开展活动的能力，然后予以批准组建QC小组。这类QC小组成员的热情高，有很大的积极性,因此对他们应给予支持和帮助,其中包括对组长和骨干进行培训,使小组活动健康地发展下去。这种组建程序常运用于由同一班组(或同一科室)成员组成的现场型、服务型和一些管理型 QC 小组。

（3）上下结合的组建程序

由上级部门推荐课题,经基层部门选择和认可,便可组成 QC 小组进行活动。这种组合使 QC 小组活动的目的明确,并结合上下部门各自的优势,对解决质量问题具有一定的攻关作用。

以上 3 种组建程序可以灵活运用,但无论怎样组建 QC 小组,都应当经过注册登记再开展活动。QC 小组成立后,应按要求填写 "QC 小组注册登记表" 和 "QC 小组课题注册登记表",经领导审核会签后,送企业 QC 小组活动主管部门登记,这样 QC 小组就被纳入企业年度管理计划中,在随后开展的小组活动中,会得到各级领导和有关部门的支持和服务,并可参加各级优秀 QC 小组的评选。

QC 小组的注册登记不是一劳永逸的,而是每年要进行一次重新登记,以便确认该 QC 小组是否还存在,或有什么变动。停止活动持续半年的 QC 小组应予以注销。另须明确的是,QC 小组的注册登记要每年进行一次,而 QC 小组活动课题则应是每选定一个,在开展活动之前都要进行一次课题的注册登记,两者不可混淆。在 QC 小组注册登记时,如果上一年度的活动课题没有结束,还不能注册登记新课题时,则应向主管部门书面说明情况。

6.2.3 质量管理小组活动的步骤

QC 小组成立后,就要开展活动,活动是小组的生命力所在。小组活动应遵从科学的过程方法,以事实为依据,用数据说话,才能达到预期目标,取得有价值的成果。QC 小组活动的主要步骤有:选择课题、调查现状、设定目标值、分析原因、确定主要原因、制订对策、实施对策、检查效果、制定巩固措施,总结和做下一步打算等,如图 6-5 所示。

1. 选择课题

QC 小组活动要取得成功,选题恰当非常重要。为做到有的放矢并取得成果,选择课题应该注意以下 4 个方面:

图 6-5 QC 小组与 PDCA 步骤的对应关系

（1）选题要有依据，注意来源

QC 小组选题应以企业方针目标和中心工作为依据，注意现场关键和薄弱环节，解决实际问题。既可以是组员工作中发现的问题，也可根据企业中心工作需要设立，还可以由上级招标或指令性下发课题。总之，和企业生产有关及急需解决的课题都可以列入 QC 小组活动中。

（2）选题要具体明确，避免空洞模糊

具体明确的选题，可使小组成员有统一认识，目标明确。若选题模糊不清，空洞无物，组员没有统一认识，很难取得成果。

（3）选题要小而实，避免大而笼统

有些质量问题不一定显得非常突出，但 QC 小组若能抓住这些看起来很小但做起来很实在的课题，组织开展活动，不断地解决实际问题，则意义很重大。做较大的课题，有时小组力量不够，反而效果不好。若大课题必须做，可采取分解的办法，按进度或难度把大课题分解为若干个小课题，也是一种选题的好办法。

（4）选题要先易后难，避免久攻不下

先易后难是解决问题的一般规律，这样可以鼓舞士气，并促使较难的问题向容易的方面转化，对坚持开展 QC 小组活动有促进作用。

选题时常用的质量管理工具有调查表、简易图表、排列法、头脑风暴法、流程图等。

2. 调查现状

选题确定后，应从调查现状开始活动。通过调查现状，掌握必要的材料和数据，进一步发现问题的关键和主攻方向，同时也为确定目标值打下基础。调查现状时，为掌握第一手资料，保证资料的准确可靠，应注意以下 2 点：

（1）注意调查的客观性

所谓客观性，即调查的情况要保证真实可靠，调查的数据要有根据，并做到准确无误，不能主观臆测。对数据的分析处理应采用较科学的方法，避免产生差错，得出错误的结论。

（2）注意调查的时间性

所谓时间性，即对调查的起止时间要有一定的约束，起止时间至少有一端要为 QC 小组活动时间所覆盖，否则调查情况离该小组活动时间太远，很可能不是现状而是历史，这样的调查对活动提供的现状就不准确、不可靠，因此应注意调查现状的时间性。

3. 设定目标值

目标值能为 QC 小组活动指出明确的方向和具体目标，也为小组活动效果的检查提供依据。设定目标值时应注意以下 3 点：

（1）目标值应与课题一致

课题所要解决的问题应在目标值中得到体现。例如，所选课题为"加强工序管理，提高关键工序一次合格率"，那么目标值就应明确提高一次合格率的指标和应该确定要节约多少费用。

（2）目标值应明确集中

QC 小组活动每次的目标值最好定为 1 个，不宜超过 2 个，若目标值太多，目标势必过于分散，很难取得明显效果。

（3）目标值应切实可行

QC 小组应对课题进行可行性分析，使确定的目标值既有高水准又能切实可行，避免因目标值过高，达不到预期目的而影响士气。目标值应从实际出发只要能解决存在的质量问题，有所收益就应积极活动。

设定目标常用的质量管理工具通常有柱状图、折线图等。

4. 分析原因

QC 小组进行现状调查，并初步找到主要质量问题所在后，可按人、机、料、法、环、测六大因素进行分析，从中找出造成质量问题的原因。分析原因时应注意以下 3 点：

（1）要针对存在的问题寻找原因

一般来讲，在现状调查时，已经找出问题的症结应针对症结来分析原因，而不应把找到的问题弃之不顾，又针对课题的总问题分析原因，这样就会犯逻辑错误，也不能解决问题。

（2）分析原因要展示问题的全貌

要从人、机、料、法、环、测（5M1E）等各种因素、各种角度把有影响的原因都找出来，避免遗漏。

（3）分析原因要彻底

针对某一方面的原因，要反复思考"为什么"，一层一层地展开分析，从原因类别展开到第一层原因、第二层原因，再到第三层原因，直到展开至可直接采取对策的具体因素为止。

分析原因常用的质量管理工具有因果图、系统图、关联图等。

5. 确定主要原因

在原因分析阶段，通常会发现可能影响问题的原因有很多条，其中有的确实是影响问题的主要原因，有的则不是。这一步骤就是要对诸多原因进行鉴别，把确实影响问题的主要原因找出来，将目前状态良好、对存在问题影响不大的原因排除掉，以便为制定对策提供依据。

一般来讲，要因需从因果图、系统图或关联图的末端因素中予以识别。确认要因常用的方法有以下 3 种：

（1）现场验证

即针对可疑的原因到现场通过试验，取得数据来证明。例如，机械行业针对加工某零件产生变形分析出的原因是"压紧位置不当"，进行确认时，可到现场改变一下压紧位置，进行试加工，如果变形明显改善，就能判定压紧位置不当确实是零件变形的主要原因。在对方法类原因进行确认时现场验证常常是有效的。

（2）现场测试、测量

现场测试、测量是到现场通过亲自测试、测量，取得数据，与标准进行比较，看其符合程度来证明。这一方法在对机器、材料、环境类因素进行确认时常常是很有效的。

（3）调查分析

有些因素不能用试验或测量的方法取得数据，则可设计调查表，进行现场调查、分析，取得数据来确认。

要因确认是小组活动的一个重要环节，但过去常常被忽视，以至于采取的对策没有针对问题的重要原因而效果不佳。要因确认要采取科学有效的方法，凭印象、感觉，或采取"0、1"打分法，举手表决，按重要程度排列等都是不可取的。

确认要因时可采取调查表、散布图、试验设计等技术方法。

确认要因时要注意以下 2 点：

1）在确认要因时，应根据它对所分析问题影响程度的大小来确定，而不是根据它是否容易解决来确定。

2）末端因素要逐条确认，以免遗漏主要原因。

6. 制订对策

分析原因并确定主要原因后，要针对不同原因采取不同的对策，应对照目标值采取相应的措施以达到预期目的，制订对策，通常要回答 5W1H 问题，具体见表 6-1。

表 6-1　5W1H 的含义

内容	具体解释
Why（为什么）	回答为什么要制订此对策
What（做什么）	回答需要做些什么
Where（在哪里）	回答应在哪里进行
Who（谁）	回答由谁来做
When（何时）	回答何时进行和完成
How（怎样）	回答怎样来进行和完成

制订对策时，应注意以下 3 个问题：

1）对策应与项目（要因）相对应，针对原因制订对策，具体措施解决具体问题。

2）对策应能实施和检查，不应只罗列空洞口号，而使执行者无所适从，也不能检查。

3）对策应由不同组员提出和承担，做到全员参与，共同完成目标。

制订对策常用的质量管理工具有简易图表、矩阵图、PDCA 法、箭线图法、优选法、试验设计等。

7. 实施对策

实施对策是 QC 小组活动实质性的具体步骤，这一环节做得好才能使小组活动有意义，否则会使选题等前期工作失去作用。实施对策时应注意以下 4 点：

（1）严格按照对策计划行事

因为对策计划是经过分析，找出的主要原因和对策的结果，严格按照对策计划行事，有利于活动趋向目标，有的放矢地取得好的效果。

（2）保持经常性和全员性

实施对策的有些活动须保持一定的连续性，不可断断续续；另外还需要全员配合，不能只有部分组员参加，一定要保持全员参与。

（3）必要时应修改对策

有时实施中会发现新问题，或对策计划中所列的对策无法实施，这时应及时修改对策，经小组成员讨论通过后再实施。

（4）注意记录和检查

把实施的时间、地点、参加人员和结果等项记录在册，以便为整理成果提供依据。同时，在实施过程中，每月应对活动进展情况进行检查，以便发现问题再进行协调。

8. 检查效果

检查的目的是确认实施的效果。检查方法是通过活动前后的对比分析活动的效果。如果采用排列图对比，主要项目的频数急剧减少，排列次序后移，总频数也相应减少，说明对策措施有效。如果各项目和频数虽然都有少量变化，但排列次序未变，说明对策措施效果不明显。如果虽然主要项目后移，次要项目前移，但总频数无多大变化，则说明几个项目之间存在着相互影响，有些措施可能有副作用。如果出现活动结果未达到预期目标值的情况，也是正常和允许的，但是应进一步分析原因，再次从现状调查开始，重新设定目标值，开始新一轮 PDCA 循环。

检查效果时，应注意以下 4 点：

1）实事求是，以事实和数据为依据。对数据统计工具处理后得出相应的结论，不应未作对比分析即直接展示活动的效果。

2）对于经济性目标的检查和认识，应邀请财务主管部门和有关领导参加。

3）对于技术性的目标，应邀请技术主管部门有关人员和领导参加。

4）检查项目应与目标值相一致，针对活动的目标值进行检查。

9. 制订巩固措施

巩固措施是指把活动中有效的实施措施纳入有关技术和管理文件中，其目的是防止质量问题再次出现。采取巩固措施应注意以下 3 点：

1）必须被活动实践证明是行之有效的措施，才能纳入有关文件或规程中，未经证明的方法不能随意列入巩固措施内。

2）任何文件的修改都必须通过文件控制程序进行，不得随意进行文件的修改。

3）巩固措施要具体可行，不能抽象空洞。

10. 总结和作下一步打算

QC 小组活动一个周期后，要认真进行总结。总结可从活动程序、活动成果和遗留问题等方面进行。在活动程序方面，应在以事实为依据、用数据说话方面，在方法应用方面，检查哪些地方是成功的，哪些地方尚有不足，需要改进等。在活动成果方面，除有形成果外，要注意无形成果，如质量意识、问题意识、改进意识、参与意识的提高，个人能力的提高，解决问题的信心，团队精神的增强等方面，这是QC小组活动非常宝贵的收获。

QC小组活动中，有些课题可能是一次性地解决问题，对于这类课题，解决之后即可再寻找新的课题。还有些课题是一次性很难解决全部问题的，对于这类课题必须在每完成一次PDCA循环之后，就考虑下一步计划，制定新的目标，再展开新的PDCA循环。无论哪类课题，QC小组活动都应强调连续性，坚持不断地开展活动。

6.2.4 质量管理小组活动的成果

QC小组成员经过一个阶段的共同努力，会取得有形的和无形的成果，编写成果报告和发表成果是QC小组活动的重要内容。

1. QC小组成果报告的撰写

QC小组成果报告是QC小组活动全过程的总结和真实写照，为编写好成果报告QC小组成员应了解成果报告的主要内容、编写技巧和一般要求。

（1）成果报告的主要内容

成果报告是QC小组活动全过程的写照，因此，主要内容通常也按活动全过程的顺序来写，而活动的过程又经常采用PDCA循环的4个阶段8个步骤，因而主要内容通常包括：小组概况、选题理由、现状调查及分析、设定目标值并对其进行可行性分析、明确主要问题和原因、确定主要原因并对其进行验证、制定对策、实施对策、检查效果、制定巩固措施、明确遗留问题及今后计划。

上述各项不一定都作为一个标题来描述，其顺序也不一定一成不变。可根据实际情况，把要突出的内容重点列成几个小标题详加描述，而非重点内容可归纳到一个小标题中加以说明。

（2）为使成果报告编写成功，应注意的技巧和安排

1）课题名称要精炼、准确、鲜明和简洁。

2）开头要引人入胜，结尾要令人回味。

3）成果的中心问题应该明确并富有挑战性。

4）成果报告的结构可按小组活动的经过和时间顺序连贯地按PDCA层次，也可按并列式结构安排报告内容。后一种结构适合于主要问题是通过两个以上PDCA循环才能完成，并且这几个循环是并列关系。

还可以采取以多步骤之间的关系层层深入的递进式结构，即先总介绍，再分别详细描述，最后总结说明的总分式结构。

5）成果报告内容各步骤之间的过渡要连贯，前后呼应，内容与课题名称要相互

呼应。

(3) 成果报告的编写准备和要求

1) 编写准备工作包括：

①制订成果报告编写计划和进度表。

②拟定编写提纲。

③收集整理原始记录和资料。

④小组讨论，统一看法，开始编写。

2) 成果报告编写要求包括：

①文字精练，整洁。

②条理清楚、逻辑性强。

③成果报告内容真实可靠，避免虚假。

④根据选题，抓住重点，切忌节外生枝。

⑤尽量采用图表等形象化表达方式。

⑥科技术语和计量单位要规范化、标准化。

2. QC 小组成果报告的发表

成果报告是 QC 小组活动的结晶，发表成果是展现 QC 小组活动成就的机会，不仅便于交流，更能促进小组活动的进一步发展。为做好成果报告的发表工作，应重视并组织好 QC 小组成果发表。

(1) 成果发表的形式

QC 小组成果发表的形式多种多样，主要有现场发表型、大会发表型和文娱发表型。

现场发表型是指在车间或公司范围内进行成果发表交流。因为参加者对成果有关情况都比较了解，因此发表时只介绍主要内容而不必面面俱到。通常采用实物对比、重点活动阶段的介绍或集体共同发表的方式。

大会发表型是指很多 QC 小组按一定次序在大会上发表自己的成果，以便交流和评比。根据发表目的的不同，大会发表型有评选表彰式和发表分析式、经验交流式等。评选表彰式出于评选、表彰优秀 QC 小组并向上级推荐的目的，由评委现场打分决定名次。发表分析式的目的是提高小组活动的有效性和总结编写成果报告的水平，发表之后，通常由评委分析其优缺点，指出不足，找出原因，以便提高。经验交流式发表的目的是学习交流，沟通信息，因此通常在发表之后进行现场提问答疑，探讨一些共同关心的问题。

文娱发表型是指把成果内容用小品或其他文娱形式来表现的一种发表形式。可由一人介绍，多人表演成果内容，或配以道具、漫画、连环画及音响等丰富多彩的表现形式进行成果发表。这种形式活泼、生动，引人入胜，能体现 QC 小组活动的特点。

（2）成果发表的组织工作

成果发表的组织工作通常由 QC 小组活动主管部门负责。工作内容主要包括：

1）整理成果资料。
2）制订成果评价方案。
3）组建成果评价小组。
4）评价成果报告。

整理成果报告主要是把成果分类，大致可分为全部发表的成果、部分发表的成果、小组活动经验介绍等，并提出建议采取的发表形式，将其登记注册。

制订成果评价方案是指制订评价方法和原则，这里要注意体现小组现场活动评价和成果评价相结合，以活动评价为主的原则。

组建成果评价小组应选择有一定经验、资历和能力的人员担任评委，以便客观、公正地评价小组活动成果。

（3）成果发表后的提问答辩

QC 小组成果发表后，评委和与会代表都可以进行简短提问，这样不仅可以了解发表人对成果的掌握程度，还可以确认该成果的科学性和可靠性。更重要的是可以通过双向交流和研讨，达到互相学习和交流的目的。

3. QC 小组活动成果的评价

对 QC 小组成果的评价，主要是为了肯定成绩，找出不足，促进 QC 小组活动水平的提高和广泛深入开展。因此，对 QC 小组成果的评价要从大处着眼，避免单纯以经济效益为依据。

QC 小组活动开展得如何，最真实的体现是活动现场。而要互相启发、学习交流、并评选先进，成果发表也非常主要。

4. QC 小组活动的激励

要让员工坚持不懈地开展 QC 小组活动，需要一定的激励手段。这既包括 QC 小组自我激励，也包括外部如企业、上级主管部门给予的激励。

理想与目标激励对 QC 小组自我激励和企业激励都是一种有效的手段。通过教育和小组成员自我认识、互相启发，明确企业发展、员工获益与每个员工努力和参与程度的密切关系，通过成功的 QC 小组活动，使小组成员感受到自我价值实现和成长的喜悦，都能激发员工继续积极投入各种质量活动的热情。

此外，企业还可以采取荣誉激励、物质激励、关怀与支持激励、培训激励、组织激励等手段调动全体员工参加 QC 小组活动的积极性。向取得优异成绩的 QC 小组授予荣誉称号给予表彰，是对员工贡献的一种公开承认，能满足员工自尊的需要；物质激励如工资、奖金、公共福利等，决定着人们基本需要的满足，也影响着其社会地位、社会交往、学习娱乐等精神需要的满足；领导亲自参与、提供资金、时间、场所等支持，并亲自聆听成果发表、亲自颁奖等，都能使小组成员感受到领导的关怀与支持，从而激发更大的热情；对 QC 小组进行质量改进基本知识的教育，选派优秀成员外出参加培训、发表成果，可满足员工特别是青年员工求知和发展的需要；让优秀 QC 小组长、小组骨干得到提拔和承担更大责任，既能调动其本人的积极性，对其他小组成员也是鞭策。

6.2.5 质量管理小组活动的应用

某汽车厂焊装车间车门组发现某车型左前门外板存在包边不良现象，因此，开展 QC 小组活动旨在降低左前门外板包边不良率。

1. 成立 QC 小组

为更好地解决质量问题，开展 QC 小组活动的前提就是要先组建 QC 小组，在企业内部找到自愿参加本 QC 小组活动的成员，并明确各个成员的职责。本次 QC 小组活动的小组成员名单见表 6-2。

表 6-2 某 QC 小组成员名单

小组名称	某公司焊装分厂精益 QC 小组		小组编号		TQM 培训情况
课题名称	降低左前门外板包边不良率		课题编号		小组全部成员接受 TQM 培训均超过 55h
课题类型	现场型		注册时间	20××年2月	
			活动时间	5—10月	
小组成员	姓名		部门	职务	组内职务
组长	贺××		焊装分厂	班组长	组织协调分析
组员	孙××		焊装分厂	工程师	技术指导
组员	唐××		焊装分厂	工程师	技术指导
组员	雷××		几何尺寸	工程师	组织实施
组员	关××		技术中心	技术员	组织实施
组员	张××		技术中心	工艺员	指导实施
组员	周××		焊装分厂	设备操作员	资料收集、统计
组员	陈××		几何尺寸	调整工	资料收集、统计
组员	程××		焊装分厂	多能工	检查统计

2. 选择课题

课题的选择一方面是由于工厂车门返修作业压力较大，因此必须提高产品质量，降低返修工时，为返修调整线生产减轻工作压力；另一方面生产过程中，对车门缺陷进行分析发现，车门生产质量问题主要集中在左后门外板变形、右前门焊点不良和左前门外板包边不良。而其中左前门外板包边不良的情况最为严重，占车门不良率的52.5%，见表6-3，因此本课题选定为降低左前门外板包边不良率。

3. 现状分析

经过对生产现状进行分析，由图6-6可知：左前门外板包边不良率是目前最为严重的质量问题，且包边不良的缺陷率达到了10.77%。

表6-3 车门线质量问题选定

可选课题	可操作性	难易度	成本收益	符合上级方针	总分	选定
左后门外板变形	7	5	8	7	27	
右前门焊点不良	6	7	6	7	26	
左前门外板包边不良	7	9	9	8	33	★

注：评价标准1分最低，10分最高。

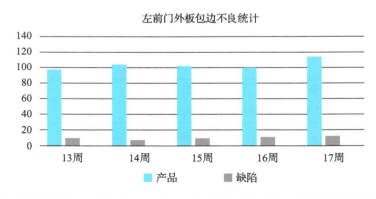

	13周	14周	15周	16周	17周	合计
产品数量	98	105	102	100	115	520
缺陷产品数量	10	9	11	12	14	56
缺陷率（%）	10.20	8.67	10.78	12.00	12.19	10.77

图6-6 车门线质量问题现状分析

4. 制订合理的目标

为了更好地说明所存在的问题，小组对3、4月的56台左前门外板包边不良的情况进行了缺陷部位统计，其部位的分布结果见表 6-4、图 6-7，可知：该车型左前门右下角底部外板包边不良直接影响左前门包边不良。

表 6-4　车门缺陷问题统计表

分布部位		频数	累计数	累计百分比（%）
A	右下角	44	44	78.6
B	左下角	5	49	87.5
C	右上角	2	51	91.1
D	左上角	2	53	94.6
E	其他	3	56	100

经过小组全体人员的认真分析及测算，将本次活动的目标值确定为 3.5%，即将左车门外板包边不良率由 10.77% 降到 3.5%。

5. 分析原因

通过头脑风暴等方法，QC 小组全体人员认真分析了导致缺陷的原因，如图 6-8 所示。

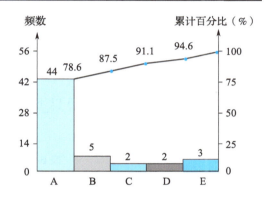

图 6-7　车门缺陷问题统计排列图

图 6-8　车门缺陷问题统计

6. 确定主要原因

通过对以上 12 个末端因素的调查验证，本次包边不良的要因有 2 个，分别为：

（1）机器人运行轨迹偏差

通过观察机器人装配、夹紧的过程，发现机器人在将内板与外板贴合的时候，右下角处的内板与外板之间有 2~3mm 的间隙，在正常情况下车门此处间隙为 1mm，因此，机器人轨迹出现误差。

（2）7132 工位 SQ-01A1 主定位块 Z 向定位偏差

经调查发现，内板合装焊接时 Z 向主定位块 SQ-01A1 压头与支撑块之间存在 2mm 左右的间隙，致使感应开关 SQ-11 检测零件到位失误，使零件无法在 Z 向得到稳定的定位，内板产生焊接变形。

7. 制订对策，形成对策表

小组根据确定的要因制订以下对策方案，并对所选方案进行了比较选择，见表 6-5。

表 6-5 对策方案选择表

序号	要因	对策思考	评价				合计	选定
			操作性	可靠性	有效性	经济性		
1	7132 主定位块 SQ-01A1 Z 向定位偏差	1. 调整 SQ-01A1 Z 向支撑位置	8	9	9	8	34	★
		2. 调整 SQ-11 感应开关	9	6	7	9	31	
2	机器人轨迹偏差	1. 调整机器人 X+ 向运动轨迹	8	7	7	8	30	
		2. 调整机器人 X 及 Y 向运动轨迹	7	9	9	8	33	★

根据以上方案选择，针对要因确定了最佳对策方案，并形成对策表，见表 6-6。

表 6-6 对策表

序号	要因	对策	目标	措施	负责人	完成时间
1	7132 主定位块 SQ-01A1 Z 向定位偏差	1. 调整 SQ-01A1 Z 向支撑位置	压紧装置与支撑面之间的间隙为 0.8~1mm	将 SQ-01A1 定位装置 A 向支撑块向上调整 1mm	陈××	07月15日

（续）

序号	要因	对策	目标	措施	负责人	完成时间
2	机器人轨迹偏差	2.调整机器人 X 及 Y 向运动轨迹	抓取位置与理论到位位置 X 向基本重合，误差不超过0.2mm，间隙控制在1mm以内	将机器人内板值于外板值的轨迹沿 X 向调整0.5mm，Y 向调整0.4mm	周××	08月09日

8. 按对策表实施

（1）调整 ST7132 工序夹具主定位块 SQ-01A1 定位装置

7月15日由张××、陈××、关××对车门线 ST7132 夹具 SQ-01A1 定位装置进行了调整，如图 6-9 所示。

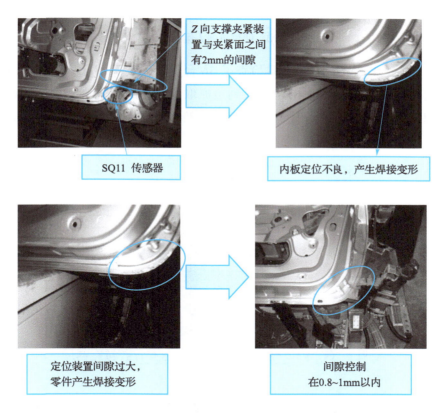

图 6-9　调整 ST7132 夹具 SQ-01A1 定位装置

实施对策后，经对 7 月 19 日、20 日生产的 60 台左前门内板焊接情况进行了跟踪检查，在焊接过程 SQ-01A1 定位装置压头与支撑块之间的间隙由 2mm 左右下降到 1mm 以内。

（2）调整机器人运行轨迹

8月11日由周××、关××、张××对机器人的运行轨迹进行了调整，将机器人内板值于外板时的运动轨迹沿 X 向调整 0.5 mm，Y 向调整 0.4mm，如图 6-10 所示。

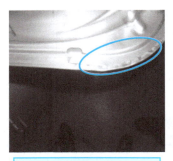 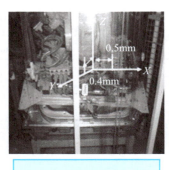 

| 内外板之间有2~3mm的间隙，包边不良 | 调整机器人轨迹 | 内外板包边后间隙控制在0.5~1mm |

图 6-10　调整机器人运行轨迹

对策实施后，8月14日—16日检查了56台机器人装配情况，结果显示，内外板平均贴合间隙为 0.8mm，并对机器人到达抓取位置时的 X 向坐标值与理论坐标值误差作出以下直方图统计，如图 6-11 所示，图形正常，工序处于稳定状态，最大值为 0.2 mm，处于目标值之内。

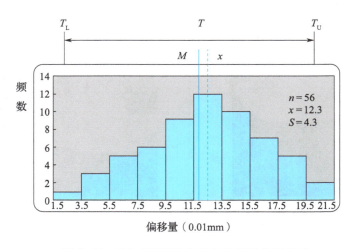

图 6-11　X 向坐标值与理论坐标值误差直方图

9. 检查实施效果

对策实施后，小组对第29、30两周生产的左前门包边不良情况进行了跟踪调查统计，具体见表 6-7、图 6-12，结果表明：左前门外板包边不良的缺陷率从 10.77% 下降到 3.03%，目标值为 3.5%，所以满足目标。

表 6-7　目标对比数据表

日期	台数	不合格台数	不合格率	实施后平均值	目标值	实施前平均值
29 周	672	19	2.82%	3.03%	3.5%	10.77%
30 周	713	23	3.21%			

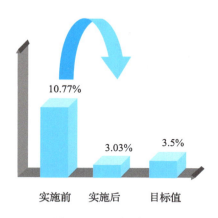

图 6-12　目标对比图

10. 制订巩固措施

经过 5 个月的活动，本次 QC 活动较好地解决了左前门外板包边不良的缺陷，为了巩固本次 QC 活动的成果，将活动实施方案及方法加以总结，形成标准化、工艺化，并纳入生产班组的实际工作中，具体如下：

1）将 ST7132 夹具定位装置的改造工艺化，纳入操作人员和夹具调整人员的设备点检范围（工艺卡号：04SC013-2）。

2）将 7237 机器人轨迹的重新设计工艺化，纳入操作人员和夹具调整人员的设备点检范围（工艺卡号：04SC066-1）。

11. 总结及下一步改进的方向

通过本次 QC 小组活动，取得了一定的经济效益和深远的社会效益。在 QC 小组活动措施的巩固期（3 个月）内共生产了 9000 台车，按返修工时 126 元 /h、平均每台左前门包边不良返修时间为 15min 计算，产生经济效益：9000×（10.77-3.03）%×126×15/60=21943 元，扣除 200 元设备改造费，实际经济效益为：21943-200=21743 元。

另外，通过本次 QC 小组活动，有效地解决了左前门外板包边不良的缺陷，保证了正常的生产节奏，掌握了利用全面质量管理科学的方法分析问题、解决问题，提高了质量意识及成本意识，增强了小组团结协作能力，为下一步工作奠定了坚实的基础。

最后，虽然本次 QC 活动将产品不良率降至 3.03%，但不合格品依然存在，质量没有最好，只有更好。在今后的工作中，将继续努力攻克每一个质量难关。

思政育人

本节通过企业解决产品缺陷问题的案例，帮助学生了解 QC 小组解决问题的方法，培养学生在工作过程中的大局意识，与成员间互相协作，分清个体利益与集体利益的关系，用个人之有限能力服务集体、服从集体，树立了学生的团队精神；同时也培养了学生主动思考、主动学习的能力，能以科技手段为动力，以解决实际问题为己任，为祖国的建设之路添砖加瓦。

单元 6.3　如何开展 8D

任务引入

某汽车企业接到汽车用户的投诉，客户表示汽车在使用过程中存在变速器漏油及异响等现象。请问汽车企业应该如何有效地回复客户并解决质量问题？

任务分析

产品的质量是企业的核心，客户投诉的质量问题若得不到及时妥善地解决，不仅会对顾客造成困扰，而且会破坏企业的形象，让市场对企业失去信心，这对一个企业来说是致命的，因此企业必须妥善处理客户投诉问题，及时给予客户反馈及解决措施。

学习目标

1. 能描述 8D 的运用范围。
2. 能描述并掌握 8D 的开展步骤。

知识学习

6.3.1　8D 概述

8D 又称团队导向问题解决方法、8D 问题求解法（8D Problem Solving），是福特公司程序化、标准化处理问题的一种方法。

（1）特点

1）8D 以团队动作为导向，以事实为基础，避免个人主见的干扰，使问题的解决能更具条理。

2）8D 的开展由组织中相关部门人员的共同参与，以获得有效的长久的方案。

3）8D 适用于各种问题的处理，能有效打破部门间的壁垒，增加部门间的有效沟通。

（2）作用

一般来说，通过 8D 可以：

1）分析一种产品或过程与标准不符的原因。

2）寻求问题的定义和理解。

3）提供一种识别问题根本原因的机制并实施适合的纠正措施。

4）识别系统变化，预防同一个问题及类似问题的重复发生。

5）强化团队合作。

6）提供通用的程序，有效地定义和解决问题并防止问题重复发生。

7）加强对问题理解和解决方面的管理。

8）鼓励率直开放的解决问题的方法。

（3）适用范围

8D 适用于任何质量问题，主要针对组织内重复发生的、一直没有解决的、比较重大的问题开展。具体来说包括：

1）已经造成重大影响和后果的问题。

2）具有普遍性、规律性、重复性的问题。

3）问题的原因不明确。

4）问题比较复杂，依靠个人不能解决问题，需要多个部门的合作。

需要注意的是，8D 的使用一般具有时效限制，即要求在规定的时间内给予回复或解决。因此，在解决要求回复的顾客抱怨问题时，必须采用 8D。

6.3.2 8D 的开展步骤

开展 8D 活动应遵从科学的过程方法，以事实为依据，用数据说话，才能达预期目标，取得有价值的成果。8D 方法的主要步骤有：准备、成立小组、问题描述、制定并实施临时措施、确定根本原因、选择并验证永久措施、实施永久措施、预防再发生、小组祝贺 8 个步骤。

1. D0 准备

在此阶段需要确定要改进的问题，判定是否需用 8D 方法来解决，问题的来源可以是自己主动发掘确定的问题，也可以是接受上级安排的问题。

(1) 目的

1) 确定是否需要紧急反应行动，以保护顾客和相关组织不蒙受损失（停止发运、停止生产、全部更换、全检）。

2) 选定、验证、执行紧急反应行动。

3) 确定是否使用 8D 来解决问题。

(2) 问题来源

8D 问题的来源一般可以分为：

1) 感觉型问题。

①顾客经常抱怨、投诉的问题（包括内、外部顾客）。

②工作中经常发生的问题。

③上级经常要求的项目。

2) 数据型问题。

①从趋势图中出现的异常问题。趋势图也称为统计图，是以统计图的呈现方式来描述某事物或某信息数据的发展趋势的图形（如曲线图、柱状图、饼状图等）。

②从排列图中确定的主要问题。

2. D1 成立小组

建立团队，由团队解决问题，实施反应措施。团队的小组成员应具备工艺或产品的知识，有配给的时间并授予了权限，同时应具有所要求的能解决问题和实施纠正措施的技术素质。小组必须有一个指导和小组长。

在选择团队成员时，一般遵循以下准则：

1) 人员数量 4~10 人。

2) 选择具有相应技能、知识、资源、权限等的人作为团队成员。

3) 各成员间职责、任务要合理搭配。

4) 根据实际情况按需要调整团队成员。

3. D2 问题描述

(1) 目的

1) 把问题陈述清楚并拟定清晰的目标。

2) 团队关注问题本身，避免凭主观的假设判断问题，或对问题作出毫无现实根据的判断。

3) 解决问题之前，尽可能多地了解关于该问题的信息，对问题解决具有重要作用。

（2）问题描述的要点

1）利用 5W1H 描述问题。

2）由可见和可测量的信息组成，依靠数据，缩小引起问题根本原因的范围。

3）简洁明了，确定目标。

4）运用质量管理工具因果图、流程图等。

4. D3 制订并实施临时措施

为使外部或内部的顾客都不受到该问题的影响，8D 小组需要制定并执行临时性的围堵措施，直到已采取了永久性的改进。该步骤的主要目的为：

1）保证在永久纠正措施实施前，将问题与内、外部顾客隔离。

需要注意的是必须提供并实施临时措施，直到永久措施采取后；临时措施必须能消除对内外部顾客的影响；临时措施必须经验证有效才能执行。

2）维护系统继续运行。

3）为 8D 小组找到问题的根本原因并解决争取时间。

4）保护顾客的利益和满意度不受影响。

5）保证质量，节约因问题继续产生的成本。

5. D4 确定根本原因

（1）目的

用统计工具列出可以用来解释问题起因的所有潜在原因，将问题说明中提到的造成偏差的一系列事件、环境或原因相互隔离测试并确定产生问题的根本原因。

（2）原因的种类

1）可能的原因：任何原因，根据问题（故障、症状）所进行的推测。

2）疑似原因：推测建立在有效的数据上，可以较好地解释问题。

3）根本原因：发生问题的根源，一个经过验证的起因，它揭示了故障。

（3）根本原因的验证

1）主动验证：通过再现根本原因的变化来验证和确认。

2）被动验证：通过一定时间观察来进行验证和确认。

6. D5 选择并验证永久纠正措施

（1）目的

在生产前测试措施，并对措施进行评审以确定所选的纠正措施能够解决客户问题，同时对其他过程不会有不良影响。

1）应急措施和临时措施保护顾客不受问题后果的影响，但不能消除引起问题的原因。

2）永久措施是消除问题根本原因的最好措施。

3）永久措施不能产生新的问题。

4）永久措施经过验证确认有效。

（2）执行并验证永久措施

1）用量化指标来确认对策落实效果。

2）临时措施不能停，直到永久改善措施被确认生效。

一般应对永久措施的以下3方面进行验证：

1）进行试验和演示，离线生产确认等。

2）将新措施和相似的证明过的措施比较。

3）审阅新设计发布前的文件。

7. D6 实施永久措施

（1）目的

运用质量管理工具，确定并实施最佳永久性纠正措施，选择正在进行的控制活动来确保根本原因的消除，一旦在生产中应用该措施，就要监督其长期效果。

（2）注意事项

1）执行永久性的纠正措施，应注意持续实施控制，以确保根本原因已经消除，并应监视纠正措施的长期效果，必要时采取补救措施。

2）当验证永久对策有效后，即可以停止临时措施。

8. D7 预防再发生

修正必要的系统，包括方针、运作方式、程序，以避免此问题及类似问题的再次发生。必要时，要提出针对体系本身改善的建议。同时，针对问题点，对相关问题产品进行横向展开，对问题进行预防。

9. D8 恭贺小组

承认小组的集体努力，对小组工作进行总结并祝贺，见表6-8。

1）有选择地保留重要文档。

2）浏览小组工作，将心得形成文件。

3）了解小组对解决问题作出的贡献。

表 6-8　8D 报告及撰写说明

题目：		开始日期	更新日期
产品 / 工序		组织：	
现象：D0　失效模式简要描述			
D0 紧急应对措施：防止问题在客户端发生或扩大			实施日期
D1 小组 (姓名，部门，电话)	D2 问题 5W1H 的描述问题的方法 问题说明：向团队说明何时、何地、发生了什么事、严重程度、目前状态、如何紧急处理以及展示照片和收集到的证物		
D3 暂时的控制措施： 暂时用什么方法可以最快地防止问题？如全检、筛选、将自动改为手动、库存清查等		有效率（%）	实施日期
D4 根本原因和遗漏点： 分析要点： a. 问题产生的根本原因 b. 漏检的原因 c. 系统方面的漏洞 验证：		影响比例（%）	
D5 选择的根治措施： 针对问题产生原因 / 漏检做改善 验证：例如观察不良率 PPM 由 4000 降为 300，C_{pk} 由 0.5 升为 1.8 等，下游工段及客户已能完全接受，不再产生问题等		有效率（%）	
D6 根治措施的实施： 当永久对策准备妥当，则可开始执行及停止暂时对策			实施日期
D7 预防措施： 针对系统方面的漏洞改善。 从而实现问题的解决和预防再次发生。 对类似的其他生产，虽然尚未发生问题，亦需作同步改善，防止再发生。同时这样的失效，也应列入下一产品研发段的 FMEA 中予以验证 系统性预防建议：		实施日期 职责	
D8 受表彰的小组和个人 对于努力解决问题之团队予以嘉勉，使其产生工作上的成就感，并极乐意解决下次碰到的问题		结束日期	报告人

思政育人

通过完成本次任务，学生了解了 8D 是一种经典的质量问题分析手段，使用 8D 不仅可以提升产品质量，还可以用最小的成本，尽可能地降低损失，甚至获得收益，让学生学会在 8D 团队导向解决问题过程中主动思考，提升自主意识，提高个人业务能力，集腋成裘，为集体贡献自己的力量。

模块小结

本模块主要讲述了质量改进，分为质量改进的意义及开展步骤、如何开展 QC 质量管理小组活动及如何开展 8D。

单元 6.1 介绍了质量改进的意义，介绍了开展质量改进的过程方法 PDCA 循环的含义及特点，详细说明了质量改进活动的开展步骤和每个步骤开展过程中的注意事项。质量改进的开展步骤主要有：

步骤 1：分析现状，找出存在的质量问题。

步骤 2：分析产生质量问题的各种原因或影响因素。

步骤 3：找出影响质量的主要因素。

步骤 4：针对质量问题的主要因素，制定措施，提出行动计划。

步骤 5：实施行动计划与措施。

步骤 6：评估结果。

步骤 7：标准化和进一步推广。

步骤 8：提出这一循环尚未解决的问题，把它们转到下一个 PDCA 循环。

单元 6.2 介绍了 QC 质量管理小组活动的性质、特点、分类、组建原则及成员职责。重点说明了 QC 小组活动的开展步骤：选择课题、调查现状、设定目标值、分析原因、确定主要原因、制定对策、实施对策、检查效果、制定巩固措施，总结和做下一步打算。

单元 6.3 介绍了 8D 的开展步骤：准备、成立小组、问题描述、制定并实施临时措施、确定根本原因、选择并验证永久措施、实施永久措施、预防再发生、小组祝贺。

习 题

1. _____的重点是提高满足质量要求的能力，使正常质量变异的幅度达到满足顾客质量要求的程度。
2. _____表明产品的质量水平得到了提高，它是通过日常许多大大小小的质量改进来实现的。
3. 任何一个质量活动都要经过_____（P）、_____（D）、_____（C）和处理（A）四个阶段，这四个阶段不断循环下去，故称为 PDCA 循环。
4. QC 小组的建立无需行政命令，而强调自愿结合、自主管理，充分尊重员工的主观能动性，这体现了 QC 小组的_____性。
5. _____的组建 QC 小组是指由基层员工提出申请，由 QC 小组管理部门审核其选题和人员及开展活动的能力，然后予以批准组建 QC 小组。
6. 科学性是指 QC 小组要遵循_____工作程序，运用全面质量管理的理论和方法开展活动。
7. 8D 又称团队导向问题解决方法、8D 问题求解法，是_____公司程序化、标准化处理问题的一种方法。
8. 如何做好质量改进的组织和推进工作？
9. 开展 QC 小组活动有哪些注意事项？
10. 8D 的开展步骤有哪些？

参考文献

[1] 陈岩，尹明远，董跃进. 质量管理学[M]. 北京：清华大学出版社，2018.

[2] 杨鑫，刘文长. 质量控制过程中的统计技术[M]. 北京：化学工业出版社，2014.

[3] 刘晓论，柴邦衡. ISO 9001：2015 质量管理体系文件[M]. 2版. 北京：机械工业出版社，2017.

[4] 龚敏，郑嵩祥，柴邦衡. IATF 16949 汽车行业质量管理体系解读和实施[M]. 北京：机械工业出版社，2017.

[5] 谭洪华. 五大质量工具详解及运用案例[M]. 北京：中华工商联合出版社，2017.

[6] 陈秀华，刘尚福. 汽车制造质量管理[M]. 北京：机械工业出版社，2015.

[7] 张俊峰，邓璘. 汽车生产质量管理[M]. 北京：机械工业出版社，2021.

[8] 龙玲，彭帆. 汽车制造质量管理[M]. 北京：北京师范大学出版社，2020.

[9] 职晓云. 质量管理小组活动工作实操及案例[M]. 北京：机械工业出版社，2020.

[10] 王晓川. 企业质量管理防错体系研究[D]. 北京：中国矿业大学，2013.

[11] 简云久，邓涛，王枫，等. 浅谈涂装工艺与质量控制[J]. 汽车实用技术，2020（6）：129-131.

[12] 杨秋芳，姜玉宝. 浅谈汽车涂装质量控制[J]. 现代涂料和涂装，2011，14（3）：76-79.

[13] 袁金苹，赵辈，王辉. 浅谈整车下线检测设备原理及应用[J]. 工艺装备，2019（18）：206-207.